Paulus-Thomas Weber

Menschen im Übergang

Eine phänomenologische Erhellung
der Grundgeste des Christlichen

Johannes-Verlag Leutesdorf

– Entwurf einer Tiefentheologie –

Gewidmet ist diese Arbeit allen Menschen im Übergang,

ihnen, die mit Leidenschaft und Lust,

mit Glaube und Sehnsucht,

mit Schmerzen und Ängsten,

unter Verfolgung und Not,

im Angesicht des Todes

sich nicht abbringen lassen von der großen Liebe des Ursprungs:

dem Glauben an das Leben.

„Während wir mit unseren kindischen Alltäglichkeiten beschäftigt sind und die Kriegsschreie von fünftausend Jahren vor Christus fortsetzen, entwickelt sich ein großartiges, kosmisches Gefühl, viel größer, als dies irgendeine Religion bisher verstanden hat. Doch nur sehr wenige Menschen spüren die Hoffnung, die in dieser visionären Größe liegt: Eine neue Kraft, ein neuer Lebenssinn könnte aus ihm entwachsen... Der Mensch war zuerst gläubig aus Schwäche, dann wurde er ungläubig aus Stärke. Ich warte auf den Tag, da er gläubig sein wird aus Stärke."

Alfred Farau, zitiert bei Ruth C. Cohn

Diese Arbeit wurde von der Theologischen Fakultät der Universität Würzburg im Wintersemester 1994/95 als Dissertation angenommen. Für die Drucklegung wurde sie lediglich um die Widmung, das Leitzitat und den „Schluß-Klang" erweitert.
Allen, die mithalfen, die Drucklegung der Arbeit zu ermöglichen, sei herzlich gedankt.

Würzburg, im Januar 1995

Erste Auflage 1995
Copyright by Johannes-Verlag Leutesdorf, Germany
Umschlaggrafik: Sophia-Bettina Karwath, Würzburg
Gesamtherstellung: Druckerei des Johannesbundes e. V.
D-56599 Leutesdorf am Rhein
ISBN 3-7794-1352-3

Vorwort

Ein langer Weg liegt zwischen den ersten Schritten für diese Arbeit und ihrer Vollendung. Es ist dies ein Weg der philosophischen und auch theologischen Auseinandersetzung mit dem Thema, aber auch ein Weg, in dem ich selbst mich zunehmend fand als einer, dem der Titel der Arbeit zugeschrieben ist. Immer wieder befand ich mich in Übergängen philosophischer, theologischer, lebensgeschichtlicher Art.

Beim Schreiben entwickelte sich der Text nicht nur als eine philosophisch-theologische Klärung des Themas, von Theologie, des Christlichen, sondern auch als ein religionsphilosophischer Entwurf, der sich zunehmend deutlich in die Situation von uns Menschen in der heutigen Zeit geistigen und religiösen, ja Umbruchs auf allen Ebenen hineinzeichnete. Ich bin für diese Entwicklung sehr dankbar, wiewohl es bisweilen sehr schwer war, die große Spannung, die sich von der bearbeiteten Sache selbst her ergab, zusammmenzuhalten. Im Sinne der Phänomenologie bedanke ich mich bei dem Phänomen selbst, das aufging, sich zeigte, den Gedanken aus sich vorantrieb.

Mein Dank gilt aber auch konkreten Menschen, die mich bei dieser Arbeit unterstützten. So danke ich Prof. Dr. Dr. Dr. h.c. Alexandre Ganoczy dafür, daß er mich in dieser Zeit der Arbeit fachlich und menschlich begleitete und durch seine konstruktive Kritik mich immer wieder zum Proprium meines Arbeitens führte. Ich danke Prof. Dr. Heinrich Rombach für seine Unterstützung meiner Arbeit durch Ermutigungen, die mir zeigten, philosophisch auf einem guten Weg zu sein. Vor allem aber danke ich ihm für das, was ich von seiner Philosophie lernen konnte, wie sein Denken und Sehen mir die Augen öffnete. Ich danke Dr. Georg Stenger, der als Lehrbeauftragter für Phänomenologie und als langjähriger Assistent von Prof. Rombach in vielen Gesprächen mir wichtige Fingerzeige gab und sich dabei nicht nur als sehr guter Phänomenologe, sondern auch als profunder Kenner der christlichen Religion erwies. Ich danke meinen Freundinnen und Freunden oder einfach Menschen, die mit auf dem Weg dieser Arbeit standen durch philosophische Diskussionen und Anregungen, durch mitgeteiltes Leben: Bettina Karwath, Johannes Rinke, Ruth Seubert, Mauritius Wilde, Sebastian Reichenbach und viele andere. Mein besonderer Dank gilt

Wolfgang Klingenmaier und Dorothea Voß, deren praktische Hilfe bei der Fertigstellung der Arbeit unersetzlich war. Vielleicht fühlen sich einige von ihnen oder auch von den vielen Ungenannten in der „Widmung" dieser Arbeit genannt; das ist zumindest mein Wunsch.

Inhaltsverzeichnis

Vorwort — 5

Inhaltsverzeichnis — 7

Einleitung — 11

1. KAPITEL: FRAGEN — 16

1.1 Weg - Wagnis - Fragen — 16

1.2 Die Frage nach dem Christlichen — 19

1.3 Was ist theologisches Fragen? — 21

1.4 Was ist dogmatisches Antworten? — 30

2. KAPITEL: PHÄNOMENOLOGIE — 35

2.1 Geschichte des Gedankens: Weg der Phänomenologie — 35

2.1.1 Zugänge zur Phänomenologie — 36

2.1.2 Geschichtlicher Entstehungsweg — 44

2.2 Strukturphänomenologie: Phänomenologie als Weg — 52

2.2.1 Konkreativität — 52

2.2.2 „Welt" — 55

2.2.2.1 Exkurs: „Welt" bei Eugen Fink und Martin Heidegger — 55

2.2.2.2 „Welt" bei Heinrich Rombach	61
2.2.3 BILD	67
2.2.3.1 Exkurs: Verschiedene Zugänge zu „Bild"	67
2.2.3.2 „Bild" bei Heinrich Rombach	73
2.2.4 STRUKTUR - PHÄNOMEN	76
2.2.5 PHÄNOMENOLOGIE - PHÄNOPRAXIE	79
2.2.6 HOCHINTERPRETATION	85
2.3 ÜBERGANG: PHÄNOMENOLOGISCHER WEG	**89**

3. KAPITEL: SEHEN 92

3.1 FOKUSSIERUNG	**92**
3.2 PHÄNOMENOLOGISCHE ERHELLUNG VON „OSTERERFAHRUNG"	**95**
3.2.1 OSTER-ERFAHRUNG	95
3.2.2 INNEN UND AUßEN	103
3.2.3 NEUES SEHEN	106
3.2.4 EINBRUCH	109
3.2.5 OBJEKT- SUBJEKT- STRUKTUR	111
3.2.6 BEGEGNUNG	114
3.2.7 RETTUNG	119
3.2.8 GEHEIMNIS DES ÜBERGANGS	127
3.2.9 GOTT DES ABGRUNDS UND DER LIEBE	130
3.2.10 GOTT DER TOTEN	133
3.2.11 DAS NEUE	135
3.2.12 OFFENBARUNG UND VERKÜNDIGUNG	137
3.3 EVIDENZ	**142**

4. KAPITEL: DAS CHRISTLICHE — 148

4.1 URSPRUNG — 148

4.2 DAS CHRISTLICHE ALS WELT UND ALS RELIGION — 150

4.2.1 DAS CHRISTLICHE IN SEINER SELBSTENTFALTUNG — 152

- 4.2.1.1 Schöpfung — 152
- 4.2.1.2 Genese — 154
- 4.2.1.3 Wunder — 156
- 4.2.1.4 Verwandlung — 158
- 4.2.1.5 Transparenz — 159
- 4.2.1.6 Wertschätzung — 161
- 4.2.1.7 Erfüllung — 162
- 4.2.1.8 Vertrauen — 163
- 4.2.1.9 Be-Deutung — 165
- 4.2.1.10 Inkarnation — 166
- 4.2.1.11 Macht — 169
- 4.2.1.12 Geheimnis — 171
- 4.2.1.13 Identität — 173
- 4.2.1.14 Übergang — 175

4.2.2 DAS CHRISTLICHE ALS RELIGION — 177

4.3 ÜBERGANG — 183

5. KAPITEL: „AUFGEHEN" — 188

5.1 IN DEN HINTERGRUND DER RELIGION: „AUFGEHEN" ALS THEOLOGISCHES, KOSMOLOGISCHES UND ONTOLOGISCHES GESCHEHEN — 188

5.1.1 VON DER MACHT DES ÜBERGANGS ZUM „GENETISCHEN NICHT-ANDEREN" — 188

5.1.2 SEIN IST NICHT „SEIN"... — 195

5.2 BESTÄTIGUNG DES GEGANGENEN WEGES: PHÄNOMENOLOGISCHE GRUND-EINSICHTEN IM ANGESICHT DER TIEFENDIMENSION — 200

5.2.1 Erscheinen und Konkreativität … 200

5.2.2 „Der kommende Gott" … 203

5.3 Der Kreis schließt sich: „Aufgehen" als dimensionale Transparenz … **208**

6. Kapitel: Menschen im Übergang … 213

Schluß-Klang … 228

Literaturverzeichnis … 229

Einleitung

Diese Arbeit ist als theologisch-philosophische Dissertation geschrieben. Von einer theologischen Dissertation wird erwartet, eine eigenständige These vorzutragen und sie theologisch hinreichend zu diskutieren und zu begründen. In der vorliegenden Arbeit geht es darum, durch den Blick auf den Gegenstand theologischen Denkens, hier „das Christliche" genannt, theologisches Denken selbst zu erhellen, zu klären.

Dies soll nun nicht durch eine erkenntnistheoretische oder methodische Diskussion erreicht werden, sondern durch den Versuch, eine vertiefte Einsicht in den Gegenstand theologischer Forschung selbst voranzutreiben. Von da aus soll sich theologisches Denken präzisieren lassen, Theologie sich selbst klären.

Theologie selbst steht recht verstanden zur Debatte, ist nicht bloß der Raum und die Art, in dem ein dann theologisches Thema verhandelt und untersucht wird, sondern sie ist selbst in gewisser Weise Thema der Untersuchung.

Auf diesem Weg erhellt sich auch „der Gegenstand" selbst, „das Christliche". Es wird auf seine Grunderfahrung, sein Eigentliches hin erhellt. Dieses Anliegen geht mit dem ersten einher.

Für den „Blick" auf den Gegenstand theologischen Denkens bediene ich mich der Phänomenologie.[1] Nun ist dies ein breites Feld, auf das ich nicht im Ganzen eingehen kann. Die Phänomenologie, so wie sie im Anschluß an Edmund Husserl und Martin Heidegger von Heinrich Rombach weitergedacht wurde, soll hier zur Sprache kommen.[2] Sie ist eine Art des Forschens, des Verstehens der Dinge von

---

1 Anders als in vielen Dissertationen spreche ich immer wieder von mir als Verfasser in Ich-Form. Ich tue dies, um selbst als Person gerade nicht hinter dem Werk zu verschwinden, sondern eben mich zur Sprache zu bringen, der ich ja in dieser Schrift spreche, der ich hier schreibe. Dies mag auch ein Hinweis auf die Individualität meiner Perspektive im Chor der vielen möglichen Einsichten sein.

2 Heinrich Rombach, geb. 1923 in Freiburg i. Br., studierte bei Martin Heidegger, Max Müller, Eugen Fink und Wilhelm Szilasi. Er lehrt Philosophie seit 1964 in Würzburg. Gastvorlesungen in Japan, Forschungsreisen nach Indien und Afrika. Sein Arbeiten gilt nicht nur der Phänomenologie und dem von ihm weiterentwickelten Strukturgedanken in der abendländischen Geistesgeschichte, sondern auch der Bildphilosophie und dem Entwurf einer philosophischen Hermetik, in der er versucht, die Sicht von der einen Welt durch die vielen Welten zu korrigieren.

innen her, von der ihnen eigenen Helle oder Struktur her. Rombach nennt seinen Ansatz Strukturphänomenologie. Im zweiten Kapitel wird ausführlich darüber gehandelt. Vom Gedankengang dieser Arbeit wird dort der Ort sein, das Sehen der Phänomenologie kennenzulernen.

Um den phänomenologischen Blick auf den Gegenstand der Theologie zu präzisieren, war es nötig, ein konkretes Arbeitsfeld auszuwählen, um dies zum Ansatzpunkt für die Entwicklung des Gedankens zu machen. Dies geschieht durch eine Fokussierung des Blickes auf das, was ich hier „Grundgeste" nenne. Grundgeste ist ein zugegeben ungewöhnliches Wort in diesem Kontext. Es soll damit eine zentrale Erfahrung des „Christlichen" und zugleich darin die Ahnung benannt werden, daß sich daraus eine Bewegung erhebt, die als Denkbewegung dann theologisches Denken zu erhellen und zu begründen imstande ist. Zudem zeigt das Wort „Grundgeste" eine Nähe zum Bildhaft- Symbolischen, das dem hier verwendeten phänomenologischen Ansatz nahesteht.

„Das Christliche" steht hier zunächst für die christliche Religion, für den Gegenstand theologischen Forschens und Denkens. So erschließt sich in einem ersten Zugang die Formulierung des Titels: „Eine phänomenologische Erhellung der Grundgeste des Christlichen". Genau diese durch Phänomenologie zu leistende Klärung, Einsicht, Erhellung des Gegenstandes von Theologie, soll - so das Anliegen dieses Textes - Theologie selbst vorantreiben.[3] Theologisches Denken soll sich selbst verstehen lernen, sich klären und damit begründet werden. Es ist dies, bildhaft gesagt, eine Reise in die Tiefe, eben in die Hintergründe theologischen Denkens.[4] So spricht der Untertitel der Arbeit vom Entwurf einer

---

[3] Des öfteren verwende ich Wortketten. Diese sind für mich gedankliche Entwicklungen in konzentrierter Form, die in der Regel einen schon durchschrittenen gedanklichen Weg nochmals in den durch Komma getrennten Begriffen in Erinnerung rufen sollen. Zwischen solchen Begriffen (Verben, Adjektive oder Substantive) ist natürlich kein Gleichheitszeichen zu denken.

[4] Die Rede vom „Grund" ist wichtig in dieser Arbeit. Ich meine damit zunächst einmal eine oder die tiefere Dimension einer Sache, eines Zusammenhangs. Es ist nicht statisch gedacht als etwas, das nicht mehr überschritten werden kann. „Begründen" bedeutet von daher, eine Sache von ihrer tieferen und fundamentaleren Dimension her zu denken. Das setzt voraus, diese Dimension erst einmal zu sehen. In dieser Arbeit wird genau dies durch Phänomenologie geleistet. „Hintergründen" meint dann im Unterschied zum „Begründen", die tiefere(n) Dimension(en) einer Sache auszuleuchten, zu verstehen und den wechselseitigen Zusammenhang dieser und der hintergründeten Sache zu sehen. „Hintergründen" schließt

„Tiefentheologie". Mit der Rede von der „Tiefe" ist hier zum einen die Klärung von Theologie und damit ein Versuch einer Begründung theologischen Denkens gemeint, zum anderen soll auch das über Theologie Hinausgehende dieser Arbeit damit angedeutet werden. Um theologisches Denken zu hintergründen, wird aus der Beschäftigung mit dem Gegenstand von Theologie, dem Christlichen - oder eben hier präzisiert, der Grundgeste des Christlichen - Theologie überschritten. Theologisches Denken selbst steht als Thema an, wurde oben gesagt. Daß diese Überschrift nochmal dem theologischen Denken selbst bzw. dessen Gegenstand entspricht, macht die Rede von einer Tiefen-*Theologie* möglich.

Ein solcher Weg zur Hintergründung von Gedachtem, also zum Ausleuchten der tieferen, fundamentaleren Dimensionen, ist ein Denken in verschiedenen Ebenen, fordert ein Mitgehen von einer Ebene zur anderen.[5] Von diesem gedanklichen Gehen durch die verschiedenen Ebenen ist die Arbeit wesentlich geprägt. Ich habe versucht, diese Bewegung des Denkens in den Titel zusammenzusagen: „Menschen im Übergang". In einem ersten Zugang zu diesem Titel erscheinen der Verfasser und die Leserinnen und Leser dieses Textes als die Menschen im Übergang, nämlich im gedanklichen Weg von Ebene zu Ebene, durch die verschiedenen Dimensionen. Wie der Titel sich im Lauf dieser Schrift noch erhellt und vertieft, sei dem Kommenden überlassen.

Eingangs wurde gesagt, daß diese Arbeit als theologisch-philosophische Dissertation geschrieben ist. Weil über theologisches Denken hinausgefragt wird, um dieses zu klären und zu hintergründen, werden dabei andere Weisen des Denkens berührt. Von Phänomenologie war schon die Rede. Nun geht es hier nicht einfach um ein philosophisches Weiterdenken, wo eben die Theologie „aufhört". Diese Arbeit ist vielmehr der Versuch, phänomenologisch und damit philosophisch theologisches Denken bis zu der Dimension hin zu treiben, zu vertiefen, zu klären, zu hintergründen, die fundamentaler ist als die Trennung von

---

„begründen" in gewisser Weise mit ein, ist der weitere Begriff, der aber über eine kausal wirkende Begreifensweise, die „begründen" nahelegt, hinauswill.
5 Ich verstehe unter Ebene und Dimension nicht dasselbe. Die Differenz dieser beiden Begriffe soll sich aber erst im Gang des Gedankens dieser Arbeit zeigen. So sei die Differenz hier nur angedeutet. Hier mögen sie noch synonym erscheinen.

Theologie und Philosophie. Für diese Dimension habe ich keinen Namen. Ich schreibe darum diese Arbeit als theologisch-philosophische mit eben dieser genannten Absicht.

Diese Schrift ist ein Versuch, ein Wagnis. Ich bin mir ihrer ungewöhnlichen Art bewußt, sowohl methodisch als auch inhaltlich-thematisch, ja auch formal und zum Teil sprachlich. Dies alles gehört für mich zusammen, ist ein Gewebe, eben ein Text. Ich will auch durch diese Andersartigkeit, vielleicht „Verfremdung", etwas sagen. Ich will anregen, von Ebene zu Ebene mitzugehen, Neues zu sehen und neu sehen zu lernen. Aber das alles ist ein Versuch, und es ist mein Versuch, meine Perspektive, die nicht den Anspruch auf Vollständigkeit oder gar auf alleinige Gültigkeit hat. Es ist eine Perspektive im Chor der vielen Einsichten und Ansätze. Was diese Arbeit - auch als Versuch - für sich allerdings beansprucht, ist Stimmigkeit, die Stimmigkeit des Gedankengangs in sich selbst und die daraus sich erhebende Evidenz.

So wird in dieser Schrift vielen Erwartungen nicht entsprochen werden. Fachdiskussionen sind nur schwer zu finden. Der Gang des Gedankens hat mehr Gewicht als der Beleg jedes Schrittes durch Literaturverweise. Das Denken in verschiedenen Ebenen, die in einem Text ja zunächst auch nur nacheinander durchschritten werden können, ergibt Aussagen, die anderen Aussagen widersprechen. Fast stehen da „falsche" Ausssagen gegeneinander. Erst zum Schluß, wenn der Blick auf das Ganze erarbeitet ist, korrigieren sie sich gegenseitig als ein innerer Zusammenhang. Das ist zumindest das Anliegen des Verfassers. Das erfordert auch von den Lesenden Geduld.

Dem Denken in verschiedenen Ebenen bzw. Dimensionen entspricht auch der Stil des Schreibens. Bisweilen unterlasse ich es, Überleitungen von einem Abschnitt zum anderen zu formulieren oder stelle auch Sätze nebeneinander, die zunächst scheinbar wenig verbindet. Die nebeneinander erscheinenden Gedanken korrigieren einander zu einer gemeinsamen Sinnstruktur. Wechselseitige Erhellung verschiedener Ebenen. Nicht alles ist sagbar. Nicht alles Sagbare muß auch gesagt werden. Das ist wesentlich!

Nicht erst durch die Phänomenologie Heinrich Rombachs - aber durch diese dann methodisch begründbar - wird mit Evidenz gearbeitet im Gang des Gedankens. Evidenz meint hier das schlicht Augenscheinliche, das unverstellte Sehen, aber auch die innere Helle, die schlagende Einsicht in eine Sache, die „philosophische Erleuchtung". Nicht alles hier ist mit logischer Beweisführung belegbar. Einsicht ist etwas anderes als Logik. Das fordert eine etwas andere Haltung auch beim Lesen. Ein gewisses Vertrauen in den Gang der Arbeit, aber auch in das eigene Sehen ist erwünscht. Ich kann nur die Einladung aussprechen, mir auf diesem gedanklichen Gang zu folgen.

Noch einige Worte zum Aufbau des Textes. Dieser folgt dem Gedanken selbst. Es sind in den Kapitelüberschriften drei Dimensionen erkennbar. So ist das erste Kapitel mit „Fragen" überschrieben, das dritte mit „Sehen" und das fünfte mit „Aufgehen". Die dazwischenliegenden Kapitel, also das zweite und das vierte, sind Übergangskapitel zur nächsttieferen Dimension. Das letzte Kapitel ist gleichsam das Erblicken des Ganzen. Der Gedankengang als Ganzes erhellt sich hier als eine Einsicht, eine gedankliche Bewegung, als eine Geste, eine Grundgeste. Es trägt deshalb den Titel der ganzen Arbeit: „Menschen im Übergang".

1. Kapitel: Fragen

1.1 Weg - Wagnis - Fragen

Wer einen Text zu verfassen sich anschickt, zumal einen größeren Text, wie die vorliegende Arbeit, der begibt sich damit auf einen Weg:[6] Auf einen Weg der Gedanken, die da durch das Aneinanderreihen von Zeichen, von Worten und Sätzen sich bilden, sich sagen, entdeckbar und lesbar werden. Es ist ein Weg, solch einen Text zu lesen und ihn zu schreiben. Wege haben es an sich, durch das Land zu führen, sich zu winden und zu schlängeln, dann wieder gerade und stolz zu verlaufen, das Ziel anzusteuern. Sie fügen sich der Landschaft, der Gegend, durch die sie verlaufen, ein und weisen doch über sie hinaus, zeigen auf ein Wanderziel hin, das sich denjenigen, die nur einfach in der Landschaft dastehen, noch nicht erschließen kann. Das Ziel des Weges kann unter Umständen erst an der letzten Wegbiegung sichtbar werden, dann aber nur für die, die den Weg gehen. Solch ein Weg also hat ein Wissen, einen Sinn in sich, der sich erst den Gehenden erschließt. Es sei hier angemerkt, daß das deutsche Wort „Sinn" auf die indogermanische Wurzel „sent" zurückgeht, was soviel wie „gehen, reisen, fahren" heißt. Ohne diesen Sinn genau zu kennen, sich auf den Weg zu machen, sich wirklich von ihm führen zu lassen, ist ein Wagnis, wie schön auch der Weg sein mag. So ist das Schreiben einer solchen Arbeit auch immer ein Wagnis.

Als erstes gilt es, den Weg zu betreten und das geschieht ja gerade hier und jetzt, wo die ersten Zeilen der Arbeit geschrieben bzw. gelesen werden. Wer aus dem Waldesdickicht nach langer Suche herausfindet und einen Weg entdeckt, für den ist der Weg, der gefundene Weg kostbar. Mit das Schlimmste, was Menschen zustoßen kann, ist es, den Weg zu verlieren. Weglosigkeit ist eigentlich zielloses Herumirren, Sinnlosigkeit. Wo wenigstens noch ein Weg ist, da geht es irgendwie

---

6 Unter „Weg" will ich hier schlicht das Bild der begangenen, der zu begehenden bzw. der ergangenen, zu ergehenden Strecke verstehen. Bildhaft ist die Rede, weil sie sich hier auf das gedankliche Gehen, die Schritte des Denkens bezieht, dieses anschaulich machen soll. Als Weg, der sich aber im Denken als Gedanken-Gang eben auftut, ist etwas von dem in meinem Verständnis von „Weg", was „Tao" meint: Weg, der als Weg alles ist, weil er Weg ist.

weiter, da ist Hoffnung auf Änderung, auf Neues, auf Rettung, da ist ein Aus-Weg. Zugleich fordert das Betreten eines Weges auch Vertrauen, Vertrauen in die Weisheit des Weges, seine Weise zu führen, zu einem noch verborgenen und nur im Weg zu-gäng-lichen Ziel zu geleiten. All das geschieht jetzt auch, wo ich den Weg des Schreibens betrete, wo meine Leserinnen und Leser den Weg des Lesens betreten.

Noch etwas zum Weg. Der Weg führt vom Jetzt zum Später, vom Heute ins Morgen, vom Alten zum Neuen. Der Schritt tut das im Kleinen als ein Baustein des Gehens auf dem Weg. Das tut auch diese Arbeit. Sie führt von dem, wo wir jetzt stehen, zu etwas Neuem hin, wo wir jetzt noch nicht sind. Die Verbindung dazwischen ist als Weg gehbar, nachzuvollziehen. Mitgehen ist auf diesem Weg der Arbeit gefordert. Das bedeutet sowohl Mühe als auch Gelingen. Eigentlich tut es jeder Text, jedes thematische Gespräch, jedes Kunstwerk; sie alle führen von Altem, Bekanntem, jetzt Greifbarem zu Neuem, noch Unbekanntem, Verborgenem. So sind sie wie Wege. Darin, in dieser Weggestalt liegt der Übergang vom Alten zum Neuen. So ist auch diese Arbeit ein Weg, der führen will zu neuen Perspektiven, zu verborgenen Zielen, vom alten Heute zu einem neuen Morgen. Daher ist sie Weg. Weg ist nicht einfach da, sondern Weg im eigentlichen Sinn wird erst im Gehen. Weg ist Symbol für dieses Geschehen des sinnvollen, sinngebärenden Gehens. So ist Weg Wagnis.

Diese einführenden Gedanken sollen etwas vorbereiten. Sie sollen helfen, sich einzustimmen auf die Gang-art, auf den eigenen Geist dieser Arbeit, sich einzuschwingen in den Rhythmus des Schrittes auf dem gewagten Weg. Es ist darin eine Einladung ausgesprochen. Ich als Schreiber lade meine Leserinnen und Leser ein zum Mitgehen. Ich lade ein zum Dialog. Ich bin nämlich als Schreibender nicht schon im Besitz des Gedankens, der sich ja allererst entwickeln soll beim Gehen des Weges. Ich bin selbst erst auf dem Weg, mit auf dem Weg des Gedankens, der nur Schritt für Schritt sich gibt. Zwar habe ich vieles dazu gelesen, gedacht, auch schon geschrieben und begrifflich entwickelt; aber das sind nur Elemente, die jetzt zurückstehen müssen. Sie können einfließen in den Gedankengang, der sich aus seiner eigenen, ihm innewohnenden, oder besser, ihm in der Entstehung zukommenden Kraft entwickeln muß. So gesehen sehe auch ich als Schreibender nur den nächsten Schritt, genau wie meine Leserinnen und Leser. So eben ist das Schreiben dieser Arbeit ein Wagnis. Das aber nenne ich den Dialog mit meinen Leserinnen und Lesern, daß es so ein irgendwie gemeinsames Gehen des Weges gibt. Ich gebe dazu freilich einen Vertrauensvorschuß. Es ist ja nicht gesagt, daß es zu einem echten Dialog kommt. Aber ich vertraue darauf, daß es Menschen gibt, die Interesse haben an den hier sich entwickelnden Gedanken, die die Mühsal und den Erfolg des Weges mitaushalten. Wo ich einen Text zu schreiben beginne, möchte ich wissen, für wen ich schreibe, sonst laufe ich Gefahr, mich nur dem Papier anzuvertrauen, das alles mit sich machen läßt, was das Schreiben anbelangt. In dieser Einladung zum Dialog liegt dann auch der Appell, daß es ein Zuschauen von außen nicht gibt. Nur im Mitgehen erschließt sich der Gedanke, nur für die, die jetzt mit den Weg betreten haben mit dem Vertrauen und der Bereitschaft, ein Wagnis einzugehen.

Was soll diese Rede vom „Weg"?
„Weg" meint hier die Bewegung des Gedankens, so wie er sich im Schreiben bzw. im Lesen entwickelt. „Weg" ist bildhafte Rede vom Gang des Gedankens. Dieser ist ja ein diskursives, hindurchwanderndes Sich-Bewegen durch das Gedachte, durch das Thema. „Weg" soll diese Denkbewegung gleichsam veranschaulichen. So wie auf dem Weg sich Schritt aus Schritt ergibt, wobei der folgende Schritt auf dem vorausgehenden aufbaut und zugleich diesen übersteigt, so bewegt sich diskursives Denken weiter durch Aufnehmen des Alten, des Bekannten und Ausgreifen in Neues, zu Erschließendes. Dies geschieht im fragenden Voranschreiten. Dem Fragen ist ja auch dieses erste Kapitel gewidmet.
Nun soll es hier aber nicht allgemein um das Fragen gehen, sondern um eine Erhellung von Theologie. Es geht also um theologisches Denken, theologische Denkbewegung, den Gedanken-Gang des theologischen Fragens. Theologie soll, so das Anliegen dieser Arbeit, erhellt werden durch die Wendung zu ihrem Gegenstand, durch einen vertieften Blick auf das, wonach Theologie fragt also. So gilt der erste Zugang zu dem, was theologisches Fragen ist, dieser Frage, der Frage nach dem theologischen „Gegenstand", der Frage nach „dem Christlichen".

1.2 Die Frage nach dem Christlichen

Ich möchte diesen Zugang so formulieren: „Ich habe es mir zur Aufgabe gemacht, als Heutiger nach dem Christlichen zu fragen."

Darin liegt zuerst einmal, daß ich es bin, der sich diese Aufgabe gestellt hat. Ich bin das handelnde Subjekt dieses Satzes, dieses Themas. Das bedeutet, daß es zunächst einmal meine Fragestellung, mein Thema ist, das aus meiner Lebensgeschichte, meinen verschiedenen Erfahrungen, meiner Auseinandersetzung mit Theologie und Philosophie und manchem anderen entstanden ist. Ich stehe da mit meinem Thema, ich stehe für mein Thema ein. Das ist das erste. Die Wahl meines Themas ist ein Setzen, ein Vorsetzen.

„Ich habe es mir zur Aufgabe gemacht..." So geht die Formulierung des Themas weiter. Aufgabe - in diesem Wort sehe ich zwei wesentliche Aspekte. Aufgabe ist etwas Gegebenes, das von außen herkommt, mir vorgegeben ist von der Wirklichkeit um mich herum oder in mir. Zum anderen ist es etwas, das mir jemand oder, wie in diesem Fall, ich mir selbst auf-gebe, wo ich also mit einer Entscheidung diese Gabe, diese Vorgabe für mich bedeutsam mache in einer ganz bestimmten und bewußten Weise. Wenn der erste Aspekt der Aufgabe sich auf eine unveränderliche Vorfindlichkeit bezieht, wie eben Welt, wie Leben und Wirkliches ist, so ist der zweite Aspekt der Auf-gabe die freie Entscheidung der Annahme und der Gestalt, wie ich diese Vorgabe für mich bedeutsam machen will. Diese Auf-gabe ist, zu fragen. So die Formulierung des Themas. Wo wir uns aufmachen, zu fragen nach einer wie auch immer gearteten Sache, da beginnen wir durch die Oberfläche dessen, was uns zunächst von dieser Sache begegnet, durchzustoßen in eine andere Schicht, in eine tiefere Dimension oder auch in einen weiteren Zusammenhang. Wir müssen also unsere bisherige Sicht von dieser Sache erst einmal ablegen, zurückstellen, um offen zu sein für das Neue, das im Fragen sich uns auftun kann, ja um überhaupt erst die Lust zum Fragen, zum tieferen Erforschen der Sache zu wecken. Wenn es dann noch eine Sache ist, die nicht irgendetwas Belangloses, sondern etwas Wesentliches in unserem Leben ist, so bekommt ein solches Fragen ein großes Gewicht. Auch hier geht es ja um eine wesentliche Sache in dem Sinne, daß hier nach der Religion in der Gestalt des

Christlichen gefragt wird. Der Sache nach also etwas, das den Menschen im Innersten berühren, ihm viel bedeuten kann. Wo wir nach dem Grund, dem tieferen Zusammenhang und der inneren Gestalt von etwas Bedeutungsvollen, vielleicht Lebenswichtigen fragen, da müssen wir bereit sein, zunächst einmal die „Alltagswelt" oder zumindest unsere alltägliche Erlebnisweise dieser Sache hinter uns zu lassen. Wir verlassen vieles, was uns bisher davon vertraut war. Wir machen uns auf, unter die Oberfläche des bisher Erfahrenen durchzustoßen, um neu die Wirklichkeit zu begreifen oder auch um ganz neuer Wirklichkeit zu begegnen.

Dabei lassen wir uns ein auf ein doppeltes Risiko: Es kann sein, daß wir zwar unsere bisherige Denk- und Lebensgewohnheit bezüglich der erfragten Sache verlassen, aber den Grund, den inneren Zusammenhang jener Wirklichkeit, nach der zu fragen wir uns aufgemacht haben, nie erreichen, sei es, weil es einen solchen Grund, eine solche innere Gestalt vielleicht gar nicht gibt, sei es, daß wir uns als unfähig erweisen, bis dahin vorzustoßen. Die andere Seite des Risikos, das wir bei einer solchen Fragereise eingehen, sieht so aus: Wir verlassen wirklich unsere bisherigen Erfahrungsräume bezüglich der erfragten Sache. Wir stoßen auch wirklich tiefer vor und finden einen Grundzusammenhang, der von innen her all das erhellt und neu verstehbar macht, was wir bisher von dieser Sache gesehen hatten. Diese neue Sichtweise ist aber eine so andere, neuartige, eine so machtvolle Kritik an dem bisher Gelebten und Gedachten, daß wir nicht mehr, ohne diese unsere neue Sicht des Wirklichen und damit unser Fragen, ja uns selbst zu verraten, zu dem zuvor gelebten „Alltagsverständnis" zurückkehren können. Wir müssen, wollen wir in ehrlicher Weise zu uns selbst und zu unserer Erfahrung stehen, von nun an die Wirklichkeit in dieser tieferen Sicht sehen, die ja die „alltägliche" Sicht, die wir zuvor hatten, keineswegs ausschließt, sondern stets mit umfaßt, aber eben aufgrund der weiteren, grundlegenderen Perspektive auch kritisiert und korrigiert, ja ans Licht hebt. Wo wir uns also aufmachen, die Frage nach dem Grund von etwas Wesentlichem, wie zum Beispiel der Religion, zu stellen, da müssen wir beim Verlassen der bisherigen, „alltäglichen" Sicht dieser Sache bereit sein, für immer diese Sichtweise, diese Erlebniswelt zu verlieren. Dieses doppelte Risiko erweist das Fragen nach einer Sache, nach ihrem Wesen und tieferen Zusammenhang als ein Wagnis.

Gefragt wird aber nicht im luftleeren Raum, sondern ich tue das als ein Mensch, der hineinverwoben ist in die vielfältigen Beziehungen und Vernetzungen, in denen Menschsein, in denen dann konkret mein Menschsein sich ereignet. Diese, meine konkrete Situation, in der ich lebe, in der ich der geworden bin, der ich bin, in der ich mich und Welt gestalte, habe ich in der Formulierung des Themas angezeigt mit dem Wort „als Heutiger". Dies wirkt sehr auf die Zeit, auf Geschichte bezogen, meint darin aber eben den ganzen Zusammenhang von konkreter Vernetzung im Kosmos alles Wirklichen, in Ort und Geschichte. Das bedeutet, daß Fragen auch immer in diesem Kontext steht.

Das Fragen richtet sich an „das Christliche". Ich habe bewußt diesen so weiten und leicht abstrakt wirkenden Begriff gewählt, um nicht schon im voraus eine unreflektierte Auswahl zu treffen. Mit dem Christlichen ist die ganze Breite mitgemeint, die in der religiösen, theologischen, praktischen, künstlerischen Lebenswelt eben in der christlichen Geschichte auf uns zukommt. Damit sagt „das Christliche" aber etwas anderes als zum Beispiel das heute existierende Christentum. Mit „das Christliche" meine ich das Wesentliche, das Typische und Gestaltgebende dieser Geschichte, dieser Kultur, dieser Welt des Christentums, der christlichen Religion. Der Begriff ist zugleich weit und konzentrierend. „Das Christliche" ist hier als der Gegenstand von theologischem Fragen, von Theologie gemeint.

Die Wendung zum Gegenstand von Theologie, die Frage nach dem Christlichen fordert aber, theologisches Fragen in seiner Eigenart, seinem Proprium tiefer zu verstehen. Darum soll es jetzt gehen.

1.3 Was ist theologisches Fragen ?

Christliche Theologie als Wissenschaft ist den Weg des Fragens nach dem Christlichen gegangen und geht ihn noch weiter. Wie auch immer Theologie im einzelnen sich verstanden hat, wie sie sich je verschieden artikuliert hat, so ist es doch ihr eigen, nach dem Christlichen zu fragen, dessen tiefere Zusammenhänge und innere Gestalt, ja dessen Wesen zu erkunden. Nicht gerade ein Theologe, aber dafür ein großer Philosoph unseres Jahrhunderts, Martin Heidegger, hat das in seinem Aufsatz „Phänomenologie und Theologie" sehr treffend gesagt: „Theologie ist ein begriffliches Wissen um das, was Christentum allererst zu einem ursprünglich geschichtlichen Ereignis werden läßt, ein Wissen von dem, was wir Christlichkeit schlechthin nennen." Weiter heißt es: „...das Vorliegende (Positum) für die Theologie ist die Christlichkeit."[7]

Dies ist eine Sichtweise von Theologie bezogen auf den Inhalt, eben auf das „Positum", das „Vorliegende", den Gegen-stand ihres Fragens. Damit entspricht Theologie genau dem, was der Satz „Ich habe es mir zur Aufgabe gemacht, als Heutiger nach dem Christlichen zu fragen." meint.

Es geht ja um Erhellen von Theologie selbst. Was also ist die Weise theologischen Fragens? Was ist die Art des Gehens? Wie sieht die Fragereise theologischen Denkens und Forschens aus; gibt es da ein Proprium, das nur ihr zukommt, das so grundlegend ist, daß es in all den verschiedenen Varianten und Einzeldisziplinen theologischer Wissenschaft präsent ist? Wenn es auch nicht überall benannt und bewußt gedacht oder ausgesagt wird, so ist es dann doch vielleicht eine Grundentscheidung menschlichen Fragens, auf der überhaupt erst spezifisch theologisches Fragen möglich wird, wobei sich diese „Grundentscheidung" dem bewußten Zugriff zunächst und zumeist entzieht, im „Alltag" theologischer Wissenschaft nicht in den Lichtkegel des Denkens gelangt.

Ich möchte mich über das Fragen zunächst allgemein an dieses Problem herantasten. Über das Fragen des Menschen ist unsäglich viel geschrieben worden, über das Fragen als menschliche Grundaktivität, über die Weisen des wissenschaftlichen Fragens, über die psychologischen Zusammenhänge menschlichen Fragens, u.s.w.. Auf all das soll hier nicht eingegangen werden; es würde den Rahmen sprengen. Ich möchte unseren Blick konzentrieren auf den jeweils nächsten Schritt des Weges, der jetzt vor uns liegt. Die Gedanken müssen sich aus sich selbst ergeben und sich so als weitertragend, eben als gangbar erweisen.

---

7 Heidegger: Phänomenologie und Theologie, 52.

Oben zeigte sich, daß Fragen bedeutet, daß wir nicht bei einer uns einmal gegebenen Sicht von Wirklichkeit oder Lebensgewohnheit stehenbleiben. Wer fragt, stellt infrage, sieht das „Gegebene" nicht als letztgültig an. Wer fragt, macht sich auf den Weg, auf den Weg weg vom bisher Gedachten und Gelebten hin zu etwas womöglich Neuem. Dies zeigt zum einen eine Auseinandersetzung mit dem bisher Gedachten und Gelebten. Es zeigt weiter das Ahnen einer möglichen anderen Weltsicht oder Lebensweise. Es zeigt dazu noch den Mut und den Entschluß, sich auf den Weg zu machen, Altes zu verlassen, um Neues, noch nie Gesehenes zu entdecken. Bei einem Fragen, das Weg ist, ergibt sich ein Schritt aus dem anderen; dennoch fordert es jedesmal Mut, den nächsten Schritt zu tun, der bisweilen eher einem Sprung ins Ungewisse als einem Spaziergang ähneln mag. Ein solches Fragen steht nicht im leeren Raum. Es arbeitet sich wie ein Gehen aus dem heraus, wo jemand gerade steht, in seiner/ihrer Lebenswelt und Sichtweise vom Wirklichen. So setzt dieses Fragen an bei dem, was das eben Gegebene ist, also bei der „alten", bekannten Wirklichkeit. Um sie zu überschreiten und zugleich als Trittbrett für den nächsten Schritt zu nehmen, um also nicht den Boden unter den Füßen zu verlieren, muß das Fragen zunächst einmal diese „alte", bekannte Weltsicht oder Lebensweise kennenlernen, sie ergründen, ihren tieferen Zusammenhang verstehen lernen, um von da aus zu neuen Sichtweisen vorzudringen. Dies ist der Weg, der gehbar ist. Alles andere wären nur noch Sprünge und damit kein Fragen mehr. Am Anfang der Fragereise in ein neues Land steht also der Weg zum Wesentlichen, sagen wir zum Grund der alten, bekannten Dinge und Weltsichten. Dies haben wir schon oben gesehen: Fragen ist ein Weg, durch die Oberfläche des alltäglichen Weltverständnisses durchzustoßen und damit zu tieferen Schichten, zu neuen Sehweisen zu gelangen. Dies bedeutet, das Alte zu verlassen. Es ist ein Wagnis. Menschliches Fragen ist zunächst also einmal ein Fragen nach dem Grund der Dinge. Es ist eine Reise in die Tiefe, um von da her eine andere Weltsicht zu gewinnen; das ist die Hoffnung der Fragenden. Beginnen wir durch die Oberfläche des alltäglichen Denkens und Handelns durchzustoßen, um in den tieferen Zusammenhang dessen, was uns zunächst und zumeist bewußt ist, einzudringen, so öffnen sich immer wieder neue

Schichten. Immer gibt es noch eine tiefere und grundlegendere, wesentlichere Sicht des Wirklichen. Der Grund, das Wesen einer bestimmten Sache mag dabei schnell erreicht sein. Aber dahinter liegt wieder ein neues Feld, das diese nochmal hintergründet, und so weiter. Das Fragen, das nach dem Wesentlichen, nach dem Wirklichen fragt, ist eine Reise in die Tiefe der Welt. Dies bedeutet, mehr zu verstehen, ohne dabei allerdings den Weg zu vergessen, der gegangen wurde in der Kraft des Fragens. Die Verbindung zur sogenannten Oberfläche bleibt sehr wichtig, um den ganzen Zusammenhang zu begreifen. Es scheint so zu sein, als ob Menschen stets fragen müßten, und als ob da, wo das Fragen, wie auch immer es sich im einzelnen Menschenleben gestalten mag, erlahmt, der Weg aufgegeben wird, das Dasein Aus-Weg-los wird und erstarrt. Es liegt etwas Getriebenes in diesem Fragen und es liegt eine Anziehungskraft in der Wirklichkeit, durch die wir fragend reisen, sie erkunden, eine Anziehungskraft, die uns stets zu neuen Horizonten aufbrechen läßt - als Fragende.

In dem Feld der bisherigen Überlegungen zeigt sich wie in einem Magnetfeld eine unsichtbare Kraft, die sich besonders in drei „Feldlinien" anzudeuten scheint. Da ist zum einen dieses Getriebensein des Menschen, zu erfragen den Sinn der Dinge, zu verstehen die Welt und ihren Lauf. Da ist zum anderen die Anziehungskraft des Wirklichen selbst, das hinter jedem erreichten Grund wieder neue Felder aufreißen läßt, die wieder durchfragt werden wollen auf ihren inneren Zusammenhang, ihr Wesen, ihren Grund hin, die Verlockung einer Reise in die Tiefe der Welt. Und da ist jene Hoffnung, von der anfangs die Rede war, jene Hoffnung des fragenden Menschen, daß es auch noch andere Weltsichten gibt als die seine, als das, was ihm zunächst im Bewußtsein ist, was sein „alltägliches" Weltverstehen ausmacht. Diese Hoffnung ist gleichsam ein gewagter Vorgriff auf einen weiteren Zusammenhang von Möglichkeiten, die er noch nie gesehen hat. Es scheint eine Ahnung davon im Menschen zu sein.

Diese drei Strömungen führen hin zu der Annahme, daß menschliches Fragen motiviert ist, angezogen und ermöglicht durch einen letzten Sinn, einen letzten Zusammenhang des Wirklichen, der sich in den drei genannten Strömungen im „Feld menschlichen Fragens" kundtut, einen Sinn, nach dem menschliches Fragen ahnend und suchend tastet. Wo Menschen den alten Denk- und Lebenshorizont infragestellen, wo sie durch die Oberfläche des zunächst „Gegebenen" durchstoßen als Fragende, da bekundet sich in diesem Fragen unreflektiert und dem bewußten Zugriff unter Umständen entzogen ein Fragen nach dem letzten Grund und Sinn von Wirklichkeit, ja nach einem sinnvollen und so vertrauenserweckenden Kosmos, einer Welt-ordnung, in der es sich leben läßt. Das ist die Frage, die die Religionen hervorgetrieben hat. Sie haben dieses Fragen als die Frage nach Gott gestaltet.

Ich möchte dieses tiefste Fragen des Menschen nach dem letzten Grund des Wirklichen eine „Tiefentheologie" nennen, weil sich in diesem Fragen eine Suche nach der „Rede" vom letzten Sinn, den die Religionen Gott zu nennen wagen, kundtut. In diesem Fragen sehe ich einen Modus, eben einen fragenden Modus der Rede von jenem letzten Grund des Wirklichen, der oft Gott genannt wird. „Tiefentheologie" ist hier nicht sachlich, wohl aber intentional identisch mit dem, was der Titel der Arbeit und auch die Einleitung darunter verstehen. Diese Tiefentheologie ist hier angezielt. Es besteht also intentionale Identität, daher derselbe Begriff, aber eben in Anführungszeichen. „Tiefentheologie" sage ich auch deshalb, weil es die Fragereise in die Tiefe der Welt ist, die das Geheimnis des Fragens ahnen läßt. Außerdem gilt, daß alle andere „Rede von Gott", auch alle Theologie, auf dieser aufbaut, ihre Ausformung und Gestaltung ist. Ich will mit meiner Formulierung nicht das Fragen der Menschen für eine „Gottes-Religion" vereinnahmen, sondern nur diesem Fragen einen möglichen Namen geben.

Diese „Tiefentheologie" wird in den Religionen als existenzielle und lebenspraktische Gottes-Beziehung gestaltet. Sie wird weiter in dem, was wir Theologie als Wissenschaft nennen, thematisiert, reflektiert, erhellt. Dies aber geschieht so, wie die Spitze eines Eisberges etwas von diesem zeigt: Die Theologie als Wissenschaft kann nur zum geringen Teil das erhellen, was unthematisch in der „Tiefentheologie" als existenzielles Fragen des Menschenherzens begegnet. Diese Grenze ihrer Kompetenz muß Theologie stets im Bewußtsein haben. Wo sie das nicht sieht, verliert sie ihre Glaubwürdigkeit.

Fragen wir auf diesem Hintergrund nochmal: Was ist theologisches Fragen? Es zeigt sich als wissenschaftlich reflektiertes Fragen nach einem letzten Grund des

Wirklichen. Theologisches Fragen wäre dann also radikale Betrachtung der Wirklichkeit, weil bis auf den Grund gefragt werden soll. Sie wäre ebenso Betrachtung der radikalen Wirklichkeit, weil jene letzte Wirklichkeit, die sich als „unhinterfragbarer" Grund, als Radix von allem erweist, thematisiert werden soll. Theologisches Fragen fügt sich so hinein in den sehnsuchtsvollen Fragehorizont des Menschen, nicht um eine Antwort zu geben, sondern um eben jene Fragereise des Menschen zu thematisieren und zu erhellen, die der Modus ist, wie der Mensch dem Letzten, dem Radikalen, dem Grund, dem Göttlichen begegnen kann. Die größte Gefahr der Theologie kann dann darin bestehen, Antworten zu suchen, oder gar zu finden zu meinen.

Hier ist der Blick noch einmal auf jenen letzten Grund zu richten: Insofern er die Wirklichkeit, nach deren Grund gefragt wird, begründet, wie auch immer das zu denken ist, ist er als Grund, als Sinn des Wirklichen zu bezeichnen. Insofern er aber als eben „Letztes" gesehen wird, weitet sich dieser Grund ins Unendliche. Die Kategorie von Grund in unserem Sinne versagt hier. Die Rede vom „Un-Grund" bietet sich an. Wo Gott noch als Gott bezeichnet werden kann, ist es nicht jenes letzte Geheimnis, das die Religionen Gott zu nennen wagen. Dieser paradoxale Satz der mystischen Tradition so mancher Religion gilt auch hier. Das Ganze entzieht sich eben unseren Begriffen, unserem Zugreifen. Gerade so ist es das alles Hintergründende, das Ganze. Daher ist auch das Fragen bar jeder Antwort, weil es stets tiefer in den unendlichen Raum des Erfragten geführt wird. Dieses Fragen ist der Modus, dem Unendlichen zu begegnen.

So gesehen ist auch die Rede von Gott zu relativieren. Sie kann nur Rede von Gott sein im Bewußtsein, daß sie das Eigentliche gerade nicht sagt, nicht sagen kann. Die Rede von Gott, wo sie wirklich Gott meint, ist also gerade Nicht-Rede, also Theo-a-logie. Diese Rede zeigt sich aber eben, weil fragende Rede, als Weg. Weg, der im Gehen alles hat, was zu haben ist, der im Gehen das Ziel ist: Fragen, das im Modus des Fragens das Erfragte umarmt. So sage ich: Theologisches Fragen ist Weg der Nicht-Rede von Gott. Tiefentheologie, Religionen und Theologie als Wissenschaft sind stets Weg der Nicht-Rede von Gott, anders sie nicht von „Gott" reden. Dies lehrt uns die „Tiefentheologie". Am schwersten tut sich damit natürlich die Theologie als Wissensschaft, lebt sie doch ganz vom zu fassenden Begriff, von der Rede von Gott. Aber sie muß diesen inneren Abgrund, diese innere Paradoxie aushalten, will sie wahrhaft Theologie sein. Nimmt sie diesen Weg der Nicht-Rede von Gott nicht als Resignation, sondern macht sie sich gerade so bewußt, daß sie forschend und reflektierend zu der radikalen Wirklichkeit unterwegs ist, die sie Gott nennt, so tritt sie in den Raum einer „sapientialen Theologie", die als Wissenschaft sich der Weisheit verpflichtet weiß.

Eine sapientiale Theologie weiß, daß sie eine Reflexion des menschlichen Fragens nach letztem Sinn, nach dem Ganzen, eine Reflexion des Weges der Nicht-Rede von Gott ist. Diesen Widerspruch behält sie nicht als Ärgernis, sondern gleichsam als heiligste Mitte, als Kraftquelle ihrer selbst. Darin besteht ihre Weisheit, daß sie den Widerspruch von wissenschaftlicher Reflexion und Weg der Nicht-Rede von Gott nicht auflöst, nicht verflucht. Sie weiß sich als fragende Wissenschaft auf dem Weg, auf dem alles offen ist, weil sie mit den Menschen hineinfragt in den letzten unergründlichen Un-Grund. Nur im steten fragenden, begegnenden Dialog mit diesem Un-Grund kann sie ihren Weg gehen. Jede theologische Aussage ist dann eine Art Momentaufnahme, ein Lichtkegel, der auf einen Schritt des Weges fällt und diesen sichtbar macht. Die Weisheit, ihre Grenze, aber darin auch ihren inneren Reichtum zu sehen, zeigt sich so als das Proprium von Theologie als Wissenschaft. Diese „Weisheit" ist es, auf der Wissenschaft aufruht in der Theologie.[8]

Wo so verstandene sapientiale Theologie ihre innere Unmöglichkeit, vom „Un-Grund" anders zu reden als auf dem Weg der Nicht-Rede von Gott, versöhnt aufnimmt und bejaht, da wird ihr Fragen und reflektierendes Erhellen hingewendet zu einem Staunen vor dem Erfragten, da mündet sie ein in das Überwältigtsein von der Sinnfülle, die das radikal erfragte Wirkliche bereithält.

Betrachten wir noch einmal das, was oben allgemein über menschliches Fragen gesagt wurde. Es zeigten sich da wie in einem Magnetfeld, so wurde deutlich, drei „Feldlinien", die auf eine verborgene, aber durchaus wirksame Kraft hinweisen:

---

8 Näheres zur Theologie als Wissenschaft klärt sich erst nach dem Gang durch das folgende Kapitel. So sei auf dessen letzten Abschnitt verwiesen, wo auf dieses Thema eingegangen wird.

Das Getriebensein des Menschen in seinem Fragen nach dem je weiteren Horizont und Sinnzusammenhang des Wirklichen; die Anziehungskraft der Wirklichkeit, zu immer tieferem Fragen und Suchen zu „locken"; und die Hoffnung der Fragenden, daß es sich lohnt aufzubrechen aus dem bisher Gedachten und Gelebten hin zu neuen zu erfragenden Möglichkeiten, von deren Existenz bisher kein Wissen besteht. Wenn wir diese drei Strömungen jetzt vor dem Hintergrund dessen nennen, was wir zu theologischem Fragen und Theologie gesagt haben, so zeigt sich darin eine Entsprechung zu dem, was hier „Weg der Nicht-Rede von Gott" genannt wird. In den genannten drei „Strömungen" menschlichen Fragens zeigt sich nämlich die Wirkmacht der Wirklichkeit selbst. Das bedeutet aber nach all dem, was bisher zur Wirklichkeit gesagt wurde, daß sich die Wirkmacht des Wirklichen von sich her zeigt und darin und dahinter des „letzten Grundes", des großen Sinnzusammenhanges, den wir als Un-Grund bezeichneten. Der Un-Grund selbst kommt in der fragenden Unruhe des Menschen, in der Anziehungskraft des Wirklichen und in der Hoffnung der Fragenden, in ihrem Vorgriff auf die Existenz eines je weiteren Horizontes, eines je tieferen Grundes zur Erscheinung, zur Wirkung. Der Un-Grund selbst wird aktiv, bringt sich im Fragen des Menschen zur Erscheinung. Und das nicht etwa in irgendwelchen Antworten, die zum Fragen korrelieren würden, sondern, ganz im Gegenteil, im Fragen selbst. Im menschlichen Fragen bringt sich der Un-Grund selbst ins Blickfeld, zeigt sich von sich her in den Raum unseres Fragens hinein. Ja mehr noch: Das Fragen kann nur bestehen als Fragen auf diesen Un-Grund hin, als ein Fragen, das aus dem Dialog mit ihm sich wachhält, weiterzufragen. Nur im Dialog mit dem erfragten Un-Grund kann diese Art von Fragen leben, weil nur so es vor irgendwelchen Antworten geschützt bleibt, die das Fragen in seiner Bewegung hin zum Sinn alles Wirklichen abschneiden würden. Nur so kann es sich als Begegnungsmodus mit dem Un-Grund, dem Ganzen, dem Göttlichen verstehen. Dieses Fragen lebt aus der Begegnung mit dem Unendlichen. Diese Begegnung ist das Fragen selbst als offengehaltenes Fragen. Das, für das Unendliche offengehaltene Fragen ist gleichsam durch das Unendliche selbst allererst hervorgebracht, konstituiert. In diesem Fragen zeigt sich das Unendliche, der Un-Grund von sich her, in seiner Eigenaktivität, tritt es selbst in den Blick. Es selbst begegnet, tritt in den Dialog.

Es redet selbst. Deshalb auch: „Weg der Nicht-Rede von Gott". Zur Rede kommt dieser letzte Grund, den die Religionen Gott zu nennen wagen, in der Nicht-Rede, also im Antwort-verschwiegenen Fragen des Menschen.

Wo theologisches Fragen dies aufnimmt, da wird Theologie zur sapientialen Theologie. Wo sie daraus sich als fortschreitende Forschung und Reflexion erhebt, ist sie eben Wissenschaft, wissenschaftliche Theologie, die ihr Proprium, ihr Wesen nicht aus irgendeinem übergestülpten Wissenschaftsbegriff übernommen hat, sondern aus einer ihr eigenen und nur ihr eigenen Bewegung. Sie ist Wissenschaft, indem sie um sich selbst weiß, um ihren „Hintergrund" und ihre Begründung, indem sie ihr Denken selbst nochmal sieht und so in der Reflektiertheit fortschreitet. Dies zu sehen, ist das Proprium theologischen Fragens. Theologisches Fragen ist radikales Fragen, das bis ins „Ende" geht, das sich antwortlos als fragende Präsenz des letzten Sinnzusammenhanges, des „Un-Grundes" an die sich im Fragen selbst kundtuende Eigenaktivität, an das Sich-zur-Erscheinung-Bringen des Un-Grundes verwiesen weiß.

Theologisches Fragen wird sich dann inhaltlich auf all das hinwenden, nach dem Theologie schon immer gefragt hat, nach historischen Zusammenhängen, nach Texten, nach Denksystemen, und so weiter. Aber in all dem bleibt es „gegründet" und ermöglicht als eben spezifisch theologisches Fragen durch dieses Verwiesensein, diesen Ausgriff auf ein letztes unsagbares Geheimnis, das Theologie Gott nennt. Das ist der Perspektivenwechsel, der Religion eignet. Sie erweist sich als eine Weltsicht, die alles wahrnimmt, wie es ist, ohne Abstriche, darin aber zugleich in einer anderen Dimension die ganze Tiefe des Wirklichen im Sinn hat, bis hin zu jenem letzten Grund, an den sie sich glaubend oder ahnend zurückbindet (re-ligio). Theologisches Fragen ist so religiöses Fragen. Theologisches Fragen ist so und nur so berechtigt, dann auch inhaltlich nach der Gestalt einer Religion, in unserem Fall nach der christlichen Religion, zu fragen. Theologisches Fragen ist eine Weise zu fragen, eine ganz bestimmte Weise zu fragen. Es ist bis ins Ende getriebenes Fragen, ist radikales Fragen. Darin vollzieht sich der genannte Perspektivenwechsel. Dies ist das Proprium theologischen Fragens, das zu verstehen wir diesen Abschnitt begannen.

Theologie selbst erweist sich im letzten als radikales Fragen. Diese Weise zu fragen, weiterzufragen, ist das Proprium theologischen Fragens. Dieses Fragen, nämlich radikales Fragen, ist die Weise theologischen Denkens, ist die innere Grundbewegung von Theologie.

Es geht um Selbstklärung von Theologie. In einem ersten Zugang führte dies zum Fragen, zu Theologie als radikalem Fragen. Dabei eröffneten sich drei Ebenen: Die Ebene der Reflexion, der Theologie; die Ebene des existenziellen Lebensvollzuges der Religion; und die Ebene des fundamentalen „Fragens" des Menschen nach dem Wirklichen, die sog. „Tiefentheologie". Um Theologie im Sinne fortschreitender Selbstreflexion weiter zu klären, ist es notwendig, diese drei Ebenen zu durchschreiten, Theologie so gedanklich zu hintergründen, um sie darin neu zu begründen. In einem ersten Schritt gilt es also, von der Ebene der reflektierenden Theologie, also vom Fragen, zur nächsttieferen Ebene fortzuschreiten, zur Religion, das heißt hier, zum Inhalt theologischen Denkens, „das Christliche" genannt. Dieser Schritt entspricht dem Ausgangspunkt der Arbeit, Selbstklärung von Theologie durch Wendung zu ihrem Gegenstand voranzutreiben.

Innerhalb von Theologie gibt es eine explizite Rede von der Wendung zu ihrem Gegenstand, zu ihrem Inhalt. Dies findet sich am deutlichsten in dem, was „Dogmatik" meint. So nenne ich den Blick auf den theologischen Inhalt „dogmatisches Antworten". Dies soll nun näher angesehen werden.

1.4 Was ist dogmatisches Antworten?

Vergegenwärtigen wir uns noch einmal die drei Ebenen, die drei Dimensionen, die sich bei den Überlegungen zum theologischen Fragen auftaten. Da war die Rede von der „Tiefentheologie", von jenem unstillbaren Fragen des Menschen, das sich aus der Eigenbewegung des Fragens selbst als der Begegnungsmodus mit einem letzten Sinnzusammenhang, einem letzten Grund, einem Un-Grund erwies. Da war dann die Rede von den Religionen, die diese Erfahrung aufgreifen und lebenspraktisch, kulturell gestalten. Und da war die Rede von Theologie, die diese Erfahrung und die Gestaltung der jeweiligen Religion reflektiert, erforscht, durchdenkt. Diese drei Ebenen gilt es jetzt sich vor Augen zu halten. Wir sahen, daß jenes, was wir Un-Grund nannten, sich selbst zur Rede bringt in der Gestalt des menschlichen Fragens, daß es selbst in Erscheinung tritt. Wir sahen auch, daß ein Fragen, das diesem „Un-Grund" begegnen will, ein radikales Fragen ist, das offengehalten sein muß - ohne Antwort. Dies nannten wir deshalb den „Weg der Nicht-Rede von Gott". Das ist die eigene Weise theologischen Fragens.

Auf der Ebene der Religion, bzw. hier des Christlichen als Gegenstand theologischen Fragens, deutet sich die Selbsterscheinung des Un-Grundes als ein Von-sich-selbst-reden-Machen jenes Geheimnisses, das die christliche Religion Gott nennt. Diese Erfahrung wird in der christlichen Religion Offenbarung genannt. Die Weise menschlicher Begegnung mit dieser Offenbarung ist nun nicht mehr das ins Unendliche hineinwandernde Fragen, sondern ist eine Weise des Sich-Festmachens an dem, was von Gott her zur Erscheinung kommt. Dies wird in der christlichen Religion Glaube genannt. Mit diesem Wort betreten wir den eigentlichen Raum christlicher Religion auf der religiösen und auf der theologischen Ebene, denn die theologische Reflexion darüber erwächst unmittelbar aus der christlichen Religion selbst, ja gehört zu ihr.[9] Theologie behält den Bezug zu dem sich entziehenden Mysterium und ist zugleich als Rede aus dem Glauben heraus gegründet in diesem. Dieser Ansicht ist Karl Rahner, wenn er schreibt, daß dogmatische Aussage über sich hinausweist in das Kerygma als geschichtlich verpflichtend. Sie erreicht so nie den Grund ihrer Rede, weiß sie sich doch verpflichtet dem unbegreifbar bleibenden Mysterium, das über alle Begrifflichkeit hinaus den Menschen vorgreifend ergreift, „den ergreifenden Gott in Transzendenz und Gnade". Daß dies nicht Weg in leere Transzendenz ist, dies zu erfassen heißt Glaube, so Rahner.[10] Dieser Raum des Glaubens, der von innen her das Gesamt der christlichen Religion faßt, ist der Gegenstand des theologischen Fragens. Dazu noch einmal Martin Heidegger: „Das Ganze dieses Seienden, das der Glaube enthüllt, und zwar derart, daß der Glaube selbst in diesen Geschehenszusammenhang dieses gläubig enthüllten Seienden gehört,

---

9 Martin Heidegger sieht Theologie motiviert aus der Bewegung des Glaubens selbst heraus, als begriffliche Auslegung dessen. So in „Phänomenologie und Theologie", 54.
10 Rahner: Was ist eine dogmatische Aussage ?, 72 f.

macht die Positivität aus, die die Theologie vorfindet."[11]

Alexandre Ganoczy nennt die Geschlossenheit des christlichen Glaubens (systematisch und geschichtlich) in Lehrgestalt - das Dogma. Dies ist zunächst einmal ein Singular, eine Lehrfülle. Die Auslegung desselben nennt Ganoczy Dogmatik.[12] Das Dogma ist die inhaltliche Fülle christlicher Religion, dort wo sie sagbar, mitteilbar, begreifbar, begrifflich wird. So ist Dogma „Offenbarung in Sprachgestalt"[13].

Dogmatik versucht dementsprechend die Glaubensinhalte christlicher Religion auszulegen, reflektiert ins Wort zu bringen, zu erforschen. Dabei bezieht sie sich auf den eigenen Charakter dogmatischer Aussagen. Diese wollen zunächst einfach deshalb wahr sein, weil schon eine menschliche Aussage den Anspruch hat, wahr zu sein.[14] Das spezifische einer dogmatischen Aussage, die eben Teil des einen Dogmas ist, faßt Rahner in dem folgenden Satz zusammen: „Die dogmatische Aussage ist eine Glaubensaussage." Er erläutert dazu, daß dogmatische Aussage nicht nur Rede vom Glaubensgegenstand ist, sondern selbst Glaubensvollzug, also „fides quae creditur" und „fides qua creditur".[15] Dabei gilt, daß die Sprachgebung, die dogmatische Aussage ja auch bedeutet, der gemeinten Sache nie adäquat sein kann, so Rahner.[16]

Dogmatik als Wissenschaft bleibt verwiesen auf den Raum des Glaubens, der christlicher Religion eignet. Sie bezieht sich reflektierend, forschend auf Aussagen, auf dogmatische Aussagen, letztlich auf das Dogma, die in sich selbst die Bewegung des Glaubens haben, anders sie nicht erfaßbar sind. Dieser Auffassung ist auch Martin Heidegger in seinem schon zitierten Aufsatz, wenn er da schreibt: „Gemäß dem wesenhaft nur im Glauben enthüllten Positum der Theologie ist nicht nur der Zugang zu ihrem Gegenstande ein eigener, sondern auch die Evidenz der Ausweisung ihrer Sätze eine spezifische. Die eigentümliche Begrifflichkeit der Theologie kann nur aus ihr selbst erwachsen."[17] Das führt zu einer Besinnung von

---

11 Heidegger: Phänomenologie und Theologie, 54.
12 Ganoczy: Einführung in die Dogmatik, 109.
13 Ebd., 11.
14 Vgl. Rahner: Was ist eine dogmatische Aussage ?, 59.
15 Ebd., 61.
16 Ebd., 68.
17 Heidegger: Phänomenologie und Theologie, 60.

Theologie und speziell hier von Dogmatik auf sich selbst. Theologie ist „nicht systematisch durch Herstellung eines Systems, sondern umgekehrt durch eine Vermeidung desselben in dem Sinne, daß sie einzig das innere systema des christlichen Geschehens als solchen unverdeckt ans Licht...zu bringen sucht."[18] So verstanden ist Theologie und hier dogmatische Theologie reflektierende Erforschung und Auslegung der Inhalte christlicher Religion, wobei sie sich auf die eigene Innensicht christlicher Religion, eben auf Glauben bezieht.

Selbstklärung und -begründung von Theologie geschieht so verstanden durch den Blick auf den Gegenstand, das „Positum" von Theologie, die Wendung zur zweiten Ebene, zur Religion, zum Christlichen.

Diese Sichtung des theologischen Inhaltes soll nun aber nicht mit herkömmlichen dogmatischen Methoden geschehen. Die weitere Arbeit wäre ja dann immer noch auf der Ebene des reflektierenden Fragens, auf der Ebene der „Theologie", und es käme nicht zu einer Selbstbegründung von Theologie. Es ist vielmehr nötig, in das, was wir hier als die Ebene der Religion bezeichnen, selbst einzusteigen, in das Christliche selbst hineinzugehen, es gleichsam von innen zu erleben, zu erfahren. Das erfordert nun eigentlich, es zu leben, nicht nur darüber nachzudenken. In diesem Leben, diesem Erfahren des Christlichen von innen müßte dann dessen Sinn sich zeigen. Wir könnten zu Sehenden werden, die das Christliche von innen, im Mitvollzug desselben erfahrend verstehen lernen, einsehen. Der Weg führt also vom Fragen zum Sehen, wobei Sehen hier bedeutet, eine Sache von innen her in ihrer eigenen Helle, ihrem Selbsterhellungs- und Gestaltungsprozeß zu erfahren. Es geht um Ein-sicht als Weise von Erfahren, von Erleben. Da dies alles als ein Gedanken-Gang durchdacht werden soll, so ja das Anliegen dieser Arbeit, gilt es dafür eine andere Weise des Denkens zu betreten. Ich nenne es „Sehen", Sehen als Ein-sicht, als Innenschau einer Sache, als erhelltes und erhellendes Erfahren.

Der Gedanken-Gang führt vom Fragen zum Sehen. Die Denkweise, die das leistet, ist die Phänomenologie. Ihrer Sichtweise des Wirklichen will ich mich, wie schon angesagt, bedienen, um das Christliche von innen her zu verstehen, zu sehen. Vom Fragen zum Sehen zu gelangen, bedeutet, vom theologischen Fragen zum

---

18 Ebd., 57 f.

phänomenologischen Sehen fortzuschreiten.

Dieser Zugang entspricht auch dem Anliegen des „dogmatischen Antwortens", das ja eine dem Christlichen eigene Innensicht desselben fordert.

Phänomenologie, so wie sie hier verstanden werden soll, bricht durch alltägliche, oberflächliche Sichtweisen durch zu fundamentalerem Verstehen des Wirklichen. Dies entspricht dem Anliegen dieser Arbeit, durch Einsicht in fundamentalere Ebenen Theologie zu klären, zu hintergründen und so besser zu verstehen. Das Fragen, als das Theologie auf erster Ebene erschien, ist selbst nochmal zu klären durch den Sprung auf eine andere Ebene, die dieses Fragen sehen lehrt.

Phänomenologie lehrt ein Sehen der Dinge, wie sie sich selbst auftun, von sich her erscheinen. Darin entspricht sie der Einsicht, daß das radikal erfragte Wirkliche, das „Un- Grund" genannt wurde, nur von sich her im Modus des Fragens zur Erscheinung kommen kann, von sich Reden macht, selbst erscheint.

Im folgenden Kapitel soll es nun, bevor wir im dritten Kapitel die Ebene des Sehens betreten, darum gehen, von der Phänomenologie dieses Sehen zu erlernen.

2. Kapitel: Phänomenologie

2.1 Geschichte des Gedankens: Weg der Phänomenologie

Es soll in diesem Kapitel darum gehen, von der Phänomenologie „sehen" zu lernen. Dazu gilt es, Phänomenologie so kennenzulernen, wie sie Heinrich Rombach versteht. Phänomenologie hat ihre Geschichte und ihre vielen Ausprägungen. Um das alles soll es hier nicht gehen. Phänomenologie, so wie sie hier zur Sprache kommen soll, muß ihre eigentliche Kraft im Verlauf der Arbeit selbst erweisen. So verstehe ich diesen Abschnitt auch nicht als Methodenkapitel, sondern als eine Einführung in die Hintergründe der Arbeitsweise, die dann eben eine phänomenologische sein wird. Es geht darum, das „Sehen" zu erlernen.

Rombachs phänomenologischer Ansatz hat eine Geschichte, hat einen Hintergrund. Ich möchte mit Rombach in das zurückblicken, woher er selbst seinen phänomenologischen Gedankengang als herkünftig beschreibt, was er als die Geschichte, den Entstehungsgang seiner Phänomenologie sieht.
Dazu gilt es jetzt nicht ein System von Gedanken und Kategorien aufzustellen, sondern es muß der Gang des Gedankens der Phänomenologie selbst, so wie er sich durch die Geistesgeschichte der Menschen herausgearbeitet hat, gezeichnet werden. Das ist der Weg der Phänomenologie. Das geschichtliche Fortschreiten der Philosophie in dem phänomenologischen Gedanken ist der Entwicklungsgang der Phänomenologie selbst. Der Gedanke gebiert sich in der menschlichen Geschichte.

Bevor wir dazu kommen, soll es im Vorfeld in einem ersten Punkt darum gehen, sich allgemein etwas an Phänomenologie heranzutasten. Ich will dies mit drei Vertretern der Phänomenologie tun, mit Arnold Metzger, Martin Heidegger und Eugen Fink. Die beiden letzten waren unter anderen Lehrer von Heinrich Rombach.
Die Sicht Metzgers führt dabei recht gut allgemein in Phänomenologie ein, was sich bei Heidegger fortsetzen läßt, aber auch schon (zusammen mit Fink) auf ein

sehr grundlegendes Verständnis von Phänomenologie hin konzentriert. Vor diesem Hintergrund kann dann Rombachs Sicht der Geschichte seines Ansatzes zu Wort kommen.

2.1.1 Zugänge zur Phänomenologie

Als den Grundgedanken, das erste Anliegen der verschiedenen Verzweigungen von Phänomenologie könnte die „Wendung zu den Sachen" formuliert werden.[19] Dies bedeutet, die Dinge, ja alles, was sich uns zu sehen darbietet, einfach hinzunehmen, aber auch eben in den Schranken, in denen es sich darbietet.[20] Es ist dies ein Ernstnehmen der Wahrnehmung oder, präziser formuliert, des Sehens, des Sehens der Dinge im Kontext eben dieses Sehens. So ist das Fragen der Phänomenologie nach Arnold Metzger „auf die Sachen gerichtet in dem, was sie sind". Diese Frage nach dem, was die Sachen sind, ist eine ontologische Frage. „Sie geht auf die Sachen derart, daß sie das Sein meint. Phänomenologie ist transzendental - das transzendente Sein des Seienden meinend".[21] Dies bedeutet, daß Phänomenologie nicht einfach auf eine plumpe Gegebenheit der Sachen zugeht, sondern auf dem Grunde der Gegebenheit der Seienden das Sein als Thema versteht.[22] So ist zu folgern, daß „Phänomenologie...die Frage nach dem Sein" ist.[23] Dabei ist Phänomenologie die Methode. Metzger schreibt: „Methode: das ist der Titel für die Weise des Zugangs zu dem Sein."[24] Die Frage nach dem Sein der Seienden zu verstehen, ist wesentlich für das Verstehen der Phänomenologie als Methode. Erst wenn das gesehen ist, wird Phänomenologie als Methode hell und gangbar.[25] Für Metzger liegt in der Frage nach dem Sein, in der Frage nach „dem absoluten Boden" die Grundfrage der Phänomenologie, „das zentrale phänomenologische Problem", nämlich „die Überwindung des

---

19 Vgl. Metzger: Phänomenologie und Metaphysik, 25.
20 Vgl. ebd., 25.
21 Ebd., 69.
22 Vgl. ebd., 69.
23 Ebd., 70.
24 Ebd., 71.
25 Metzger schreibt dazu: „Methodologie begreift nicht die Methode, solange sie nicht das Problem ergreift, das die Methode als philosophische konstituiert." Ebd., 72.

Relativismus".[26]

Diese Grundfrage von Phänomenologie wird uns bis zu Heidegger, ja über ihn hinaus zu Rombach führen, wenn sie sich auch wieder ganz anders stellen wird.

Heidegger beginnt damit, daß er klärt, was die Fundamentalfrage der Philosophie überhaupt ist. Es ist die Frage nach dem Sinn von Sein. Die Weise, diese Frage zu behandeln, ist für ihn die Phänomenologie. Phänomenologie ist nun nach Heidegger weder ein Standpunkt, noch eine Richtung in der Philosophie. Phänomenologie ist primär ein Methodenbegriff; ein bestimmter Zugang zu philosophischen Fragen wird damit zum Ausdruck gebracht. Mit Phänomenologie wird nicht das „Was" der Gegenstände philosophischer Forschung bezeichnet, sondern das „Wie" dieser Forschung. Heidegger nennt in diesem Zuge als Maxime der Phänomenologie „zu den Sachen selbst!" Dies tauchte schon bei Arnold Metzger auf.[27] Die Maxime, „zu den Sachen selbst", so Heidegger, ist reichlich „selbstverständlich". Es geht wahrhaft bei der Phänomenologie um etwas recht „Selbstverständliches", wo diese im Vorbegriff geklärt, wo sie also aufgehellt wird, noch bevor sie sich selbst im Gang des Gedankens, den sie ans Licht bringt, in ihrer Kraft zeigt.

Heidegger sieht das Wort „Phänomenologie" an. Phänomen kommt vom griechischen φαινόμενον. Das heißt soviel wie „das, was sich zeigt, das Sichzeigende, das Offenbare." Φαινόμενον ist Partizip des Verbs φαίνεσθαι: „sich zeigen". Dies wiederum ist die Medialform von φαίνω: „an den Tag bringen, in die Helle stellen." Im Stamm ist dies verbunden mit Φως: „das Licht, die Helle." Phänomen bedeutet also „das Sich-an-ihm-selbst-Zeigende, das Offenbare." Die Phänomene sind dann „die Gesamtheit dessen, was am Tag liegt, oder ans Licht gebracht werden kann."[28] Dies heißt, Phänomen von seiner ursprünglichen Bedeutung her zu denken. Wo Phänomen mit „Schein" gleichgesetzt wird, ist das eine „privative Modifikation von Phänomen". Heidegger dazu: „Erscheinung als Erscheinen von etwas besagt demnach gerade nicht: sich selbst zeigen, sondern

---

26 Ebd., 72.
27 Heidegger: Sein und Zeit, 27.
28 Ebd., 28.

das Sichmelden von etwas, das sich nicht zeigt, durch etwas, was sich zeigt." Dies hört sich fast wie eine Definition von Symbolen an. Dabei ist „Erscheinen" in einem eingeschränkten Sinne benutzt, nicht in dem ursprünglichen Sinne von „Phänomen". Wenn nämlich gesagt wird, Erscheinen ist Erscheinen von etwas, das selbst nicht erscheint, so ist damit der Phänomenbegriff gerade nicht getroffen, schon gar nicht definiert, wohl aber vorausgesetzt. Erscheinen ist hier doppeldeutig gebraucht. Heidegger macht deutlich, daß Phänomene nie solche Erscheinungen sind, in denen sich das, was erscheint, eigentlich nicht zeigt. Wohl aber gilt, daß, wo solch eine Weise von Erscheinungen zu finden ist, diese auf Phänomene angewiesen sind.[29] Heidegger sagt, daß ein verwirrender Gebrauch des Begriffes „Phänomen" vorliegt; so als „Phänomen, Schein, Erscheinung, bloße Erscheinung." Es gilt festzuhalten, daß „Erscheinung und Schein selbst in verschiedener Weise im Phänomen fundiert" sind. Es wird differenziert: „Erscheinung...meint einen seienden Verweisungsbezug im Seienden selbst..." Dagegen „Phänomen - das Sich-an-ihm-selbst-Zeigen - bedeutet eine ausgezeichnete Begegnisart von etwas."[30]

Was nun bedeutet „λόγος" in dem Begriff Phänomenologie? λόγος als Rede bedeutet soviel wie δηλοῦν, nämlich „offenbar machen das, wovon in der Rede die Rede ist." Weiter: „In der Rede (ἀπόφανσις) soll, wofern sie echt ist, das, was geredet ist, aus dem, worüber geredet wird, geschöpft sein, so daß die redende Mitteilung in ihrem Gesagten das, worüber sie redet, offenbar und so dem anderen zugänglich macht."[31] Λόγος zeigt sich als ein „Modus des Sehenlassens", und gerade nicht als der „primäre Ort der Wahrheit". Denn, „weil der λόγος ein Sehenlassen ist, deshalb kann er wahr oder falsch sein." Und weiter: „Das Wahrsein des λόγος als ἀληθεύειν besagt: das Seiende, wovon die Rede ist, im λεγειν als ἀποφαίνεσθαι aus seiner Verborgenheit herauszunehmen und es als Unverborgenes (ἀληθές) sehen lassen, entdecken." Falschsein (πσεύδεσθαι) heißt dann soviel wie Täuschen im Sinne von Verdecken - „etwas vor etwas

---

29 Ebd., 29 f.
30 Ebd., 31.
31 Ebd., 32.

stellen...und es damit ausgeben als etwas, was es nicht ist." Wenn λόγος ein „Modus des Sehenlassens" ist, so gilt: „Sehen entdeckt immer Farben". Also ist das Sehen im Modus des Vernehmens „immer wahr". Heidegger führt das aus: „...reines νοεῖν, das schlicht hinsehende Vernehmen der einfachsten Seinsbestimmungen des Seienden als solchen... - dieses νοεῖν kann nie verdecken, nie falsch sein, es kann allenfalls ein Unvernehmen bleiben...". Λόγος als „Modus des Sehenlassens" dann ist es erst, der dieses reine Vernehmen wahr darstellt, sagt, oder eben als etwas, was es nicht ist, verdeckt, also falsch darstellt.[32] Denn im Unterschied zu „Phänomen" und zum Vernehmen gilt für die Rede, den λόγος: „Was nicht mehr die Vollzugsform des reinen Sehenlassens hat, sondern je im Aufweisen auf ein anderes rekurriert und so je etwas als etwas sehen läßt, das übernimmt mit dieser Synthesisstruktur die Möglichkeit des Verdeckens."[33]

Was besagt nun aus Heideggers Sicht Phänomenologie? Phänomenologie ist das „λέγειν τὰ φαινόμενα; λέγειν besagt aber ἀποφαίνεσθαι. Phänomenologie sagt dann: ἀποφαίνεσθαι τὰ φαινόμενα: Das, was sich zeigt, so wie es sich von ihm selbst her zeigt, von ihm selbst her sehen lassen." Dies ist dann das „zu den Sachen selbst!" Diese Definition von Phänomenologie ist grundlegend! Der Titel Phänomenologie ist dabei etwas anderes als zum Beispiel der Titel Theologie, so Heidegger. „Theologie" nennt den Gegenstand von Wissenschaft, „Phänomenologie" nennt das Wie der „Aufweisung und Behandlungsart" des Abzuhandelnden.[34] Heidegger folgert: „Formal berechtigt die Bedeutung des formalen und vulgären Phänomenbegriffs dazu, jede Aufweisung von Seiendem, so wie es sich an ihm selbst zeigt, Phänomenologie zu nennen."[35]

Aber, so Heidegger, der Phänomenbegriff geht weiter, liegt tiefer. So ist in „ausgezeichnetem Sinne" Phänomen zu nennen, „was sich zunächst und zumeist

---

32 Ebd., 33.
33 Ebd., 34.
34 Ebd., 34. Die Sichtweise Heideggers von Theologie ist eine andere als die von uns im obigen Abschnitt über theologisches Fragen bedachte. Dem gängigen Begriff von Theologie entspricht Heideggers Sicht sicher. Bei unserer Reflexion über das theologische Fragen sahen wir aber, daß dies eben auch ein eigener Fragemodus, die radikale Betrachtung der Wirklichkeit, sein kann. Unsere Sicht von Theologie ist von der gängigen und auch von der Heideggers bezüglich des eigenen theologischen Fragemodus abzugrenzen.
35 Ebd., 35.

gerade nicht zeigt, was gegenüber dem, was sich zunächst und zumeist zeigt, verborgen ist, aber zugleich etwas ist, was wesenhaft zu dem, was sich zunächst und zumeist zeigt, gehört, und zwar so, daß es seinen Sinn und Grund ausmacht." Hier ist der Phänomenbegriff tiefer ausgeleuchtet. Es ist Phänomen eben nicht unbedingt das, was an der Oberfläche offen und jederzeit zugänglich daliegt. Es ist Phänomen in „ausgezeichnetem Sinne" das, was sich als Grund und Sinn hinter und in dem „zunächst und zumeist" Begegnenden zeigt. Phänomen ist so etwas „Verborgenes". Was aber in diesem Sinne „verborgen" bleibt, oder „in die Verdeckung" wieder zurückfällt, ist für Heidegger „das Sein des Seienden". Somit ist Phänomenologie als Weg zu dem, was in „ausgezeichnetem Sinne" Phänomen zu nennen ist, Weg zu dem Thema von Ontologie. Nur so ist für Heidegger Ontologie denkbar.[36] Allgemein gilt, daß Phänomene verdeckt sein können. Gerade „weil die Phänomene zunächst und zumeist nicht gegeben sind, bedarf es der Phänomenologie. Verdecktheit ist der Gegenbegriff zu Phänomen."[37]

Phänomene können auf verschiedene Weise verdeckt sein. Sie können überhaupt unentdeckt sein, so daß sie noch nie gesehen wurden. Sie können aber auch wieder verdeckt sein, so daß sie früher gesehen wurden, dann aber wieder in die Verbergung zurücksanken. Dabei können sie ganz verdeckt sein, oder sie können zumeist bzw. teilweise verdeckt sein. Heidegger nennt diese Weise der teilweisen (Wieder-) verdeckung von Phänomenen Verstellung. Diese ist am häufigsten und am gefährlichsten. Sie ist darum am gefährlichsten, weil sie glauben macht, das Phänomen zu sehen, zu haben, wobei das Phänomen aber gerade nicht als solches erfaßt wird, was es ist, sondern in der Verstellung, in der Verdrehung, in der Perversion. So scheint auch eine weitere Erforschung des Phänomens überflüssig, da man es ja zu sehen meint. Ein fast undurchbrechbarer Teufelskreis.[38]

Der Weg, diesen Teufelskreis zu durchbrechen, die wiederverdeckten oder auch unentdeckten Phänomene ans Licht zu heben, ins Bewußtsein zu bringen, ist die Phänomenologie. Es ist für Heidegger die „Idee der originären und intuitiven

---

36 Ebd., 35.
37 Ebd., 36.
38 Wir werden auf diese Verdeckung und Verstellung von Phänomenen noch zu sprechen kommen im Zusammenhang mit der Strukturphänomenologie Heinrich Rombachs und der Methode der Hochinterpretation. Das Ereignis der Verdeckung von Phänomenen wird im gesamten Gedankengang der Arbeit präsent sein!

Erfassung und Explikation der Phänomene". Das ist das Gegenteil zu naivem Hinsehen. Für solches Erfassen gilt: „Die Begegnisart des Seins und der Seinsstrukturen im Modus des Phänomens muß den Gegenständen der Phänomenologie allererst abgewonnen werden." Heidegger fordert gleichsam die Konstitution einer je für dieses Phänomen eigenen Zugangs- und Erfassungsweise, um dem Phänomen wirklich zu begegnen.[39]

Zusammenfassend sagt Heidegger, daß die Phänomenologie im Erhellen der verborgenen, verdeckten Phänomene im letzten nach dem schlechthin Verborgenen, dem Sein der Seienden fragt. So ist sie Wissenschaft vom Sein der Seienden, also Ontologie. Dies ist ja die Kardinalfrage der Philosophie, die Frage nach dem Sinn von Sein überhaupt. Die Rede vom Phänomen, die die Phänomenologie ist, hat die Bedeutung von ἡρμηνεύειν, „durch das dem zum Dasein selbst gehörigen Seinsverständnis der eigentliche Sinn von Sein und die Grundstrukturen seines eigenen Seins kundgegeben werden". Für Heidegger ist diese „Phänomenologie des Daseins" Hermeneutik im ursprünglichen Sinn des Wortes.[40] Dieses Sein des Seienden übersteigt Seiendes auf Sein hin, weist in eine Universalität. Das Erschließen von Sein ist somit eine das Seiende übersteigende, eine transzendentale Erkenntnis: „Phänomenologische Wahrheit (Erschlossenheit von Sein) ist veritas transcendentalis."[41]

Dies als Wissenschaft zu betreiben, ist für Heidegger etwas von positiven Wissenschaften total Verschiedenes. Als formale Definition von Wissenschaft formuliert er: „Wissenschaft ist die begründende Enthüllung eines je in sich geschlossenen Gebietes des Seienden bzw. des Seins, um der Enthülltheit selbst willen. Jedes Gegenstandsgebiet hat gemäß dem Sachcharakter und der Seinsart seiner Gegenstände eine eigene Art der möglichen Enthüllung, Ausweisung, Begründung und begrifflichen Prägung der so sich bildenden prägenden Erkenntnis." In diesem Konzept gibt es dann die positiven Wissenschaften, die vom Seienden handeln und damit ontisch arbeiten. Diesen liegt ein Gebiet vor, das in gewisser Weise schon vor der wissenschaftlichen Enthüllung enthüllt ist: ein

---

39 Heidegger: Sein und Zeit, 36 f.
40 Ebd., 37.
41 Ebd., 38.

Positum: daher positive Wissenschaften. Auf der anderen Seite gibt es die Philosophie als Wissenschaft vom Sein, die ontologisch arbeitet. Ihr Gebiet, das Sein, ist verborgen. Es erschließt sich erst in der Arbeit selbst. Phänomenologie ist die Methode dazu.[42]

Zur Frage nach dem Sein soll Eugen Fink zu Wort kommen. Die Voraussetzung für die oben genannte Frage der Phänomenologie nach dem Sein, ist das Zur-Sprache, Zur-Erscheinung-Kommen des Seins selbst.[43] „Wann und wo immer Sein verstanden, menschlich interpretiert wird, setzt dies voraus, daß der Mensch in irgendeinem Sinne sich zum Sein verhält, daß dieses sich ihm zeigt, ihm erscheint." Jede philosophische Rede vom Sein, und so auch das phänomenologische Fragen, setzt voraus, daß das Sein „sich lichtet, daß es aufgeht, leuchtet, scheint". Dieses Scheinen, dieses Aufgehen des Seins ist nun nicht irgendein Vorstellungsmodell, sondern es ist die Wucht des Wirklichen selbst. So schreibt Eugen Fink: „Das ungeheure Urereignis, das alle Ereignisse, Begebenheiten, alle Geschehnisse im Universum ermöglicht, ist der Aufgang des Seins in die Vielfalt der vereinzelten Seienden. Die Sonnen kreisen am Firmament, Land und Meer scheiden sich voneinander, Gewächs und Getier beleben die Erde, Menschen erbauen Städte und Staaten - einzig, weil das Sein erscheint." Und weiter: „Das Erscheinen des Seins ist der Grund, daß überhaupt Seiendes ist."[44] Dies ist das Aufgehen, das Hellwerden des Seins.. In diesem Aufgehen des Seins wird das Sein sprechend. Eine gewaltige Sicht von Wirklichkeit
Der Mensch weiß stets schon irgendwie um das Sein, „er ist der vom Sein Angerufene und nennt es antwortend, wenn er die Dinge seiend nennt."[45] Zugleich aber ist es so, daß die Dinge dem Menschen den Zugang, „den freien Ausblick ins Sein" verstellen. Will der Mensch mehr vom Sein erfahren als nur diese vage Ahnung, die ihn anhaucht, dadurch daß er ist, dadurch daß die Dinge sind, so muß er den Weg über die Dinge nehmen, über die Seienden, um die Frage nach dem

---

42 Heidegger: Phänomenologie und Theologie, 48 f.
43 Ich werde im folgenden Eugen Finks Gedankengang skizzieren, so wie er ihn in seiner Schrift „Sein, Wahrheit, Welt. Vor-Fragen zum Problem des Phänomen-Begriffs" entwickelt hat.
44 Ebd., 79.
45 Ebd., 80 f.

Sein zu stellen. Die verschiedenen Wesen sind nämlich entsprechend ihrer Weise zu sein sich eröffnet, sich gelichtet.[46] Diese Selbsterhellung der Seienden kann hinführen zu dem Sein, das sich in den Seienden erhellt, lichtet, zur Erscheinung bringt, aufgeht. Ja, mehr noch: Der Mensch hat sich selbst als Seiendes eben auch erhellt, sich selbst gegeben, sich selbst eröffnet. Fink schreibt dazu: „Der Mensch als Mensch ist für sein Sein offen und für das Sein des ihn umstehenden Seienden. Der Mensch hat das eigene Sein und auch das Sein der Dinge nie unabhängig von seiner Offenheit. Er hat dergleichen jeweils nur als Phänomen. Nicht allein die Dinge, er selbst ist sich Phänomen. Der Mensch ist so beim umgebenden Seienden und auch bei sich, daß er bei Phänomenen ist. Der menschliche Aufenthalt inmitten des vielgestaltigen Seienden in der Welt ist durch den prinzipiellen Phänomenbezug charakterisiert."[47] Das Zur-Erscheinung-Kommen ist die Weise, wie der Mensch sich selbst eröffnet, erhellt ist, wie er sich gegeben ist, wie er sein Sein hat. Es ist zugleich die Weise, wie er die Dinge nur haben kann, die ihm eben „erscheinen". Im „Erscheinen" hat er sich und die Dinge um ihn. So und nur so. Dies bedeutet, daß das Erscheinen der Dinge, so wie sie eben dem Menschen erscheinen, genauso wirklich ist, wie das Sich-selbst-Erscheinen des Menschen, was ja die Weise ist, wie er sich gegeben ist.

Erscheinung ist also gerade nichts, was sich als eine Verfremdung oder Verstellung „vor eine andere Sache schiebt". Erscheinung ist vielmehr die Weise, wie Sein sich auslegt, wie es aufgeht in die Vielfalt der Seienden, ist die Weise, wie den Seienden ihr Sein gegeben ist, wie sie sich selbst eröffnet sind, ist die Weise, wie eben auch der Mensch sein Sein hat, und ist die Weise, wie der Mensch das Sein der ihn umgebenden Dinge hat. „Der Mensch ist wesenhaft beunruhigt durch die Unterscheidbarkeit von Seiendem für uns und Seiendem an sich."[48] Diese Unterscheidbarkeit trägt nämlich eine Grenze zwischen den Menschen und alles, was er nicht selbst ist. Die Welt versänke im Unverstehbaren. Sie wäre dann eben „an sich", aber nicht für den Menschen, oder eben nicht in ihrer ganzen Wirklichkeit für den Menschen. Erscheinen wäre dann nur Schein, nicht wirkliches

---

46 Ebd., 81.
47 Ebd., 84.
48 Ebd., 88.

Sein. Demgegenüber erschließt sich aus dem bisher gezeigten Gedankengang von Fink her: „Das für sich selber offene Seiende ist immer auch anderem Seienden aufgetan."[49] Dies ist eine Grundeinsicht der Phänomenologie. Sie überwindet damit den Abgrund, der sich in der neuzeitlichen Philosophie zwischen den Menschen und die ihn umgebende Wirklichkeit geschoben hat. Eugen Fink faßt dies so zusammen: „In solchem Sinne ist auch der Mensch an sich, - paradox formuliert: sein Sichselberoffenstehen, sein Fürsichsein ist gerade die ihm eigene Seinsweise: er ist an sich für sich." Und weiter: „Seiendes ist als an-sich Seiendes stets auch ein für andere Seiendes. Es tritt unweigerlich in den Horizont anderer Seiender ein. Es muß also sein für-andere-Sein als Erscheinen im menschlichen Verstehen keine Verstellung des Ansichseins der Seienden sein." „Woher wissen wir denn, daß das Erscheinen die Dinge selbst verändere?"[50]

Wenn dies gilt, dann ist dem Menschen durch die Weise des „Erscheinens" Zugang möglich zu den Dingen und über diese zum Sein selbst. Die Frage der Phänomenologie nach dem Sein scheint sinnvoll und gangbar. Die Wendung hin zu den Sachen erweist sich als angemessener Weg.

2.1.2 Geschichtlicher Entstehungsweg

Mit Rombach gilt es nun, die Geschichte des phänomenologischen Gedankens nachzugehen, wie sie von Edmund Husserl über Martin Heidegger zur Strukturphänomenologie führt. Das soll mit Rombachs eigener Sicht dieser Geschichte, dieses Entstehungsweges geschehen, weil das immanent zu Rombachs phänomenologischem Ansatz gehört, dieser nur so voll zu verstehen ist.[51]

Der Weg der Phänomenologie ist der Gang des Phänomens selbst durch die Geschichte. So wie dieses sich im Denken der Menschen entwickelt hat, so ist auch der Gedanke als solcher zu entwickeln. Dieser Gedanke des Phänomens, so

---

49 Ebd., 89.
50 Ebd., 90 f.
51 Es geht mir hier nicht um eine Auseinandersetzung mit Husserl, Heidegger und anderen Phänomenologen um Phänomenologie, sondern um eine Grundlegung des phänomenologischen Sehens, das sich im Gang dieser Arbeit, in der es Anwendung finden soll, selbst erweisen muß.

Rombach, ist bei Husserl gleichsam geboren worden. Er ist aber schon vorbereitet gewesen bei Denkern wie Parmenides, Plato, Descartes, Pascal, Leibnitz, Kant, Hegel und anderen.[52] Rombach schreibt: Edmund Husserl entwickelt einen „transzendental-reduktiven Phänomenbegriff". Das bedeutet: „Gegenstände können nur gegeben sein, wenn sie im Horizont einer je eigenen Gegenständlichkeit erscheinen." Diese Horizonte sind dabei das Erscheinenmachen der Gegenstände, ja sie sind das eigentlich Erscheinende, die eigentlichen Phänomene. Um diese Horizonte zu verstehen, gilt es, diese in sich selbst zu erhellen, in ihrem Zusammenhang und Aufbau darzustellen. Der Weg führt dabei zu einem innersten „Konstitutionsgrund", dem „transzendentalen Ego". Dies ist jener letzte Horizont, von dem her die Gegenstände erscheinen, das Erscheinen möglich wird, von dem her Gegenstände als Erscheinende, und Erscheinung als Erscheinung von Gegenständen allererst konstituiert werden. Es ist dieses Konstitutionsgeschehen von da her nachzuzeichnen, so Rombach.[53] Weiter sagt er zu Husserl: „Die Phänomenologie geht vom Absoluten eines ebensowenig subjektiven wie objektiven Grundes allen Erscheinen-Könnens von Gegenständen aus und beabsichtigt, alle Phänomene auf den Ermöglichungsgrund ihres Erscheinens hin zu erforschen. Sie ist darum - strenggenommen - weder eine Ontologie noch eine Egologie, sondern eben eine Phänomenologie, deren Interessensgebiet, als Erscheinungsraum überhaupt, einer jeden Art von Gegenstand oder Ich vorgeordnet ist."[54] Somit besagt der „transzendental-reduktive Phänomenbegriff" Edmund Husserls, daß die Gegenstände nicht mit Hinblick auf ihre materiale Seite, auf ihr In-sich-selbst-sein betrachtet werden, sondern daß sich der Blick der Philosophie auf das Erscheinen der Gegenstände in der menschlichen Vernunft reduzieren will. Für dieses Erscheinen wird nach dem Ermöglichungsgrund gefragt, der beide zusammen allererst konstituiert: die Gegenstände als Erscheinende und die Vernunft, das Ego als ein solches, dem sie erscheinen. Dieser Ermöglichungsgrund ist der jeweilige Horizont, im letzten das „transzendentale Ego".

---

52 Rombach: Das Phänomen Phänomen, 8.
53 Ebd., 9 f.
54 Rombach: Die Gegenwart der Philosophie, 122 f.

Für Husserl hat das Konsequenz für alle Wissenschaften, ja für den abendländischen Wissenschaftsbegriff überhaupt. So gilt, was Elisabeth Ströker sagt: „Husserls Konzept der phänomenologischen Begründung der Wissenschaften war von Anfang an von der Überzeugung bestimmt gewesen, daß die positiven Wissenschaften der Freilegung verborgener Voraussetzungen und der Klärung ihrer undurchschauten Grundbegrifflichkeit bedürfen, und daß überdies nur durch eine derartige Begründung das gemeinschaftliche Telos aller Wissenschaften, die Erkenntnis der Welt, in ihrem Wahrheitssinn begriffen werden könne."[55] Ein Denken, das sich auf das Erscheinen der Dinge konzentriert, das nach dem gemeinsamen Konstitutionsgrund von erscheinenden Gegenständen und Ich, dem diese erscheinen, fragt, bedeutet eine grundlegende Umorientierung für Wissenschaft überhaupt. Dies ist einsichtig. Es war dies auch Husserls eigenes Anliegen.

Sehen wir zu, wie sich der Gedanke weiterentwickelt. Rombach hat das gezeigt: „Die Jenseitigkeit des Gegenstandes, die in der Reduktion ausgeklammert wurde und - gemessen am Erlebnis - 'vordraußen' blieb, ist ein Konstitut des Erlebnisses selbst."[56] Also gerade das, was für Husserl notwendig war auszuschließen: das In-sich-selbst-sein der Gegenstände, eben deren „Jenseitigkeit", um auf das Erscheinen derselben konzentriert, den Konstitutionsvorgang dieses Erscheinens zu verstehen, erweist sich als ein Moment dieses Konstitutionsvorgangs selbst. Die „Jenseitigkeit" der Gegenstände bestimmt deren Erscheinen eben auch mit. So gilt: „Wenn sich im Phänomen nicht nur der Horizont möglicher Gegenständlichkeit, die materialiter 'von außen' gegeben werden muß, sondern dieses 'von außen', d.h. die volle und ganze Materialität des Objektes aufbaut, dann ist die Subjektivität gesprengt, in die hinein die 'Reduktion' in gemessenen methodischen Schritten führen wollte."[57] Das In-sich-selbst-sein der Gegenstände, deren „von außen", deren Materialität, baut sich im Phänomen auf. Diese Spur führt zur Frage nach dem Sinn von Sein. Rombach sagt dazu, daß die Phänomenologie so über Husserl hinaus zur Seinslehre, zur ontologischen Phänomenologie wird, allein aus

---

55 Ströker: Die Phänomenologie Edmund Husserls, 107.
56 Rombach: Das Phänomen Phänomen, 12.
57 Ebd., 13.

dem Gang des Gedankens selbst.[58] Und dies ist ja dann auch der nächste „geschichtliche Schritt": Die ontologische Phänomenologie Martin Heideggers.

Heidegger sieht Phänomenologie, wie oben schon gezeigt, als Titel für die Methode wissenschaftlicher Philosophie überhaupt.[59] Momente dieser Methode Heideggers sind nach Walter Biemel vor allem drei: Die phänomenologische Reduktion, d.h. die Umwendung vom Seienden hin zum Sein; ferner die phänomenologische Konstruktion, d.h. mit dem Blick auf das Sein gibt es ein Entwerfen von Wirklichkeit; und die Destruktion, d.h. Kritik und Abbau der gängigen Denkweise und deren Begriffe in der Frage, welche Seinserfahrung diesen zugrundeliegt.[60]

Rombach sagt, daß für die ontologische Phänomenologie Martin Heideggers eine doppelte Erfahrung sehr wichtig ist, als Einstieg gewissermaßen: Die Erfahrung der Faktizität und die Erfahrung der Seinsvergessenheit. Zur Erfahrung der Faktizität schreibt Rombach: „Die Grunderfahrung der Faktizität sagt, daß das Ich nicht als anonymes Leistungssystem dem Bewußtseinsleben einfach zugrunde liegt, sondern selbst noch in einem elementaren Seinsvollzug begründet ist. Dieser elementare Seinsvollzug hat die Grundform des 'Zu-seins' und stellt sich näherhin als eine Bewegung dar, in der sich das 'Selbst' über eine Kluft hinweg selber setzt. Es 'ist' nicht, sondern es 'tut sich'. Dieses Sich-tun ist keine ontische Leistung, sondern ein ontologisches Geschehen, das Geschehen des Seins dieses Seienden selbst. Die Kluft, über die hinweg die Bewegung auf sich selbst zuführt, ist der 'Abgrund der Freiheit', die die unterste Bedingung der Möglichkeit des Daseins ist, als welches dieses Seiende nicht nur 'ist', sondern sein 'ist' ist ('Faktizität')."[61] Dies gilt der ersten der beiden oben genannten Erfahrungen. Zur „Seinsvergessenheit" ist zu sagen, daß Heidegger das Sein als Bewegung sieht, und zwar in seinem „Daß", und nicht erst in seiner Qualität, seinem „Was". So kann Rombach zu Heidegger schreiben: „Die ganze Tradition kann somit durch 'Seinsvergessenheit' charakterisiert werden." Es geriet das Sein als ein bewegtes

---

58 Ebd., 14.
59 Vgl. Biemel: Heideggers Stellung zur Phänomenologie in der Marburger Zeit, 206.
60 Ebd., 217-219.
61 Rombach: Das Tao der Phänomenologie, 2.

aus dem Blickfeld. Über die Seienden wurde geredet, nicht über das Sein. Dies ward vergessen. Der Weg zum Sein selbst wird in der ontologischen Phänomenologie Heideggers freigelegt; statt Einschränkung, Zurückhaltung auf das reine Erscheinen wird durch dieses Erscheinen hindurch der Aufstieg zum „eigentlichen Sein" gewagt. Durch die ontologische Phänomenologie wird der Phänomen-Begriff aufgesprengt vom bloßen Erscheinen zum Sein hin.[62]

Wie eröffnet sich aber dieser Weg zum Sein? Husserl fragte nach dem Konstitutionsgrund, der für ihn das eigentliche Phänomen war, nach jenem Konstitutionsgrund, aus dem heraus der Gegenstand als Erscheinender und das vernehmende Subjekt als ein solches, dem dieser erscheint, hervorgehen. Heidegger fragt weiter. Er fragt hinter diesen „Grund" durch. Eine erste Antwort dieses Fragens ließe sich dann so zusammenfassen: „Dasjenige, das alles Seiende in das Gegenüber zu einem seinsverstehenden Subjekt aufgehen läßt, bildet sich erst in einem Seienden ganz besonderer Struktur. Dieses Seiende ist kein Ich und ist kein Ding; es heißt 'In-der-Welt-sein'."[63] Es wird hier über die Gegenstände und das vernehmende Ich hinausgefragt. Dies führt zunächst zu einer eigenen Struktur, dem „In-der-Welt-sein". Dies ist dann näher zu beschreiben: „Kein 'Gegenstand' kann 'bewußt' werden, ohne zugleich 'mein' Gegenstand zu sein. 'Mein'-Sagen ist aber nur möglich für ein Wesen, das sich selber gegenwärtig ist. Also ist das Verhältnis zu sich selbst die Bedingung aller Bewußtheit von Sachen."[64] Das ist ein wichtiger Schritt. Er führt hinter den Husserlschen „Konstitutionsgrund" in die Tiefe. Es ist dieses „Verhältnis zu sich selbst" die hier erreichte Grundlegung der Bewußtwerdung von Gegenständen, deren Erscheinenkönnens, ja auch der eigenen Struktur des „In-der-Welt-seins". Dieses Verhältnis zu sich selbst ist näher zu beleuchten: „Das Zu-sich-selbst-sein setzt ein inneres Auseinandertreten des 'Sich' voraus, das 'zu sich selber' ist. Das distanzierte Wesen ist so mit sich konfrontiert, daß es das, was ihm in dieser Distanz entgegenharrt, nämlich es selbst, 'zu sein hat'; es muß sich 'übernehmen'; es muß dasjenige 'sein', was es ist. Darum heißt es auch 'Dasein'. Es ist nicht

---

[62] Vgl. ebd., 3 f.
[63] Rombach: Die Gegenwart der Philosophie, 130.
[64] Ebd., 131.

geradehin, was es jeweils ist, sondern es kann das sein, was es ist:" Dieses Mit-sich-selbst-konfrontiert-sein, und sein „ist" übernehmen zu können, ist die Möglichkeit des Daseins. Das aber ist Freiheit. „Das Seinsverstehen ist demnach in der Freiheit begründet." Das Wesen, das sein Sein in diesem Sinne zu sein hat, nennt Heidegger Existenzialität.[65]

Der Weg durch den „Konstitutionsgrund" von Gegenstand und vernehmendem Ich führt also zum „Verhältnis zu sich selbst" als der Bedingung für das Erscheinen, für das Bewußtwerden der Gegenstände, führt weiter zu Selbstdistanz des „Daseins", zur Möglichkeit, das „ist" zu übernehmen. Dies zeigt am Ende des Weges Freiheit als Grundlegung von Sein. Von dieser gilt: „Die Freiheit weist in ihrem Wesen als existenzieller Freiheit jede Art von Grund von sich ab. Sie ist der Abgrund, in dem erst Seinsverständnis, und das heißt 'Grund' für Seiendes, möglich wird." Würde die Freiheit nochmals begründet, würde sie aufgelöst; es ginge mit ihr die Existenzialität und die Menschenhaftigkeit des Menschen verloren.[66] Eigentlich bedeutete dies nun das Ende der Philosophie vor dem Abgrund der Freiheit, die ja nun nicht weiter begründbar ist.

Da setzt Heideggers „Kehre" an: „Das Sein wird nicht durch die Freiheit eröffnet, sondern die Freiheit wird durch das Sein eröffnet. Das ist die Kehre." Das Sein schickt; es schickt „Lichtung", die Möglichkeiten, die Eröffnung der Freiheit also. Die Haltung der Freiheit ist ein „An-denken", ein sich Zurückverdanken an das Sein. Dies aber kritisiert Rombach. Er sagt, daß „Schickung" und „Schicksal" geschichtlich überwunden sind durch die auch gerade religiöse Befreiungsgeschichte des Menschen.[67] Philosopie dürfe in ihrem Fortgang nicht dahinter zurückfallen. Die Kehre muß für Rombach anders zu fassen sein.[68]

Bevor wir aber diesem Gedanken weiter folgen, soll noch ein Blick auf das

---

65 Ebd., 131.
66 Ebd., 138.
67 Rombach blickt dazu auf die religiöse Entwicklung des Menschen, seine Auseinandersetzung mit „dem Göttlichen". Wesentlich ist ihm dabei die Errungenschaft des Christentums. „Wo sich der Gott schließlich selbst noch als Menschen und 'Bruder' gebiert und dem Menschen nur das 'schickt', was dieser aus einem Entschluß und eigener Liebe zurückzugeben bereit und imstande ist. 'Schickung' und 'Schicksal' sind vorchristliche Kategorien. Im Christentum hat sich ein engeres Verhältnis (sc. von Absolutem und Endlichem, Anm. des Verfassers) entwickelt, hinter das wir eigentlich nicht mehr zurückfallen dürfen." Ebd., 151.
68 Ebd., 148-152.

geworfen werden, was die bisherigen Schritte „erbracht" haben. Der Gedankengang zeigt, daß das, was in der transzendentalen Phänomenologie das „Phänomen" war, nun mit „Seinsweise" beschrieben werden könnte. Es geht nicht mehr um eine Enthaltung vom Sein, einen Rückzug auf das reine Erscheinen, sondern genau dies hat zu einer neuen Rede vom Sein geführt. Aus Phänomenologie ist Ontologie geworden.[69] Dies bedeutet dann aber auch mit Blick auf das oben Gesagte, daß es nicht eine Rede vom oder über das Sein ist, vielmehr wird, wie oben gezeigt, das Sein selbst sprechend. Es sagt sich aus. Es selbst ist der Grund von Onto-logie, von Seins-Rede. „Seinen fundamentalen Sinn expliziert es in der Weise des Daseins. 'Existenz' ist Auslegung, Auslegung als Geschehen des Seins... Dasein ist Sprache, das sich erläuternde (lichtende, erscheinende) Sein."[70] Mit Blick auf die Husserlsche Phänomenologie sagt Rombach, daß nun die „Frage nach dem Sinn von Sein" neu zum Thema geworden ist, wo sie doch zuvor absolut ausgeschlossen war. Es ist zu fragen, wo da die Reduktion Husserls bleibt. Dazu Rombach weiter: „Alle Seinsweisen unterscheiden sich, sind aber nicht ohne Bezug. Sein 'überhaupt und als solches', das ist nun dieses Gespräch der Seinsweisen..." Über Sein als stumpfe Faktizität läßt sich nichts sagen, weil es selbst nichts sagt. Ein solches Denken hält die Selbstauslegung des Seins nieder. Von diesem gilt es Abstand zu nehmen. Das ist hier die Reduktion: Das Absehen von der die Selbstauslegung und die eigene Rede des Seins von sich niederhaltenden Seinssicht.[71] Die transzendentale Phänomenologie hat von daher eigentlich nur Epiphänomene erfaßt, weil sie eben diesen stumpfen Seinsbegriff hatte, von einem untätigen, schweigenden Sein.[72]

Rombach denkt nun von Heidegger aus weiter und über ihn hinaus. Dies ist die Brücke zur Strukturphänomenologie. Er setzt da an, wo Heidegger von der Freiheit, von der Existenzialität spricht. Er sagt: „Die ursprüngliche Form der Zeit ist die Geschichtlichkeit. Insofern Existenz eine Zeitigungsform der Geschichte ist, muß ihre Struktur durch und durch (...) geschichtlich sein."[73] So gibt es

---

69 Vgl. Rombach: Das Phänomen Phänomen, 14.
70 Ebd., 15.
71 Ebd., 16.
72 Vgl. ebd., 17 f.
73 Ebd., 19.

Existenzialität nie ohne Geschichte. Sie ist geschichtlich, muß es sein. Anders ist sie nicht zu denken als „Zeitigungsform". Heideggers „Sein und Zeit" ist die Daseinsanalyse einer Epoche, aber eben nur einer! Fundamentaler als die Heideggersche Fundamentalontologie sieht Rombach die Fundamentalgeschichte. In ihr begründet sich Sein je neu geschichtlich in jeder Epoche. So gilt: „Jede Zeit hat ihre eigene Existenzstruktur...". „Subjekt" erscheint dann als die Existenzstruktur vielleicht der abendländischen Wissenschaft. Weiter heißt es: „Zu jeder Grundform menschlichen Daseins gehört epochal auch eine Grundformation der Wirklichkeit, der historischen Welt."[74] Also ist weder eine durch alle Epochen geltende „Grundform menschlichen Daseins" zu vertreten, noch eine durch alle Epochen hindurch geltende Grundgestalt der Wirklichkeit. Dies wäre nicht geschichtlich. Jede Epoche hat, ja besser: gestaltet ihre eigene Form von menschlichem Dasein und von Wirklichkeit. Die Geschichte ist fundamentaler als das Dasein, als das Sein. Daher Fundamentalgeschichte. Das Entscheidende liegt nicht in Einzeltatsachen, sondern im Strukturzusammenhang, der jeweils eine Epoche, eine Kultur bestimmt, bzw. sich als diese gestaltet.[75]

Hier können wir wieder einmünden in die oben offengehaltene Frage, wie denn die „Kehre" bei Heidegger anders zu verstehen sei. Nicht das Sein „schickt", sondern Welt und Mensch gestalten sich aneinander „konkreativ", gemeinsam-schöpferisch, und erwecken sich darin gegenseitig zu je neuen Möglichkeiten. So bildet sich ein lebendiger Zusammenhang, eine Struktur, die eine Epoche ausmacht.[76]

Der Ausfaltung dieses Gedankens gilt der folgende Abschnitt, der einführen soll in die Strukturphänomenologie, den Ansatz der Phänomenologie, der in dieser Arbeit zum „Sehen" führen will.

---

74 Ebd., 20.
75 Ebd., 22.
76 Vgl. Rombach: Die Gegenwart der Philosophie, 158 f.

2.2 Strukturphänomenologie: Phänomenologie als Weg[77]

2.2.1 Konkreativität

Auf dem Weg des phänomenologischen Gedankens durch die Geschichte kamen wir bis zu dem Punkt, wo zu sehen war, wie die sogenannte Kehre bei Martin Heidegger von Rombach kritisiert, das ihr zugrundeliegende Problem anders angegangen wird. Nicht das Sein schickt, nicht der Mensch verdankt sich zurück an dieses, sondern Welt und Mensch gestalten sich aneinander „konkreativ". Heinrich Rombach nennt jenes schöpferische Geschehen, in dem Mensch und Welt aus einem Ursprung, als ein „Phänomen" miteinander aufgehen, sich aneinander gestalten, zu je neuen Möglichkeiten hin gegenseitig locken und freisetzen, „Konkreativität". Dieses Geschehen ist für Rombach seinsbegründend. Es ist ein ontologisches Geschehen, in dem sich alles allererst gestaltet, auch das Sein dieser konkreativ aufgehenden Wirklichkeit. Dieses Sich-Gestalten ist ein geschichtliches Geschehen: „Eine historische Lebensstruktur kreiert sich, indem sie ihre Welt kreiert; sie kreiert ihre Welt, indem sie sich selbst kreiert." Menschengeschichte und Naturgeschichte gestalten sich aneinander und miteinander.[78] Und genau dies

---

77 Ich werde im folgenden nun Rombachs strukturphänomenologischen Ansatz darstellen. Das wird im Wesentlichen ohne Kritik an diesem Denken geschehen. Es soll erst einmal der Gedanke sich ganz entfalten können. Wichtiger noch ist aber dies: Kritik am phänomenologischen Ansatz Rombachs darf nicht hinter diesen zurückfallen, sonst erweist sie sich als unverständig und borniert. So wie Rombach die ontologische Phänomenologie Martin Heideggers weitergedacht, über sich hinausgedacht und gerade so kritisiert hat, soll Kritik auch hier aus dem phänomenologischen Gedankengang selbst erfolgen. Da es nun aber nicht um eine grundlegende Auseinandersetzung um die Strukturphänomenologie, sondern um eine Erhellung des Christlichen, eine Selbstklärung von Theologie mittels des phänomenologischen Sehens geht, soll die Kritik aus dem gesehenen Gegenstand, dem Christlichen, selbst kommen und den phänomenologischen Weg Rombachs in seiner Helle, womöglich aber auch in seinen nur von innen zu sehenden Unklarheiten und Einseitigkeiten sichtbar machen. Der angeleuchtete Gegenstand (das Christliche) korrigiert das Licht, mit dem er sichtbar wird (die Phänomenologie). Das ist gegenseitige Korrektur. Kritik erfolgt hier, um vorzugreifen, als „Hochinterpretation" (vgl. dazu unten den entsprechenden Abschnitt dieses Kapitels). Nach dem Gang durch das Phänomen wird gegen Ende der Arbeit der Raum sein, diese Korrekturen, Bestätigungen bzw. Kritik auch zu benennen.
78 Rombach: Das Phänomen Phänomen, 24.

ist auch die Grunderfahrung der Strukturphänomenologie: „...daß sich eine neue gemeinsame Struktur für Natur und Mensch zugleich entwickelt hat, und daß sich erst aus dieser Struktur bestimmte Naturformen und bestimmte Daseinsformen ergaben".[79] So gilt, daß alles Sein Konkreativität ist, gemeinsam schöpferisches Aufgehen, Sich-Gestalten. Der Mensch ist nicht herausgehoben, sondern er ist verwiesen hinein in den konkreativen Zusammenhang alles Wirklichen. So zeigt sich alles Sein in seiner Humanität, weil alles Sein schöpferisch, das heißt konkreativ, also „selbst" ist.[80] Die Analyse des sich in dem konkreativen Geschehen gestaltenden Zusammmenhangs, der Struktur, ist weder von der Ontologie des Daseins, des Menschen, noch von der der Natur her zu denken, sondern von der neuen Ontologie der Konkreativität.[81] In diesem Geschehen der Konkreativität gestaltet sich eine Struktur, ein Zusammenhang von innerer Notwendigkeit, der stets neu sich zu einem höchstmöglichen eigenen Sinn hin präzisiert und korrigiert. Eine solche Struktur ist stets Genese. Wo sie fest wird, sich etabliert, verfällt sie. Auch im Untergehen, im Sinnverlust ist sie noch genetisch, eben lebendiges Geschehen, das allererst Sein aus sich entläßt. Weil genetisch, deshalb wohnt diesem Geschehen Steigerungskraft inne. So schreibt Rombach: „Die unerhörten Kräfte solcher Ereignisse sind weder die der Wirklichkeit noch die des Menschen, sondern sind die des 'Phänomens' selbst."[82] Das „Phänomen" ist eben dieses konkreative Steigerungsgeschehen, die genetische Struktur, weshalb Rombach von „Strukturphänomenologie" redet.[83]

---

79 Rombach: Das Tao der Phänomenologie, 6.
80 Vgl. Rombach: Phänomenologie des gegenwärtigen Bewußtseins, 299.
„Konkreativ" ist hier abzusetzen von dem fast schon zum „Allerweltswort" degradierten „kreativ". Steht „kreativ" vielleicht für den erfinderischen Selbstausdruck des Menschen in der Gestaltung von Gedanken, Dingen, Werken, so steht „konkreativ" für den Selbsthervorgang des Menschen aus und mit der gestalteten und sich so gestaltenden Welt. „Konkreativ" liegt im Bereich des „Schöpferischen", ist - je nach Sichtweise - Nachvollzug, Mitvollzug oder gar Selbstvollzug von Schöpfung.
81 Vgl. ebd., 308.
82 Rombach: Die Gegenwart der Philosophie, 200.
83 Von hier aus ist auch der Zusammenhang zu sehen zu dem, was Rombach „Hermetik" nennt. Er schreibt: „Ich nenne (aus historischen Gründen) einen Vorgang 'hermetisch', wenn er im Sinne der Konkreativität erfolgt." Rombach: Die Gegenwart der Philosophie, 201. Es ist eben dieses konkreative Sich-Gestalten von Mensch und Welt, das Aufgehen einer eigenen geschichtlichen Epoche zum Beispiel, die eine in sich stimmige eigene Welt ausmacht, eine Struktur ist. Sie bleibt allem von außen kommenden Zugriff gegenüber verschlossen. Sie ist

Mit dem Gedanken der Konkreativität und damit der Struktur als lebendig sich gestaltendem Zusammenhang, als genetischem Geschehen von Aufgehen und Untergehen, löst sich Phänomenologie vom Fixiertsein auf den Menschen. Für diese Sicht hat auch die Natur ihre Epochen, ihre „Lichtungen".[84] In einem Strukturzusammenhang gibt es auch keine Kausalität, da ist „...immer jedes die Ursache für alles und alles die Ursache für jedes".[85] Jede Lebenswelt, jede Kultur oder Epoche gestaltet sich als Struktur konkreativ. Jeder von ihnen liegt eine Grundphilosophie zugrunde, eine innere Sinngenese, die nur von innen, im Einsteigen in diese Struktur sehbar ist. Ansonsten ist diese Grundphilosophie hermetisch verschlossen gegenüber jedem zugreifenden Verstehen-Wollen von außen.[86] Eine solche Kultur oder Epoche ist eine „Welt", ist in sich geschlossen, gestaltet alles aus sich selbst.

In einem zweiten Schritt soll es nun darum gehen, „Welt" zu verstehen, was das für die Phänomenologie bei Rombach bedeutet.
Der Darstellung der Rombachschen Sicht von „Welt" geht ein Exkurs voraus, in dem andere Zugänge zu „Welt" zur Sprache kommen, im Wesentlichen die Sicht Eugen Finks und Martin Heideggers. Beide haben im Vergleich zu Rombach eine andere Sichtweise. Von beiden setzt sich Rombach explizit ab.[87] Das soll als Hintergrund für das Folgende dienen, darum ist es ein Exkurs.

---

nur hermetisch zu sehen. (Vgl. dazu die einschlägigen Ausführungen Rombachs in seiner philosophischen Hermetik „Welt und Gegenwelt".)
84 Vgl. Rombach: Das Tao der Phänomenologie, 10.
85 Rombach: Das Phänomen Phänomen, 23. In der Struktur ist die Ontologie der Kausalität, die Ontologie der Begründungen aufgehoben, überwunden. Ja mehr noch: „Struktur" ist jenes, was nochmal Ontologie untergreift. Sie „ist nicht ontisch und nicht ontologisch, sie steht jenseits dieses Unterschieds." So Rombach in seiner Schrift: Das Tao der Phänomenologie, 6.
Rombach sieht den lebendigen inneren Zusammenhang von Struktur in der Musik ausgebildet: Bewegte, genetische Spannungskonstellation von welthaft eröffneten Spannungsräumen, wie in einem Chor; Gestaltung des Einzelnen im Ganzen und darüber des Ganzen in stets neuen Weiten im Einzelnen. Zusammenspiel. Spannung, die den einen „unerreichbaren Akkord" ahnen läßt in jeder Dissonanz. So in: Phänomenologie des gegenwärtigen Bewußtseins, 281.
86 Vgl. Rombach: Die Gegenwart der Philosophie, 221.
87 Vgl. Rombach: Phänomenologie des gegenwärtigen Bewußtseins, 279.

2.2.2 „Welt"

2.2.2.1 Exkurs: „Welt" bei Eugen Fink und Martin Heidegger

„Weltlich", das bedeutet für Eugen Fink zunächst einfach ein „unausgedachter Inbegriff für alles, was vorkommt." Darin ist auch die Möglichkeit aller Dinge inbegriffen. In der Welt bewegen, verändern sich die Dinge.[88] Fink zählt dazu nicht nur die von Natur aus Seienden, sondern auch die Kunst-Dinge, die „Schöpfungen der menschlichen Freiheit". Auch das, was neu, „wie aus dem Nichts her" einbricht, übersteigt nicht Welt, sondern ist in ihr.[89] Für alle diese Dinge gilt dann: „Die innerweltlichen Dinge haben ferner jeweils einen Ort und eine Weile, haben einen Raum und besetzen eine Zeitstrecke, sind irgendwo und irgendwann." Weiter heißt es: „Kein Einzelvorgang ist allein, er ist immer in weitausgreifender temporaler Nachbarschaft mit anderen Vorgängen und Ruhen...das Jetzt ist weltweit".[90] Weil dies so ist, wird der Begriff der Weltlichkeit und der Begriff des Seiendseins der Dinge fast als Synonym gebraucht. Fink kritisiert dies als unzureichend, das Verhältnis der Begriffe zu kennzeichnen. Der Begriff der Weltlichkeit wirke arm gegenüber dem Reichtum des Seiendseins. Dies wird auf die sogenannte abendländische Ontologie zurückgeführt.[91] Fink blickt in die Geschichte des Gedankens: Bei den Vorsokratikern gibt es eine Lehre von den vielen „Welten", von „Weltordnungszuständen". Bei Plato kommt es zu einer Spaltung der Allheit in Sichtbares und Denkbares. In der Weiterbildung dieses Gedankens entsteht die Rede vom „mundus sensibilis" und „mundus intelligibilis". Welten werden als Plural gedacht, als viele Mögliche, von denen aber eben nur eine verwirklicht sei. Die Welt-Frage wird dann zu einer Spezialfrage der Metaphysik. So etwa bei Kant, wo „Welt nur das allheitlich zu denkende Ganze der Erscheinung, nicht aber das Seiende an sich" ist.[92] Fink kommentiert dazu,

---

88 Eugen Fink: Spiel als Weltsymbol, 207.
89 Ebd., 208.
90 Ebd., 209.
91 Ebd., 210 f.
92 Ebd., 212.

daß Welt zu einem Begriff wurde, der einzelne Bereiche bezeichnet. Damit verschwand die Möglichkeit, „die Welthaftigkeit jedes Seienden schlechthin als ein offenes und bedrängendes Problem zu erfahren".[93]

Fink beschreibt nun selbst, wie er „Weltlichkeit" sieht. Es ist für ihn zunächst das In-der-Welt-sein der Dinge, die „Binnenweltlichkeit". Zweitens ist es für ihn das Gesamt. Als dieses Gesamt aber ist Welt nicht von den weltlichen Dingen verschieden. So gilt: „Sie (sc. die Welt) umfängt und umspannt alle Dinge - und ist selber nicht von den Dingen getrennt und abgeschieden, - vielmehr sind die Dinge ihr gehörig, und das Binnenweltliche als solches ist ein wesenhaftes Weltmoment." Lapidar faßt Fink dies zusammen in dem Satz: „Die Welt gibt es nicht 'in der Welt'..."[94] Viel eher gilt: „Sind nicht eher alle Orte in ihr und alle Fristen in sie eingelagert?"[95] In seiner Schrift „Sein, Wahrheit, Welt" geht Fink nun näherhin auf das ein, was er unter Welt versteht, wie er den Welt-Begriff auslegt. Er schreibt dort: „Die Gegend aller Gegenden überhaupt ist die Welt. Sie ist das umgreifende und alles einbegreifende Raumganze und Zeitganze. Alle Räume sind in ihr und alle Zeiten ebenfalls... Der Zeitraum der Welt ist die umgreifendste Gegend alles Seins von Seiendem."[96] Weiter heißt es: „Die Welt hat überhaupt keine Größe im Raum und keine in der Zeit: alle 'Größen' sind 'in' ihr." Welt ist auch nicht ein Ganzes, so wie etwa ein Mensch ein Ganzes ist. Beim Menschen ist ja sein Ganzes nicht einfach mit den Teilen identisch.[97] „Welt gibt dem Seienden Raum." Welt ist für Fink in ihrer Weise „einzig". Mit nichts teilt sie ihre Weise, „wie sie alle Dinge einbegreift und umgreift".[98] Zu dem Zusammenhang von Welt und den Seienden heißt es: „Das Erscheinen ist das ineinander verspannte Walten von 'Wahrheit' und Welt. Die Dinge haben in diesem Walten erst ihren Ort und ihr endliches Sein. Sie sind nicht zuerst irgendwie vorhanden und 'erscheinen' dann noch als Zugabe.

---

93 Ebd., 213.
94 Ebd., 216 f.
95 Ebd., 218. Fink kritisiert an dieser Stelle, die Welt als Gott oder göttlich zu sehen. Er fragt, ob denn Welt personal walte. Er sagt, daß dann ein Binnenweltliches vor das allwaltende All geschoben werde und dies verdecke.
96 Fink: Sein, Wahrheit, Welt, 151.
97 Ebd., 152.
98 Ebd., 153.

Das Walten von Wahrheit und Welt ist die Gewalt, die sie einräumt und zeitigt, die ihnen Raum gibt und Zeit läßt, ist die Gewalt, die sie bringt und nimmt. Die mächtigste aller Bewegungen, in der die Allmacht als Macht des Alls sich auswirkt, ist die unscheinbarste, die, die wir gewöhnlich überhaupt nicht als Bewegung kennen, weil wir unser Bewegungsverständnis auf die dinglichen Bewegungen hin orientiert haben. Das welthaft waltende Erscheinen aber schickt alle Dinge auf den Weg, schlägt sie in das Gepräge des endlichen Umrisses. Das Erscheinen ereignet sich als die universelle Vereinzelung... Die Welt selber - als das umfangende Ganze - 'ist' vielleicht auch, aber in einem ganz eigenen und einzigen Sinne von Sein. Sie ist nicht einzeln, sie ist einzig. Und sie ist nicht 'endlich', sondern das wahrhaft Un-Endliche... Sie hat das Endliche in sich, läßt es nicht als ihr Gegenteil draußen stehen, und ist doch über alles Endliche hinweg das in sich bewegte, lebende All." Die Welt, „sie ist ungeworden und unvergänglich, ist ganz, so daß nichts an ihr aussteht, sie ist nicht in der Zeit, sondern ist die Zeit ganz, ist all-eins und einheitlich zusammenhängend." So gerade hat sie „alles Vergehen und Entstehen in sich; weil sie ganz und all-eins ist, hat sie das Getrennte, Zerstückelte und Vereinzelte in sich." Sie ist „Grab und Schoß alles Vereinzelten."[99] Welt wird hier zu denken versucht als jenes große Ganze, jenes All, das anders als alles Innerweltliche gesehen werden muß. Fink hat dies in einer konsequenten und tiefen Weise getan. Lassen wir ihn noch einmal mit seiner philosophischen Schau zu Wort kommen: „Dann wäre es auch am Ende möglich, das Erscheinen aller Dinge im Zeit-Raum der Welt, das große Spiel der Vereinzelung zu begreifen als nur eine Seite der waltenden Welt, als die helle Dimension, worin sie die Dinge aussetzt ins Offene, welches der Schein und Glanz, das Licht des Seins darstellt, - während dieser oberirdische Tag des gemeinsamen Anwesens aller Dinge unterlaufen bleibt von der dunklen gestaltlosen Nacht, aus der heraus alles Endliche ins Erscheinen heraufsteigt und darin es wieder versinkt."[100]

Welt hier als Eines, als „einzig" gedacht. Auch wo weiter unten eine Rede sein

---

99 Ebd., 155.
100 Ebd., 156.

wird von vielen Welten, sollte diese großartige Innensicht von Welt, eben einer Welt, nicht vergessen werden.

Wenden wir uns im Folgenden Heidegger zu, wie er Welt, Weltlichkeit auffaßt. Dies kann hier nur als grobe Skizze dargestellt werden. Auch für Heidegger ist „Welt" in den hier genannten Textstellen zunächst einmal ein Letztes, ein Eines. Er verwurzelt Weltlichkeit aber in seiner Daseinsanalyse. Dort zeigt sich so ein anderer Zugang zur Thematik, als es bei Fink zu sehen war. Heidegger entwickelt seinen Begriff von Welt und Weltlichkeit aus der Analyse des in der Welt seienden Daseins heraus.

Für Heidegger ist Weltlichkeit ein ontologischer Begriff, der die Struktur „eines kostitutiven Momentes des In-der-Welt-seins" meint. „Weltlichkeit ist ein Existential von Dasein."[101] Heidegger unterscheidet verschiedenen Gebrauch des Begriffes „Welt": Erstens ontisch - das All des Seienden. Zweitens ontologisch - das Sein der Seienden, auch für eine Seinsregion gebraucht. Drittens ontisch - das „Worin" ein faktisches Dasein lebt. Viertens „ontologisch-existenzialer Begriff der Weltlichkeit". Letzterer Begriff kann modifiziert auch das Strukturganze besonderer Welten bezeichnen.[102] Bei Heidegger ist das Sein des innerweltlich begegnenden Seienden die „Zuhandenheit". Von dieser nähert er sich „Welt" an: „Welt ist in allem Zuhandenen immer schon 'da'. Welt ist vorgängig mit allem Begegnenden schon, obzwar unthematisch, entdeckt... Welt ist es, aus der Zuhandenes zuhanden ist."[103] Welt wird als gegeben gesehen in dem innerweltlich begegnenden Seienden. Dieses Seiende ist zuhanden in der Weise seines Hingewendetseins auf etwas anderes. Es ist „daraufhin entdeckt, daß es als dieses Seiende, das es ist, auf etwas verwiesen ist". Dies nennt Heidegger die Bewandtnis, denn „es hat mit ihm bei etwas sein Bewenden". Somit folgert er: „Der Seinscharakter des Zuhandenen ist die Bewandtnis." Welche „Bewandtnis" es aber mit einem Seienden, einem zuhandenen Seienden hat, das weist auf die

---

101 Heidegger: Sein und Zeit, 64.
102 Ebd., 64 f.
103 Ebd., 83.

„Bewandtnisganzheit" zurück. Diese ist für Heidegger „früher" als das einzelne Zuhandene, als die einzelne „Bewandtnis". Diese Bewandtnisganzheit ist nicht nochmal verwiesen, sondern hat den Charakter von Weltlichkeit, den Charakter eines letzten Zusammenhanges, der nicht weiter verweist.[104] „Bewandtnisganzheit" ist der Grund, auf dem dann überhaupt erst einzelne Bewandtnis erscheint: „Bewandtnis als das Sein des Zuhandenen ist je nur entdeckt auf dem Grunde der Vorentdecktheit einer Bewandtnisganzheit." Das, worauf Seiendes als Bewendetes im Bewenden freigegeben wird, muß zuvor schon erschlossen sein. Dieses vorgängige Erschließen ist für Heidegger das Verstehen von Welt, „zu der sich Dasein als Seiendes immer schon verhält". Seiendes „in der Seinsart der Bewandtnis" begegnet. Es tut dies in einer Bewandtnisganzheit. Diese ist im letzten „das Worin des sichverweisenden Verstehens als Woraufhin des Begegnenlassens". Dieses „Worin" ist für Heidegger die Welt.[105]

An dieser Stelle möchte ich einen Seitenblick tun auf einen anderen Zugang zu „Welt". Dieser Seitenblick fügt sich gut ein zwischen Heideggers und Rombachs Weltbegriff, den wir dann anschließend kennenlernen werden. Es ist dies eine Erfahrung von Welt oder gar von Welten, wie sie eigentlich jedem Menschen möglich ist und ungenannt und oft unbedacht einfach zuteil wird. Es ist dies der Traum als Welt. Ich beziehe mich dabei auf die entsprechende Arbeit von Detlev von Uslar.[106]

Zur Welt des Traumes schreibt v. Uslar: „Diese Welt ist unendlich. Sie ist die Welt. Sie beansprucht alle Zeit und allen Raum. Sie hat keinen Anfang. Sie ist immer schon da. Sie ist eine gemeinsame Welt, keine Privatwelt. Sie ist ein Ort der Begegnung mit anderen Menschen."[107] Es mag auffallen, wie ähnlich diese Beschreibung der Traumwelt zu dem ist, was wir oben bei Eugen Fink lasen. Wo immer über Welt nachgedacht, diese - und sei es im alles andere Erleben allererst

---

104 Ebd., 84.
105 Ebd., 85 f.
106 Detlev von Uslar: Der Traum als Welt.
107 Ebd., 133.

ermöglichenden Entzug - erfahren wird, zeigen sich diese „Merkmale" von Welt.

In der Welt des Traumes ist das Ich nach v.Uslar weder nur Zuschauer noch fremde Bühnenfigur. Nur wenn beides vermieden wird, ist Traum als Welt zu erfassen.[108] Auch beim Traum als Welt gilt das Unübersteigbare von Welt. So heißt es: „...denn wenn die Welt, in der wir im Traum sind, die Welt ist, dann ist alles in dieser Welt."[109] Dem ist zuzustimmen. Dies macht ja gerade den Charakter von Welt aus, daß sie das Ganze ist, absolut sein muß, anders sie nicht Welt ist, auch nicht als solche „erscheint". So gilt dann auch für einen Menschen, der nur im Traum leben würde, daß dieser wohl die Dinge ganz anders einteilen und beurteilen würde, als wir es in der „Wachwelt" zu tun gewöhnt sind.[110]

Eigentümlich an der Welt des Traumes ist, daß es da an deren Grenze einen Umschlag gibt, das Erwachen. Die Traumwelt und die Wachwelt stehen im Widerspruch zueinander. V.Uslar zählt Verschiedenes dazu auf: Formale Widersprüche zum kategorialen Denken des Wachseins; materiale Widersprüche bezüglich der Ordnung der Seienden (Vermischung von verschiedenen Ebenen im Traum); Widersprüche der Stellenwerte eines Seienden (Versetzung von Elternhaus und Kindheit in die Gegenwart, z.B.); Widerspruch zwischen den beiden Welten als ganzen. Es ist unmöglich, in beiden zugleich zu sein.[111] An dieser Erfahrung mit Traumwelt und Wachwelt zeigt sich noch einmal gut das „Ausschließende" von Welt und zugleich ein Ahnen davon, daß Welt vielleicht doch nicht so „einzig" ist, wie es bei Fink oben klang. Natürlich ist Welt von innen her besehen einzig und das Ganze, sonst wäre sie nicht Welt. Aber Erfahrungen von „Weltenwanderungen", wie das Erwachen eine ist, weisen leise darauf hin, daß eben eine andere Welt nicht aus der Welt, in der ich mich gerade befinde, sichtbar ist, sondern einfach weg, inexistent ist. So muß jede mögliche Welt als einzig erscheinen.

---

108 Ebd., 165.
109 Ebd., 165.
110 Vgl. ebd., 168.
111 Ebd.,172.

2.2.2.2 „Welt" bei Heinrich Rombach

Kommen wir aber nun zu Rombachs eigener Sicht von „Welt". Im Zuge dessen, was über Konkreativität bei Rombach gesagt wurde, sind wir zur Frage nach dem Welt-Begriff vorgestoßen. Es war zu sehen, daß jede geschichtliche Epoche, jede Kultur eine letztlich nur von innen her zu sehende Struktur in eigener Sinngenese und damit eine Welt ist. Die Gestaltung solcher Lebenswelten ist das erste, das fundamentale Philosophieren.[112] Eine solche „Grundphilosophie" hat eine innere Notwendigkeit in sich. Sie kann zeigen, warum in einer Epoche zum Beispiel die Dinge so zusammenhängen und nicht anders. Dies ist der innere Zusammenhalt von „Welt". Über das Verhältnis solcher Sinnwelten zu dem, was bisher „Phänomen" hieß, werden wir noch handeln. Zunächst genügt es, zu sehen, daß Wirklichkeit sich gestaltet als ein konkreatives Geschehen, bei dem die Kraft weder beim Menschen noch bei der Natur liegt, sondern in dem gemeinsamen schöpferischen Geschehen selbst. Dies ist das, was eigentlich aufgeht, was eigentlich zur Erscheinung kommt, ist das eigentliche Phänomen. (Die Frage nach den Phänomenen und ihrem Konstitutionsprozeß hatte ja den Gang des Phänomengedankens in der Geschichte wesentlich in Bewegung gesetzt). Ein Phänomen ist nach Rombach dann als solches erfaßt, „wenn begriffen wird, daß in (ihm) die Wirklichkeit 'erscheint'". Erst wenn das Phänomen selbst sich als Deutung der gesamten Wirklichkeit erweist, „wenn man die Möglichkeit einer Totalinterpretation des Wirklichen auf dem Grund eines solchen Phänomens begreift", ist das Phänomen als Phänomen gesehen.[113] Nicht mehr erscheint das Phänomen in der Welt, vielmehr erscheint diese in ihm, bzw. sie erscheint als dieses Phänomen, als sein Totum. So schreibt Rombach:" Die Phänomenologie beginnt seither erst dort, wo ein 'Phänomen' als 'Welt' erfaßt wird, als ein Totum aller möglichen Bedeutungen in dem für dieses Phänomen charakteristischen Gesamtsinn. Das heißt überhaupt als ein Gesamtsinn. Und Wirklichkeit ist je der

---

112 Vgl. Rombach: Die Gegenwart der Philosophie, 223. Rombach bemerkt dazu noch, daß die Fachphilosophie bloß Auslegung dieser „Grundphilosophie" ist.
113 Rombach: Phänomenologie des gegenwärtigen Bewußtseins, 274 f.

Gesamtsinn des Wirklichen."[114] Phänomene also, wo sie in ihrem ganzen Reichtum sichtbar werden, wo sie als eben Erscheinende gesehen werden, haben „Weltcharakter", deuten Welt als Ganzes, zeigen sich als Welt.

Hören wir Rombach mit einem längeren Text zu dem, wie „eine solche Welt" sich zeigt: „Nicht 'Bestand' ist der Grundsinn von Sein, sondern 'Rettung'. Rettung ist eine Kategorie der Strukturontologie. Warum Struktur? Weil das Geschehen ein Strukturvorgang ist, in dem sich Binnenstrukturierung und Außenstrukturierung konkreativ provozieren. Das Auseinandersetzungsgeschehen, durch das sich die Dinge voneinander abprofilieren, und auf das sowohl die Vorsokratiker (...) wie auch Heidegger und Fink ausschließlich geblickt haben, ist in Wahrheit die Binnenstrukturierung eines umfassenderen Seienden, und was sie 'das Seiende' nennen, ist nur ein Binnen-Moment eines höheren 'Seienden'... des Seienden zuletzt, das wir die Welt nennen. Welt ist nicht der Zeitraum und die Raumzeit, die als offender Horizont zurücktreten, um das Seiende, je einzeln und dann auch wieder im Zusammenhang freizugeben (Fink), die Welt ist vielmehr das eine und einzige 'Seiende', das 'ist', indem es um seinen Aufgang ringt. Die Welt ist der Aufgang überhaupt, die Blume des Seins... In diesem Aufgang 'ringt' alles mit..., er kann nur gelingen, wenn alles gelingt." Zu diesem Aufgang muß alles beitragen, muß sich gegebenenfalls zurücknehmen in das Ganze des Aufgangs, den Sinn des Aufgangs, der Freude heißt. „Aufgangsempfindung" ist Freude. „Grundsinn des Seins ist Freude... Ob Vorgehen oder Zurücknehmen, dies entscheidet allein die Einsicht (...) in die Strukturprozesse."[115]

In Absetzung von Heidegger und Fink sieht Rombach Welt eben nicht als die unendliche Offenheit. Welt ist für ihn dieses sich zur Erscheinung hin ringende Geschehen, das sich von dem „Außen" absetzt, „abprofiliert". Welt ist dieses Aufgehen, das das Erscheinen des Phänomens ist. In dieser Sicht wird Welt gefüllt und genetisch. Sie ist Inhalt, lebendiger, aufgehender, ringender Inhalt: das Wirkliche selbst im Aufgehen, im Erscheinen, als „Phänomen". Und zugleich wird in dieser Sicht der Phänomengedanke in seiner Tiefe deutlich. Phänomen ist dieses

---

114 Ebd., 276 f.
115 Ebd., 279.

Zur-Erscheinung-Kommen, dieses Aufgehen. Wir sahen oben, daß ein Phänomen erst dann als solches erfaßt ist, wenn es als Totalinterpretation des Wirklichen, als Welt „erscheint". Das Aufgehen, das hier von Rombach beschrieben wurde, ist die Grundbewegung des Wirklichen. Darin kommt Wirkliches zur Geburt, die es selbst ist. Es ist ein ontologisches Geschehen, ja es untergreift nochmal Ontologie, weil es sich nicht auf diese allgemeine Sicht einschränken läßt. Jenseits des Unterschiedes von ontologisch und ontisch findet dieses Geschehen statt: Konkreativität, Aufgehen von Welt, Erscheinen eines Phänomens.

Welches „Verhältnis" hat nun der Mensch zu „solch einer Welt"? Rombach schreibt dazu: „Wo eine Sache so über sich hinausgetrieben werden kann, daß daraus ein 'Weg' und eine Verstehens- und Bewältigungsmöglichkeit für alle Beziehungen und Bedeutungen entsteht, faltet der Mensch eine ganze Welt auseinander, die für ihn vom Ursprung her lebbar, verständlich und erfüllend ist."[116] Eine Sache, die „so über sich hinausgetrieben werden kann", ist ein Phänomen, das in konkreativem Geschehen den Menschen und seine Wirklichkeit „um ihn" aufgehen läßt, Gestalt werden läßt. Es ist dies die gemeinsame Kraft des Menschen und der Wirklichkeit: die Kraft des Phänomens. Eine solche menschliche Lebenswelt wird „aus einer konkreten Findung heraus entwickelt". Eine Findung ist das Zusammengehen und zugleich Sich-Auseinandersetzen von Mensch und seiner Umwelt an einem konkreten Punkt. Schwerkraft, Steingewichte, Gegendruck und Belastung so zu entdecken, daß daraus eine Brücke ohne Zement gebaut wird, das ist eine Findung. Eine Findung hat einen bestimmten Geist. So auch die entsprechende Lebenswelt, die daraus entwickelt wurde. Es gibt einen Geist der Gotik, der Romanik, der Faustkeile, etc.[117]

In einer Welt gilt, daß da die Teile mit dem Ganzen ganz dasselbe sind, „idem sunt". Mensch und Welt finden zueinander, weil sie auseinander als solche, die sie sind, eben als der Mensch dieser Welt und als die Welt dieses Menschen, geboren werden, sich gestalten. „Der Mensch ist nur Vollzug dieser Welt, und diese Welt

---

116 Rombach: Welt und Gegenwelt, 129.
117 Ebd., 130.

ist nichts als sein Leib. Der Mensch 'vollbringt' die Welt, er steht ihr auch nicht als Ausbeuter gegenüber." In dieser Zugehörigkeit von Welt und Mensch gibt es deshalb „Idemität": Idem sunt die Teile und das Ganze.[118]

Wenn nun aber jede Epoche, jede Kultur, ja jede Lebenswelt von Menschen eine solche Welt ist, so ist da nicht eine Welt, wiewohl jede Welt sich als das Ganze, als einzig sehen muß, anders sie nicht Welt ist. Dies ist ein Paradox, vielleicht das folgenreichste und schwierigste Paradox der Geschichte überhaupt. Wie geht der Weg von einer zur anderen Welt? Wie verhalten sie sich zueinander? Verhalten sie sich überhaupt zueinander? Gibt es ein noch größeres Ganzes?

Rombach schreibt, daß die alte Welt in der neuen Welt keinerlei Geltung mehr hat, „sie ist einfach weg". Dies ist eben die Eigenschaft von Welt, alles von sich her zu interpretieren: eine Totalinterpretation von Wirklichkeit.[119] Es ist stets nur ein Sprung, der von einer Welt zur anderen führt. Dabei geht die alte Welt vollkommen unter, indem die neue Welt aufgeht.[120] Für die vielen Welten gilt dann doch, daß der Mensch sie kennt. Er verdankt sich ihnen, kann gelernt haben, zwischen ihnen zu gehen. Das bedeutet: „Nicht eine Welt, sondern eine Welt von Welten ist menschlich, ein Grüßen und Danken hinüber und herüber und eine ungeteilte Anerkennung der kleinsten wie der größten...Wenn eine dieser Welten den Vorzug erhalten soll, dann vielleicht nur die kleinste der menschlichen Nähe, denn dies ist die Welt, in der der Mensch das 'In-einer-Welt-Sein' paradigmatisch erlernen kann."[121] Dies ist ein heiles Bild von „Weltenwandern", ein versöhntes Leben mit den vielen eigenen Lebenswelten, die ein Mensch durchschritten hat und wieder durchschreitet. Aber dazu ist es ein weiter Weg. Zumeist ist es nicht verstehbar, daß es eben viele Welten gibt, daß hinter der so undurchdringlich und unüberschreitbar wirkenden Grenze der Welt, in der ein Mensch lebt und zu denken gewohnt ist, die ja auch, um Welt zu sein, einen Totalanspruch erhebt und erheben muß, daß hinter dieser Grenze eine andere Welt liegt, ja viele Welten.

---

118 Ebd., 130.
119 Ebd., 131.
120 Näheres zum Aufgehen von Welten siehe ebd., besonders die Seiten 107-141.
121 Ebd., 8.

Rombach hält es für das Mißverständnis, aus dem alle tiefreichenden Konflikte der Menschen hervorgehen, daß es nur eine, ja natürlich nur „meine" Welt gebe. Er schreibt: „Für den Umbruch in eine neue Zeit ist daher die Preisgabe der Einheit der Vernunft unverzichtbar."[122]

Für Rombach ist es der Anspruch der Vernunft, besonders in der abendländischen Prägung und Selbstsicht derselben, alles zu verstehen, das Unverstehbare auszugrenzen, und so Welt zu beherrschen, eben die einzige Welt, die sich zeigt. Diese muß als einzige Welt gesehen werden. Die Vielzahl der Welten wird nicht „verstanden".[123] Dies muß zu Konflikten auf Leben und Tod führen. Dabei liegt für Menschen, die eine Ahnung davon haben, daß ihre Welt und ihre Weltsicht nicht die einzige ist, der eigene Wahrheitsausweis nicht darin, „daß die anderen irren, sondern darin, daß man zeigen kann, daß und wie auch die anderen, auf ihre Weise und auf ihrem Weg, recht haben." Diese Haltung basiert auf der Einsicht, daß alle Einzelwelten gerechtfertigt sind, insofern sie die Öffnung vollbringen, „nicht sich selbst, sondern das Licht vorzutragen, das hinter ihnen steht und in ihnen aufleuchten will". Jede Einzelwelt ist in ihrem Totalanspruch, Wirklichkeit zu heben und zu deuten, berechtigt, insofern sie das auch anderen Welten zugesteht.[124]

Eine letzte gemeinsame Welt gibt es für Rombach nicht. An die Stelle des All-Verbindenden tritt etwas anderes, das er die „äußerste Situation" nennt, jene Situation, daß es eben viele Welten gibt, die alle eine Totalinterpretation von Wirklichkeit sind. Er sagt das so: „Die äußerste Situation eint die Menschen, aber gerade nicht auf die Weise, daß sie ihnen eine einheitliche Welt beschert, sondern umgekehrt dadurch, daß sie ihnen, da sie unbestimmt ist und bleiben will, eine solche gemeinsame Welt entzieht." Es gibt nur noch die ganz konkreten „Eigenwelten der Menschheit, ihrer Völker und Kulturen... An die Stelle der 'one World' muß das Gespräch der Welten treten."[125] Dieses „Gespräch der Welten"

---

122 Rombach: Strukturanthropologie, 317.
123 Ebd., 317.
124 Ebd., 316 f.
125 Ebd., 316 f.

ist das Durcharbeiten der „äußersten Situation". Es ist die neue Grundgestalt von weitestem Denken und Leben.

Bei diesem Gespräch gilt es nach Rombach zu beachten, daß Welten unvereinbar, ja nicht einmal nebeneinander stehen. Es gibt da keine Ordnung, sondern nur Ordnungen. Jede dieser Ordnungen legt für sich alles aus, denn Welten verhalten sich in keiner Weise zueinander.[126] Rombach präzisiert das noch: Welten - „In ihrer Höchstform können sie sich weder berühren noch trennen, können weder übereinkommen noch unterscheiden. Sie sind weder identisch noch different, weder eines noch vieles; ihr inneres Leben ist das Eine, das ohne Unterschied von eines und vieles ist."[127] Dies ist radikale und vielleicht verwirrende Rede. Aber es ist die Konsequenz aus dem Ernstmachen mit den vielen Welten. Es ist wichtig, dies zu sehen, denn zu leicht gibt es Verführungen, dann doch wieder alles durch eine „gemeinsame" Brille sehen zu wollen, die auf diesem Weg nicht zu haben ist. Alles, was in einer Welt vorkommt, kommt unter Umständen ja auch in einer anderen vor, aber eben ganz anders. „Wir können nicht einmal über die Verschiedenheit sprechen, da die Verschiedenheit für dich und mich eine ganz verschiedene ist".[128] Dies zu sehen, ist die Voraussetzung für das Gespräch der Welten. Die intermundane Kommunikation, das Weltengespräch heißt dann: Die eigene Welt präzise sehen. Es gibt nichts „Gemeinsames". Aber die eigene Klärung der Welt ermöglicht, daß andere Welten sich an meiner klären, zu sich selbst hin präzisieren, und umgekehrt. Das ist Entwicklung voneinander weg, Individuation. Aber darin liegt die Möglichkeit, aus der Spannung der „unlösbaren Differenzen eine neue Welt zu bilden". Das ist die Stiftung einer neuen Sinnwelt. In dieser sind die je eigenen differenten Welten in bleibender Differenz erhalten, hinaufgehoben (nicht aufgehoben!).[129]

Weltengespräch zeigt sich als Geburt einer neuen Welt. Nicht eine Welt, sondern viele Welten, das ist die „äußerste Situation". Rombach nimmt dazu Gedanken aus

---

126 Rombach: Welt und Gegenwelt, 133.
127 Ebd., 146.
128 Ebd., 149.
129 Ebd., 150.

der philosophischen Tradition auf, betritt damit aber neue Denkräume.

Sein Weltbegriff ist eng verbunden mit dem, was bei ihm Struktur und Phänomen bedeutet, besonders aber mit dem, was er unter „Bild" versteht. Dem gilt der nächste Abschnitt.

2.2.3 „Bild"

Bild ist natürlich ein weiter Begriff. Vieles ist darüber gesagt und geschrieben worden. Ich möchte hier nur auf einiges eingehen. Ähnlich wie bei „Welt" soll ein Exkurs den Hintergrund zu „Bild" allgemeiner ausleuchten; philosophische, psychologische und religionsgeschichtliche Perspektiven sollen gehört werden.

2.2.3.1 Exkurs: Verschiedene Zugänge zu „Bild"

Als erstes möchte ich einen Blick auf Ludwig Klages' Rede von den Bildern richten. Er hat an verschiedenen Stellen zum Teil sehr Grundlegendes dazu geschrieben, das in vielem Rombachs Sicht von „Bild" nahe kommt. Ich beziehe mich hier auf sein Werk „Der Geist als Widersacher der Seele". Für Klages ist das Bild weder Abbild von etwas, noch ist es bloß Gesichtsbild, also ein Gesehenes, das auf keine Wirklichkeit hinweist.[130] Das Bild ist eine Ganzheit, es ist nicht zerlegbar in Einzelnes, es wirkt nur als Ganzes, eben als „anschauliches Ganzes", wie Klages es nennt.[131] Er schreibt: „Dinge müssen wir stofflich wie auch gestaltlich 'beschreiben' mittelst stofflicher und gestaltlicher 'Eigenschaften'; das in Wirklichkeit eigenschaftslose Bild kann überhaupt nicht beschrieben werden, sondern läßt sich nur 'in die Erscheinung rufen' durch Weisung und Deutung seines Charakters."[132] Wir merken, daß es hier nicht um eine alltägliche, sondern um eine sehr andere, tiefere, ja philosophische Sicht von Bild geht.

Klages führt ein Beispiel ins Feld: Dämmerung drückt sich etwa in der Optik aus.

---

130 Klages: Der Geist als Widersacher der Seele, 176.
131 Ebd., 177.
132 Ebd., 182.

Das Wesen von Dämmerung aber kommt in der Optik bloß zur Erscheinung.[133] So ist es auch mit dem, was Klages Bilder nennt. Sie kommen in der Anschauung zur Erscheinung. Sie selber sind die „prima philosophia": die „unzerteilbaren, weil ohne Beharrung strömenden, Bilder". Sie sind der „Zusammenhang der Phainomena", die die Sinne zerteilen, der Verstand dann weiter reflektiert. Schon die Erfahrung nimmt Teile daraus. Die Bilder sind eben nicht „Rohstoff", der dann erst zusammengebaut wird durch Erfahrung und Wahrnehmen, sondern es ist umgekehrt.[134] Die Bilder sind das Ganze, der Zusammenhang, die strömende Weisheit des Wirklichen. Mit Erfahrung, Wahrnehmen und Verstand werden sie dann zerlegt, kommen sie in dem, was darin zerteilt beschrieben und erfahren wird, selbst zur Erscheinung. Aus den so zur Erscheinung gerufenen Bildern sprechen für Klages wirkende Mächte; sie bewirken etwas.[135] Bilder sind also alles andere als stumme und wirkungslose Phantasiegebilde. Sie sind die Tiefe des Wirklichen. So heißt es: „Erscheinungen allertiefster Geschehensschichten... (sind) Urbilder." Alle darübergelagerten Schichten von Erscheinungen sind davon abhängig.[136] Soweit Ludwig Klages. Seine tiefe und wirkmächtige Sicht von Bild findet bei Rombach ihre Entsprechung.

Ich möchte mich nun mehr dem zuwenden, was Bild als Kunstwerk meint. Bild als Kunstwerk. Dazu sollen Menschen zu Wort kommen, die selbst Künstler sind oder sich mit Kunst befaßt haben. Wassily Kandinsky, der in der Geburtsstunde der abstrakten Malerei steht, hat von dort her besonders etwas über die Kraft des Bildes zu sagen. Er schreibt: „In jedem Bild ist geheimnisvoll ein ganzes Leben eingeschlossen, ein ganzes Leben mit vielen Qualen, Zweifeln, Stunden der Begeisterung und des Lichts."[137] Bild ist für diesen Künstler ein Erscheinen des in dieses einfließenden gelebten Lebens, für ihn, der als erster das Bild zur Sprache von Leben gemacht hat jenseits aller Rezeption von gegebenen Gegenständen, der

---

133 Ebd., 183.
134 Ebd., 197.
135 Ebd., 1230.
136 Ebd., 1223.
137 Kandinsky: Über das Geistige in der Kunst, 24.

den Durchbruch zur abstrakten Malerei mit gestaltete. Es sagt, nein: es zeigt - wenn auch in der Weise des Einschließens. Darin ist Bild für ihn Ausdruck, der spricht, der Bisheriges infrage stellt, der auf Zukunft ausgerichtet ist, diese zu evozieren: „Kunst, die keine Potenzen der Zukunft in sich birgt, die also nur das Kind der Zeit ist und nie zur Mutter der Zukunft heranwachsen wird, ist eine kastrierte Kunst." Bilder wirken, sie weisen in „prophetischer Kraft" in die Zukunft, sie wirken neue Wirklichkeit, so muß Kandinsky verstanden werden.[138] Das Zeigen ist die Kraft der Bilder. So schreibt Kandinsky zur „prophetischen" Kunst: „Da kommt aber unfehlbar einer von uns Menschen, der in allem uns gleich ist, aber eine geheimnisvolle in ihn gepflanzte Kraft des 'Sehens' in sich birgt. Er sieht und zeigt."[139] Die wirklichkeitswandelnde Kraft des Sehens kommt im Bild zur Erscheinung. In ihm „zeigt" sie sich, indem es zeigt.

Wie wird nun Bild selbst gesehen, Bildelemente und Bildganzes? Walter Hess schreibt mit Blick auf Paul Cézanne: „Bild (ist) nicht mehr als Vorstellungsraum des Betrachters, sondern als Daseinsraum der Bilddinge" gesehen. Dies fordert ein Sehen des Bildes aus diesem selbst heraus.[140] Für die Bilddinge gilt, daß wenn eines sich ändert, sich das Ganze ändert, so Georg Picht in seinem Buch „Kunst und Mythos". Picht sagt, daß im Bild alle Möglichkeiten der Phänomene der Anschauung offenstünden. Wir bekommen sie zu Gesicht durch „ unser Verhältnis zur Welt im Ganzen." Das Bild ist Spiegel der Welt, in der der Maler lebt. „Im Darstellungsfeld des Bildes kann man nicht lügen." Genauer heißt das: Die Wahrheit zeigt sich im Bild, trotz der versuchten Lüge. Das Bild ist Spiegel der Welt des Malers, der Wirklichkeit der Gesellschaft, etc. Es führt dies alles vor Augen, zeigt so die Wahrheit. Das Bild ist Spiegel der Welt und des Malers: es ist Durchblick vom Maler auf die Welt und umgekehrt. Das „Bild spiegelt den Maler dadurch, daß es zeigt, wie er die Welt sieht, und es spiegelt die Welt nur, weil der Maler selbst in der Welt ist." So zeigt es wahr, was es zeigt, ist es unbestechlich,

---

138 Ebd., 26.
139 Ebd., 27.
140 Hess: „Zum Verständnis der Texte". In: Paul Cézanne: Über die Kunst, 128 f.

so Georg Picht.[141]

Diese unbestechliche Macht des Zeigens hat Bilder auch zu Kritikern von bestehenden Verhältnissen gemacht, zu Infragestellern von Ideologie und Unterdrückung. Es liegt etwas Widerständiges in der schonungslosen Wahrhaftigkeit, mit der ein Bild zeigt, indem es zugleich sich als „unschuldig" verschlossen gibt, eben „nur" Bild zu sein. So schreibt Hans Belting in seinem Buch „Bild und Kult", daß die Bilder in der Kirche zum Beispiel stets suspekt waren von seiten der Theologen. Sie sprechen tiefere Schichten an, als es die Theologie zunächst und zumeist vermag, berühren andere Wünsche im Menschen.[142] „Authentische Bilder schienen zum Handeln befähigt, also Dynamis, übernatürliche Wirkkraft zu besitzen." Dies erinnert an das, was wir oben von Kandinsky über die prophetische Kraft der Kunst hörten. Belting beschreibt Bilder als Anwälte des Volkes, seiner Sehnsüchte, seiner Emanzipation: „Bilder besaßen charismatische Eigenschaften, die sich gegen die kirchlichen Institutionen wenden konnten, wenn sie noch nicht in deren Besitz übergegangen waren. Sie beschützten Minoritäten und machten sich zum Anwalt des Volkes, weil sie von Hause aus außerhalb der Hierarchie standen. Sie redeten ohne deren Mittlerrolle mit der Stimme des Himmels, gegen die jede Amtsautorität machtlos ist."[143] Diese Kraft hat das Bild durch seine Offenheit des Zeigens und durch sein Ansprechen von tieferen Schichten, die nicht intellektuell anzugehen sind. Bilder vermögen reale Zustände zu zeigen und zu kritisieren. Für Belting konnten sie das in der Geschichte des Christentums tun, weil sie einen Rückbezug auf die Befreiungstaten Gottes, also auf die originären und authentischen Gotteserfahrungen herstellten und diese damit in die Gegenwart versetzten. Dies war ein Boden für Wandlung, für Zukunft. Belting schreibt: „Das Bild war in diesem Zusammenhang der Statthalter oder das Symbol für etwas, das in der Gegenwart nur mittelbar erfahren werden konnte: die einstige und die künftige Präsenz Gottes im Menschen. Es teilte mit dem Betrachter die Gegenwart, in der

---

141 Picht: Kunst und Mythos, 334-336.
142 Belting: Bild und Kult, 11.
143 Ebd., 16.

von den Taten Gottes sonst wenig Sichtbares geschah. Zugleich ragte das Bild in die Vergangenheit und in die Zukunft hinein: in die historische und in die angekündigte Zeit der unmittelbaren Gottesgegenwart."[144] Es ist zum Beispiel hier an die Ikonen des östlichen Christentums zu denken, die Symbole solcher Gottespräsenz im Menschen geworden sind.

Das Symbolische ist bei Bildern auch gesehen, wo Johannes von Damaskus im Kontext des Bilderverbotes in der alten Kirche bei Bilderverehrung die Verehrung des „Urbildes" fordert.[145] Bild wird hier transparent auf seine eigene Tiefe hin, die sich im Bild eben „bildhaft" zeigt. Hinter dem Bild weitet sich der Blick zu dem hin, was unanschaulich im Bild lediglich zur Erscheinung kommt. Das steht Ludwig Klages' philosophischer Sicht von „Bild" nahe.

Versuchen wir nun noch einen anderen Zugang zu Bild zu finden, den der Psychologie und Religionsgeschichte. Dazu soll die Jungsche Psychologin Ingrid Riedel zu Wort kommen und der große Religionsgeschichtler Mircea Eliade. Zunächst Ingrid Riedel: Sie schreibt, daß das Bild sein Geheimnis auch bei der Interpretation bewahrt, daß es sich dem deutenden Zugriff im letzten entzieht.[146] Es gehört so einer anderen Schicht an als der, die vom Verstand her zu klären ist. Die Sprache der Bilder ist für Ingrid Riedel die ureigenste und früheste Menschensprache. Sie weist darauf hin, daß das Malen von Bildern auch im Sturm der Verwirrung menschlicher Psyche heilend und ordnend wirkt.[147] Erinnert sei hier noch einmal an das, was oben über die widerständige Macht der Bilder bei Belting zu hören war. Diese von fremden und zerstörenden Mächten befreiende und damit heilende und ordnende Wirkung der Bilder kommentiert Riedel so: „Bilder sind Symbole beziehungsweise Symbol-Kombinationen. Bilder können von daher wie Symbole betrachtet und interpretiert werden. (...) Wie alle Symbole sind Bilder gegensatzvereinigend und damit sinnstiftend... Wie alle Symbole, die das, was sonst heillos auseinanderfiele, zusammensehen, sind Bilder Zeichen gegen das

---

144 Ebd., 21.
145 Vgl., Oelmüller: Diskurs: Kunst und Schönes, 47 f.
146 Riedel: Bilder, 14.
147 Ebd., 16.

Chaos, gegen die Sinnlosigkeit und, emotional gesehen, gegen die Angst... Wie allen Symbolen ist dem Bild ein Anteil von Erinnerung und Sehnsucht, von Gedächtnis und Utopie eigen."[148] Die Macht des Bildes, zu erinnern und in die Zukunft zu weisen, sah auch schon Belting bei den religiösen Bildern des Christentums. In der analytischen Psychologie C.G. Jungs wird es so gesehen, daß das Bild der konzentrierte Ausdruck der momentanen psychischen Gesamtsituation ist. Es faßt Gegensätze zusammen (während das Symbol eher dazwischen vermittelt). Die Seele geht nicht wissenschaftlich vor mit Hypothesen und Modellen, sondern bildhaft.[149] Dieses bildhafte Erleben der menschlichen Seele ist dann auch die Macht des Bildes, aus der heraus es zeigt, offenlegt, bezeichnet und verwandelt. In dieser Ebene sind Menschen miteinander verbunden. Mircea Eliade sagt das so: „Tatsache ist: wenn irgendwo eine völlige Solidarität der Gattung 'Mensch' überhaupt besteht - so kann sie nur auf der Ebene der Bilder erfaßt und gelebt werden."[150] Von der Tiefenschicht der Bilder her sieht Eliade eine Heilungsmöglichkeit des modernen Menschen, denn sie ist es, die, alle Menschen verbindend, den Menschen zutiefst „anspricht", zu wandeln vermag. Nichts sonst reicht in diese Tiefe. Es bedarf, schreibt Eliade, „daß wir im modernen Menschen diesen unermeßlichen Schatz an Bildern, den er mit sich trägt, 'heben': daß wir die Bilder erwecken, um sie in ihrer ursprünglichen Reinheit zu betrachten - und um das, was sie künden, auf uns abzustimmen."[151] Eliade sieht die Armut eines Menschen, der keinen Zugang zu diesen inneren Bildern mehr hat, wenn er schreibt: „Mag man sich das Elend und den Verfall eines der Imagination entbehrenden Menschen klarmachen: er ist abgeschnitten von der in die Tiefe reichenden Realität des Lebens und der seiner eigenen Seele."[152] Von dieser Tiefe her gestalten Menschen Kulturen, die durch die Anwesenheit der Bilder und Symbole bewahrt und weitergegeben werden. In ihnen zeigen sich die Grenzsituationen des Menschen, wo er an die Grenze

---

148 Ebd., 18.
149 Samuels: Wörterbuch Jungscher Psychologie, 54.
150 Eliade: Ewige Bilder und Sinnbilder, 19.
151 Ebd., 22.
152 Ebd., 23.

kommt, das Andere berührt.[153] Bilder weisen den Weg zu einer gemeinsamen Geschichte des Menschen, auch und gerade indem sie eine übergeschichtliche Welt ahnen lassen. So wird Kommunikation zwischen den verschiedenen Kulturen möglich: „Die Bilder verkörpern 'offenstehende Zugänge' in eine übergeschichtliche Welt. Und wohl ihr nicht geringstes Verdienst ist dies: kraft ihres Mittlertums vermögen die verschiedenen Kulturen miteinander in Austausch zu treten."[154]

2.2.3.2 „Bild" bei Heinrich Rombach

Das alles ist ein guter Hintergrund, um einzuordnen, was Heinrich Rombach unter Bild versteht. Dem wollen wir uns jetzt zuwenden. Grundlegend ist sicher zunächst einmal die Aussage Rombachs, daß Bild, so wie er davon redet, etwas ganz anderes ist als alles, was wir sonst darunter verstehen.[155]

Das Bild ist direkt und schlicht. In jedem Einzelnen des Bildes ist das Ganze präsent, es ist unteilbar. Rombach vergleicht mit Struktur, der genetischen Konstellation, in der das Ganze und die einzelnen Momente qua Genese auch identisch sind. Struktur legt aus und auseinander, sie fordert Interpretation. Das Bild ist in schlichter Ungeschiedenheit der Einzelheiten einfach da, es hat Unmittelbarkeit und fordert nicht Interpretation, sondern Sehen.[156] Rombach vertritt eine Bildphilosophie, in der er phänomenologisch an Bilder herangeht, sieht, sie sprechen läßt, sie ihre Philosophie sagen läßt. Er hat das in einem Buch über die ganze Menschheitsgeschichte hin getan und damit nach seinen eigenen Worten eine Fundamentalgeschichte der Menschheit nachgezeichnet, die aller Kultur- oder Geistesgeschichte zugrundeliegt und die eben nur in Bildern sich zeigt, aus ihnen lesbar ist. Dieses Werk heißt „Leben des Geistes". Dort sagt er, was er bei dieser Arbeit unter Bild versteht: Bild kann im Medium der Sprache,

---

153 Vgl. ebd., 219.
154 Ebd., 220.
155 Rombach: Strukturontologie, 321.
156 Ebd., 321 f.

der Handlung, der Dinge, der Verhältnisse da sein. Es ist stets Welt-Bild. Es zeigt die Grundphilosophie der Menschen in einem ganz bestimmten historischen Sinnentwurf, einer Kultur, einer Epoche. Dies ist für Rombach die fundamentalste Schicht der Geschichte.[157] Das Sehen der Bilder bedeutet, in eine Schicht zu gelangen, wo Ontologie untergeht. Bild ist Untergang der Ontologie, denn Ontologie ist stets noch ausgelegt, Bild dagegen ist ungeteilte Präsenz, schlichte Daheit, Zeigen.[158] In jeder geschichtlichen Epoche nun gestaltet sich die Grundphilosophie der Menschen dieser Epoche konkreativ aus in deren Welt, Gott, Sinn, Mensch. Dies wird auch in den Bildern der Epoche sehbar.[159] Die Bilder einer geschichtlichen Epoche oder Lebenswelt zeigen etwas von dieser Grundphilosophie in unmittelbarer und unverstellter Weise. Wir hörten oben davon, daß Bilder nicht lügen. Dies findet hier seine Entsprechung. Sie tun dies, weil sie selbst als Bilder eben einer Tiefenschicht angehören, in der sich die Grundphilosophie der jeweiligen Kultur bildet. Von der Jungschen Tiefenpsychologie hörten wir, daß die menschliche Seele nicht in Hypothesen und Modellen, sondern in Bildern denkt und lebt. Bilder sind die Sprache der Tiefenseele des Menschen. So ist es nicht fern, daß Rombach als Philosoph zu ähnlicher Einsicht kommt.

Bilder weisen hinunter in das, was die Fundamentalgeschichte der Menschheit meint, die tiefer noch liegt als die Rede vom Sein, die Ontologie, da sich ja Sein in jeder geschichtlichen Welt allererst neu gestaltet im konkreativen Geschehen von Mensch und Welt.[160] Rombach sagt, daß allem Wirklichen, allem Geschehen, jedem Menschen ein Bild zugrundeliegt, ein „Grundbild". Dies ist gleichsam die Grundphilosophie der jeweiligen Sache in unausgelegter Offenheit, eben Bild. „Bild" ist für Rombach letztlich stets „Grundbild", es ist offen auf den „Grund", die Grundphilosophie einer Epoche, eines Menschen, einer Welt hin, indem es

---

157 Rombach: Leben des Geistes, 301 f.
158 Vgl. Rombach: Strukturontologie, 321.
159 Rombach: Leben des Geistes, 301 ff.
160 Im folgenden stelle ich die Gedanken Rombachs zu „Bild" dar, so wie er sie in dem gleichnamigen Kapitel seines Buches „Der kommende Gott" auf den Seiten 124-133 dargelegt hat.

diese präsentiert und zeigt. Dieses Grundbild ist das Allerwichtigste und Übermächtigste in allem, so Rombach. Solche Grundbilder scheinen auf in den Dingen, den Menschen, sind aber selbst nicht zu fassen. Sie sind nicht erkennbar, sondern nur wiederzuerkennen. Sie sind nur im Konkreten zu sehen, entziehen sich dem unmittelbaren Zugriff. Rombach meint, daß Menschen nur über solche Grundbilder „anzurühren" sind. Nur sie reichen ja bis zu den fundamentalsten Schichten des Menschen, wo er wahrhaft west. Für Rombach ist jeder Mensch solch ein Bild. Jeder Mensch ist in konkreter Gestalt Repräsentation des Ganzen in einem möglichen Sinn. Jedes Kunstwerk ist ebenfalls solch ein Bild; es ist Präsenz des Absoluten in einer konkreten Gestalt. Jedes Kunstwerk hat diesen Anspruch des absolut Gültigen, des Unbedingten und Unwiderlegbaren. Es drückt dies aus in seiner konkreten Weise, seiner Gestalt. Rombach will mit seiner Weise bildphilosophisch, phänomenologisch zu sehen, versuchen, das Grundbild in den Dingen und Geschehnissen ansichtig zu machen, zur Sprache zu bringen, jenes Grundbild, das zum Beispiel einem Menschen, einem Künstler, einem Werk zugrundeliegt. Ein solches Sehen spricht aber nicht über das Bild, sondern aus ihm heraus; es macht das Bild selbst reden.

Der Zusammenhang von Bild und Welt sieht dann so aus: Welt ist ausgefaltet, ausartikuliert, durchstrukturiert in den notwendigen und sinnvollen Zusammenhang aller Einzelmomente. Bild ist unausgelegt, schlicht, ist Präsenz des Ganzen in einem einzigen Punkt. Jedes Bild enthält eine Welt, eben unausgelegt, unausgefaltet, aber in der Sinnfülle. Für Rombach werden Menschen dadurch heil, daß sie in ihre Welt versetzt werden. Nur in der eigenen Welt ist Glück und Heil. Dies geschieht nach dem oben Gesagten durch Ausfalten jenes Bildes im Menschen, das dessen Welt unausgelegt enthält: Ausfaltung seines Grundbildes. Das ist die Kraft, die den Menschen ganz selbst werden läßt, ihn heil macht, ihn hebt zu eigentlichem Menschsein. Das Grundbild hat die Kraft, den Menschen rettend zu heben. Bild ist das Namenlose auf dem Grunde von allem, jedes einzelnen Wirklichen. Es kann jeden Namen tragen, den Namen der Dinge in ihrem Grunde.

2.2.4 Struktur - Phänomen

Fragen wir Rombach, was „Phänomen" in der Strukturphänomenologie bedeutet: „Als Phänomen läßt sich jede Einzeltatsache nur fassen, wenn sie zu einer Spiegelung des Ganzen geworden ist, und das Ganze geht nur auf ('erscheint' nur), wenn es aus dem strukturellen Zusammenhang hervorgeht. So ist 'Erscheinen' der Seinssinn struktruraler Entitäten - und 'Phänomenologie' ihre zugehörige Wissenschaft. Phänomenologie ist Strukturphänomenologie".[161] Phänomen ist hier jede „Einzeltatsache", die eben als Einzelnes das Ganze präsentiert. Beides, die das Ganze präsentierende Einzeltatsache und das sich in dieser konkret gegenwärtigsetzende Ganze, erscheinen nur, wenn sie in eben diesem ihrem Zusammenhang hervortreten. Das ist Strukturzusammenhang. Wissenschaft, die das klärt, ist Strukturwissenschaft. Nur aus diesem Strukturzusammenhang heraus erscheint das Ganze und die Einzeltatsache als „Phänomen".

Wissenschaft, die das sieht, ist Phänomenologie, somit Strukturphänomenologie. Eine Sache, als Phänomen gesehen, präsentiert aber nicht nur das Ganze im Sinne einer Repräsentation, sondern tut dies in der Weise, daß aus ihr eine ganze Welt aufgeht, daß aus ihr das Ganze in Erscheinung tritt. So schreibt Rombach, daß wir eine Sache als Phänomen sehen, wo wir sie als eigene Welt sehen und von sich selbst her aufgehen lassen. Eine solche Sache präsentiert eine epochale, geschichtliche Welt, z.B. eine Kultur oder eine Lebenswelt.[162] Phänomenologie sieht nach Rombach Phänomen als Welt, das heißt: alles an menschlichen Hoffnungen und Erwartungen liegt in diesem einen Phänomen und seiner Genese.[163] So ist ein Phänomen auch erst dann als Phänomen erfaßt, wenn die ganze Wirklichkeit darin erscheint, hell wird, wenn es zur Totalinterpretation des Wirklichen sich weitet.[164] Der Weltcharakter eines Phänomens zeigt sich darin, daß es eine eigene Subjekt- und Objekt-Struktur konstituiert, sowie eine

---

161 Rombach: Das Phänomen Phänomen, 23.
162 Ebd., 26.
163 Rombach: Phänomenologie des gegenwärtigen Bewußtseins, 233.
164 Ebd., 274 f.

Totalinterpretation aller anderen Phänomene liefert.[165] Das Subjekt konstituiert sich erst im Phänomen selbst. Dies muß von Phänomenologie gesehen werden. Weiterhin zeigt sich der Weltcharakter von Phänomenen so, daß diese bis zu höchsten Ansprüchen steigerbar sind.[166] Sie erfüllen dort die höchsten Erwartungen des Menschen. Ein Phänomen konstituiert seine Bedingungen selbst.[167] In einem Phänomen gibt es eine strenge Konstellation von Ich - Wir, Welt, verschiedenen Dimensionen, usw. Dabei ergibt sich alles aus allem und nur aus diesem. Jedes Phänomen ist eine lebendige genetische Struktur.[168] Die Kraft zum Aufstieg und zur Nivellierung liegt in ihm selbst.[169] Das Wirkliche steigt auf, wird gehoben durch Erhellung. Diese Erhellung des Wirklichen ist ein Vorgang des Wirklichen selbst. Dieses erhellt sich zunehmend als Geschichte. Menschliches Erkennen ist ein Teil dieser Selbsterhellungsgeschichte. Insofern das Wirkliche sich versteht, gelangt es auf ein höheres Niveau, gelangt es zu sich selbst, wird es allererst. So ist Philosophie ein Mitwirken an diesem Prozeß. Darin läßt sie Wirkliches erscheinen, so wie dieses eben selbst schon erscheint. Die Phänomene werden zu ihrer eigenen inneren Helle, ihrem „Selbstverstehen" hin verstanden, erhellt. Das ist Phänomenologie. So bringt Philosophie als Phänomenologie Wirklichkeit hervor.[170]

Phänomenologie weist nach Rombach vor in ein Wirklichkeitsverständnis, wo keine Seinsform mehr endgültig ist, wo nicht Sein, sondern Werden das Grundwort ist. Dieses Werden ist Selbsterhellung, Selbsthebung auf ein höheres Niveau der inneren Klarheit und Erleuchtung der Dinge selbst.[171] So kann Rombach schreiben: „Die Erhellung der Grundstrukturen geschieht in phänomenologischer Weise, denn die Erhellung einer Struktur ist ihre Phänomenologie. Phänomenologie besagt nichts anderes als Sehen einer Struktur,

---

165 Ebd., 293.
166 Ebd., 317.
167 Ebd., 236.
168 Ebd., 241.
169 Ebd., 234 f.
170 Ebd., 8 f.
171 Ebd., 272.

und zwar so, daß diese Struktur sich selbst sieht."[172]

Dieses Geschehen der Erhellung der Phänomene führt uns hin zu dem, was die Genese der Phänomene ist, ihr Aufgang und ihr Verfall. Das Wachstum eines Phänomens ist von diesem Geschehen her verstehbar als Sinn und Weg menschlicher Geschichte.[173] Phänomene gehen geschichtlich auf und unter. Für Rombach liegt der Eintritt in die Strukturphänomenologie da, wo das Phänomen nicht nur in seinem Bau, seiner Verfassung, sondern als Genese erfaßt ist. Genese bedeutet hierbei Selbsterhellung, die dem Phänomen eigene Philosophie von sich selbst. Dies ist das Finden des eigenen Maßes durch das Phänomen. Es korrigiert sich selbst in der Genese zu sich selbst hin. So führt es zum Gelingen. Das Mißlingen ist dazu das Gegenstück. Es ist für Rombach der Horizont, vor dem die Verbesserung zum Gelingen hin sich gestalten kann, der meliorisierbare Horizont.[174] Phänomenologie, um vollständig zu sein, muß sehen, daß das Aufgehen des Phänomens nur möglich ist auf dem Hintergrund dessen Nivellierung. Auch dies gehört dazu. Erscheinen ist nur durch Dunkelheit möglich; Konstitution eines Phänomens ist somit „Re-konstitution", „Rettung". Phänomenologie, die in die Erhellung führt aus der Dunkelheit des Unverstandes und Selbstmißverständnisses des Phänomens zu dessen Selbsterhellung, ist dann Therapie. Phänomenologie sieht beides: die Helle und den Verfall. Sie hält diese Spannung aus und auseinander. Das ist ihre Aufgabe. Nur so kann sie Phänomene zur Erhellung führen durch deren eigenstes Sehen.[175] Alle „menschliche Borniertheit und Feindseligkeit, alle Aggression und Verweigerung" läßt sich für Rombach auf solchen Phänomenverfall, auf solches Selbstmißverständnis der Phänomene zurückführen.[176] Wir werden auf diese Zusammenhänge im folgenden Abschnitt noch zu sprechen kommen.

---

172 Rombach: Das Tao der Phänomenologie, 12.
173 Rombach: Phänomenologie des gegenwärtigen Bewußtseins, 230.
174 Ebd., 295-297.
175 Ebd., 303.
176 Rombach: Phänomenologie heute, 25.

2.2.5 Phänomenologie - Phänopraxie

Kommen wir zu dem, was Rombach zur Phänomenologie als philosophischer Methode sagt. Er schreibt: „Philosophie ist der Glaube an ein Menschentum aus Vernunft, und die Phänomenologie der Anbruch des letzten Aktes dieses Dramas, in dem die Vernunft um den Besitz des Menschen als des Lebewesens ringt, das zur Verwirklichung der Ursprungs- und Zielform des Seins berufen ist."[177] Dieses Zitat gibt gut die Stellung wieder, die Rombach der Phänomenologie im Fluß der Philosophie zuweist. Phänomenologie macht nicht halt vor den eingeschliffenen Spuren abendländischen Denkens, wie zum Beispiel der Subjekt-Objekt-Differenz, dem Dualismus von Mensch-Natur, Einzelner-Gesellschaft, Theorie-Praxis. Sie ist Aufhebung all dieser Differenzen, weil sie fundamentaler ansetzt und zeigen kann, wie es zu diesen Denkmustern kam.[178] Bisher, so sagt Rombach, war das Denken der Vernunft, die Philosophie also, nur an einzelnen Punkten wie einzelne helle Sterne über der Menschheit sichtbar. Jetzt beginnt ein Prozeß der Selbsterhellung des Menschen im Prozeß der Selbsterhellung aller Dinge, der Phänomene, des Seins. Dies nennt Rombach die „Stunde der Phänomenologie".[179] So ist „Phänomenologie ihrem innersten und geschichtlich weitest gegründeten Anspruch nach schend gewordenes Menschsein."[180]

Dieses „sehend gewordene Menschsein" ist ein Sich-selbst-Verstehen und so Zu-sich-selbst-Finden, um sich zur eigenen Wahrheit hin zu gestalten, zu werden. Im Erhellen selbst liegt das Werden, weil im Erhellen und Sehen zur Erscheinung kommt die Wirklichkeit. Je sehender, je heller, desto wirklicher. „Sehend gewordenes Menschsein" untergreift die bisherigen Denkmuster. Es sieht tiefer und in fundamentaleren Zusammenhängen. So gilt: „Überall dort, wo die gängigen, das menschliche 'Bewußtsein' charakterisierenden Differenzen..., vor allem die Differenz von Ich und Welt, hintergriffen werden und die ihnen zugrundeliegenden Korrelationen und korrelativen Strukturen in einer nicht mehr

---

177 Ebd., 13.
178 Vgl. ebd., 14.
179 Ebd., 15.
180 Ebd., 19.

diesen Differenzen unterworfenen Weise beschrieben werden, liegt eine Gestalt der Phänomenologie vor, da ein 'rein' (nicht mehr vermittelt) Erscheinendes zur Anschauung kommt."[181] Dies meint Rombach mit „sehend gewordenem Menschsein": Ein Menschsein, das sieht, die Denkweisen, in denen gedacht wird, sieht, sie in ihrer Entstehung erklären kann und so sich selbst klärt, weil es den geschichtlichen Gang der Vernunft klärt.

Phänomenologie als Wissenschaft bedeutet so Voraussetzen der Vernunft und alles offen lassen für die unvoreingenommene Forschung. Das geht nur als Selbsterhellung der Vernunft, wo diese selbst zur Aufgabe wird. In diesen Selbsterhellungsprozeß der Vernunft (Fundamentalgeschichte des Menschen) greift Phänomenologie aktiv ein, indem sie erhellt und zeigt.[182] Eine so verstandene Phänomenologie als Selbsterhellung der geschichtlichen Vernunft bedarf keiner Anwendung. Sie ist schon Praxis, insofern menschliches Leben eben die in stets neuen Gestalten zu sich kommende Vernunft ist. Es fallen Theorie und Praxis zusammen, so Rombach.[183]

Als Kernwort phänomenologischer Vorgehensweise gilt für Rombach der „Wittgensteinsche Imperativ 'Denk nicht, sondern schau'."[184] Phänomenologie argumentiert nicht, sie zeigt. Nur im sehenden Durchwandern des Phänomens ergibt sich der Gesamtsinn desselben, der Struktur.[185] Die einzelnen Züge des Phänomens, die die Phänomenologie dabei nacheinander im Text beschreibt, sind eigentlich alle simultan. Die Struktur, das Phänomen ist als Ganzes da, alle Züge desselben sind zugleich. Es gibt keine Kausalität![186] Innerhalb der phänomenologischen Arbeit gilt nur das, was in reiner Evidenz der Sache selbst jedem und jeder nachvollziehbar ist. Auch beunruhigende Ergebnisse bleiben so erstmal stehen, bis der Gang der phänomenologischen Arbeit abgeschlossen ist.[187]

---

181 Ebd., 22.
182 Vgl. Rombach: Phänomenologie des gegenwärtigen Bewußtseins, 18-21.
183 Ebd., 24.
184 Rombach: Das Phänomen Phänomen, 28.
185 Rombach: Phänomenologie des gegenwärtigen Bewußtseins, 310.
186 Ebd., 171.
187 Ebd., 196.

Ein Phänomen ist analysiert, wenn die zu ihm gehörigen Momente in der Notwendigkeit ihres Zusammenhangs erfaßt sind. Dies ist Evidenz, der höchste Wahrheitsausweis, so Rombach.[188] Phänomenologische Arbeit braucht das Mitgehen auf ein neues Niveau von Erklären, Verstehen und Sehen. Wer sich da weigert mitzugehen, für den/die bleibt die Sache stumm.[189] Das Phänomen fordert nämlich, um gesehen zu werden, das ihm eigene Sehen zu erlernen, es von innen her gleichsam mit dessen eigenen Augen zu sehen. Anders erschließt es sich nicht. Rombach schreibt dazu: „Ein Sehen, das erst am Geschauten zum Sehen wird, und ein Geschautes, das nur für solches Sehen sichtbar ist, wird auf dem 'östlichen Weg' mit Ausdrücken wie 'Erleuchtung' oder 'Erwachen' gefaßt."[190]

Verfolgen wir dieses Sehen, das vom Phänomen selbst herkommt. Es muß das dem Phänomen eigene „Sehen" sein, dessen innere Helle und Klarheit der Zusammenhänge, der Struktur. Dieses „Sehen" des Phänomens selbst, seine Notwendigkeit, so und eben nicht anders sich zu strukturieren, ist die Philosophie des Phänomens, die Philosophie des Wirklichen. Sie gilt es zu sehen in der Phänomenologie.[191]

Die mit Worten arbeitende Philosophie ist für Rombach erst ein spätes Produkt jenes Selbstgestaltungsprozesses von Welt und Mensch, von Einzelnem und Gesellschaft jenseits der Trennung dieser. Diesen Selbstgestaltungsprozeß des Wirklichen nennt Rombach „tätige Philosophie". „Weil dies so ist und die ursprüngliche Lichtungsgestalt sich im wortlosen Grund der menschlichen Daseinsfindung bildet, kann die Strukturphänomenologie nicht 'hermeneutisch' und nicht auf Texte bezogen sein."[192] So begründet Rombach seine Zuwendung zu dem, was er, wie oben gezeigt, Bilder nennt. In ihnen, so Rombach, kommt dieser Selbstgestaltungsprozeß des Wirklichen, der auch aller Textentstehung zugrundeliegt, zur Erscheinung, eben ins Bild. Bilder sehend und zeigend kann die

---

[188] Ebd., 290.
[189] Ebd., 291.
[190] Rombach: Das Tao der Phänomenologie, 13.
[191] Ebd., 9.
[192] Ebd., 9.

Fundamentalgeschichte eingesehen werden.[193]

Für Rombach ist die eigentliche Philosophie die Grundphilosophie jeder Geistes-Gestaltung menschlicher Geschichte. Darin wird der Mensch philosophierend Mensch. Heute wird sehbar, daß Philosophie bisher nur Vor-Philosophie war, Vor-Geschichte. Es beginnen alle Lebensbereiche heute sich selbst zu begreifen, zu erhellen. Phänomenologie. Darin klären und gestalten sie sich. Philosophische Phänomenologie bringt das zur Sprache. Wo die Lebensbereiche sich erhellend sich selbst klarer gestalten, auf ein höheres Niveau heben, da redet Rombach von Phänopraxie. Die Phänomene handeln: Sie heben sich, strukturieren sich durch eigene Helle, durch Selbstklärung, durch eigenes „Sehen" zu ihrer eigenen Philosophie hin.[194] So ist auch philosophische und wissenschaftliche Phänomenologie nicht nur erscheinen-zeigen, sondern auch und vor allem erscheinen-machen dessen, was an Sinn-Notwendigkeit aus der Geschichte andrängt, also Phänopraxie.[195] Phänomenologie, die bis zum Ende getrieben wird, ist daher nicht nur zeigende, sondern auch kritische Phänomenologie, normsetzende Philosophie. Sie zeigt die dem Phänomen eigene Grundphilosophie, hält diese ihm vor als dessen mögliche Helle, dessen hohes Niveau. So mündet Phänomenologie in eine Ethik des Phänomens ein, die allein aus dem Phänomen kommt und zeigt, wie dieses sich entfalten will, wie Leben fruchtbar werden will und soll.[196]

Ein Denken, das als Phänomenologie in den Selbsterhellungsprozeß des Seins eingreift, das so selbst Teil dieses Wirklichen ist, nennt Rombach ein reales Denken, Denken als Seinsprozeß. Es ist realverändernd durch Höherführung des Phänomens über vorhandene in neue Dimensionen.[197] Die Phänomenologie beschreibt nicht nur, sie entdeckt, ja sie erfindet sogar. Das ist dann berechtigt, wenn dies der eigensten Intention des Phänomens entspricht und dessen Höherführung, dessen „Meliorisation" dient.[198] Phänomenologie ist so nicht mehr

---

193 Rombach: Phänomenologie des gegenwärtigen Bewußtseins, 25.
194 Ebd., 25 f.
195 Ebd., 20, 22.
196 Ebd., 262 f.
197 Ebd., 271.
198 Ebd., 330.

nur beschreibende, sondern sie ist Diagnose, ist Therapie des Wirklichen. Damit entspricht sie nach Rombach dem Grundsinn von Sein. Dieses ist nämlich Aufgang. Welt ist Aufgang schlechthin; dies sahen wir oben schon. Dieses Aufgehen hebt Phänomenologie mit. So ist sie Phänopraxie, Einheit von Theorie und Praxis, ist sie Therapie, da sie Wirkliches stets aus den Niederungen dessen Verfall und Selbstverdunkelung heraufheben muß zu dessen eigener Klarheit.[199] Rombach sagt, daß alle Phänomene die Tendenz zur Meliorisation, also zur Besserung, zur Höherführung haben. In diesem höheren Entfalten heben sie natürlich den Menschen mit empor auf ein höheres Niveau, denn die Phänomene sind ja, wie zu Anfang unseres Abschnittes gezeigt, jenes konkreative Geschehen von Mensch und Welt, das alles andere dann erst aus sich entläßt, gestaltet.[200] Phänomenologie will Welt verändern. Sie ruft zur Umkehr auf: weg von der Oberfläche dessen, was zunächst und zumeist verdunkelt erscheint, sich hinzuwenden zu dem eigentlichen Reichtum des jeweiligen Phänomens, um von daher die Oberfläche, die „Alltagssicht" zu korrigieren.[201] Das Problem dabei ist dies, daß die krankhaften Gestalten der Oberfläche sich eben nicht als krank, als derivat sehen. Gegen dieses „Nicht-Sehen" muß Phänomenologie durchstoßen.[202] Phänomenologie führt damit zurück zu der eigentlichen Intention der Phänomene selbst. Sie stärkt sie in ihrem Selbstgestaltungsprozeß. So ist sie nur der ausdrückliche Vollzug der Phänomenologie der Phänomene selbst.[203] Phänomenologie entdeckt die Philosophie der Phänomene, des Wirklichen. Diese ist die jeweilige Struktur des Phänomens. So mündet Phänomenologie ontologisch ein in die Strukturontologie.[204] Rombach beendet seine phänomenologische

---

199 Ebd., 279.
200 Ebd., 326.
    So befreiend diese positive Sicht des Wirklichen auch sein mag, so ist sie doch auch in der Gefahr, das Scheitern, das Verbrechen, das bewußt getane Böse und vor allem das unsägliche Leid der Menschengeschichte zu übersehen. Hier scheint die Sicht Rombachs einer Ergänzung zu bedürfen, wie z.B. vom Christlichen herkommen kann, das seinen Blick auf die Not, das Elend und auch die existenziellen Schattenseiten der Menschen richten und gerade dahinein seine heilende Kunde sprechen will.
201 Ebd., 320.
202 Ebd., 328 f.
203 Ebd., 272.
204 Ebd., 269.

Schrift mit dem Satz: „Phänomenologie, das ist die bewegte Wirklichkeit im Sehen ihrer selbst."[205]

Werfen wir noch einen Blick auf das, was Rombach zu Phänomenologie als Wissenschaft sagt. Aus dem oben Gesagten wird klar, daß für ihn Phänomenologie Philosophie als strenge Wissenschaft ist, weil sie einen progressiven Entwicklungsgang in Reflexionsstufen bedeutet. Dies ist Fortschritt.[206] Sie läßt die Wirklichkeit selbst zu Wort kommen. Phänomenologie läßt jede Philosophie zu ihrem Recht kommen. Sie zeigt, daß Wirklichkeit selbst in jedem Phänomen ganz aufscheint, jedes seinen Totalanspruch haben kann, aber ohne dabei andere auszuschließen. Rombach fordert eine gegenseitige Klärung der verschiedenen Philosophien.[207] Wo dagegen Phänomenologie nicht mehr die Vielzahl der möglichen Phänomene und damit Totalinterpretationen sieht, sich verabsolutiert, wird sie zur Weltanschauung.[208] Somit besteht „der Stand der Philosophie" aus Rombachs Sicht darin, „daß das Denken im Sinne der phänomenologischen Ausarbeitung von Grunderfahrungen nach allen Richtungen hin freigegeben ist und daß weder ein Methodenzwang noch ein Zwang zur Verbindung der sachlichen Ergebnisse besteht." Rombach fordert aber, daß „alle Strukturanalysen auf die Wirklichkeit des Menschen zurückverpflichtet bleiben." So kann es zu einem „lebendigen philosophischen Gespräch" kommen, das Mithilfe ist zur Selbsterfahrung des Menschen.[209] Für die Phänomenologie selbst gilt dann: „Im neuen Feld gibt es nicht nur eine, sondern eine Vielzahl von methodisch je anders gelagerten, ihre Anweisungen aus ihrem Thema (aus 'der Sache selbst') gewinnenden Phänomenologien. Für sie ist gerade dies, daß kein generalisierender Vorbegriff und keine universalisierende Methode ihre alles bestimmende Gültigkeit vorweg beanspruchen, wichtig. Phänomenologie ist ein Fächer, kein Fach. Sie ist eine Bewegung, kein System."[210]

---

205 Ebd., 332.
206 Ebd., 309.
207 Ebd., 275.
208 Ebd., 321.
209 Rombach: Die Gegenwart der Philosophie, 216.
210 Rombach: Phänomenologie heute, 30.

Die letzten Gedanken sind für diese Arbeit besonders wichtig. Hier soll ja auch versucht werden, mittels der Phänomenologie neue Wege zu betreten, eine Gangart zu erlernen, die vom Thema herkommt, diesem gerecht wird und so dieses klären hilft.

Ich will den Weg durch die Phänomenologie beschließen mit der Darstellung einer phänomenologischen Arbeitsweise, in der das über Welt, Bild und Phänomenologie Gesagte in besonderer Weise zusammenschwingt. Es ist dies jener „methodische" Weg, den Heinrich Rombach „Hochinterpretation" nennt.

2.2.6 Hochinterpretation

Dem Gedanken nach klang Hochinterpretation schon an vielen Stellen an. Irgendwie ist sie eine Zusammenschau all des Gesagten, ohne daß das jetzt hier im einzelnen ausgeführt werden soll. Rombach selbst widmet „Hochinterpretation" in seinen Werken explizit auch nur einige Seiten.

Es war zu sehen, daß Phänomene eine Genese haben, ja eigentlich Genese sind. Sie gehen auf, erhellen sich, aber sie gehen eben auch wieder unter, sie ruinieren sich selbst aus sich heraus. Rombach meint, daß das falsche Bewußtsein des Menschen von Phänomenen eigentlich ein Selbstmißverständnis der Phänomene selbst ist. Die Phänomene stehen dem Menschen ja gerade nicht gegenüber, sondern sind jene konkreativen Geschehnisse, in denen und als die Welt und Mensch sich aneinander und miteinander gestalten. Ontologisches Grundgeschehen. Also gilt, daß eine Rettung des Menschen nur durch Rettung der Phänomene, also durch deren Klärung und Hebung geschehen kann. So sieht es Heinrich Rombach. Phänomenologie ist so Selbsterhellung der Phänomene und damit Phänopraxie.[211] Fast überall, wo Welten, Kulturen, Epochen untergehen in der Geschichte, da ist das ein Scheitern dieser Strukturen an sich selbst. Rombach schreibt, dies fortführend: „Ich nenne einen solchen Umgang mit historischen

---

211 Vgl. Rombach: Phänomenologie des gegenwärtigen Bewußtseins, 235.

Phänomenen eine 'kritische Phänomenologie', da sie von der Sache her über ihre historisch zufällige Form hinauszugehen erlaubt und ihr nachträglich ihre volle Wahrheit gibt und sie zu ihrem Recht kommen läßt."[212] Es gilt dabei, das Gemeinte, die Intention einer Welt zu sehen und zur Erscheinung zu bringen. Das ist Phänopraxie.[213] Genau dies aber ist Hochinterpretation.

Rombach macht Hochinterpretation zunächst einmal konkret an einem Menschen deutlich: Hochinterpretation, das bedeutet, einen Menschen auf der Ebene zu sehen, wo er in seiner Unverwechselbarkeit und Einmaligkeit aufleuchtet als Bereicherung des Daseins allgemein, als geglückte und gelungene Weltformel. Dies ist eine besondere Weise des Blickes. Es ist das Sehen mit den Augen des Gesehenen in dem Sinne, daß dessen innersten Intentionen und höchsten Entfaltungsmöglichkeiten sowie auch das, was noch jenseits all seiner Möglichkeiten liegt, zum Tragen kommen können. Ein befreiendes Sehen. Es befreit aus der Niedertracht des alltäglich-Entwertenden. Die Gottesidee ist für Rombach in diesem Zusammenhang gleichsam die Objektivation eben dieses Blickes, der dem Menschen ganz und umfassend auch durch alle zwischenmenschliche und „lebensgeschichtlich-schicksalhafte" Nieder-tracht hindurch gerecht wird, ihn quasi rechtfertigt in eben seiner Gestalt. Dieser Blick ist der Blick der Liebe. Es gilt, den anderen/die andere in ihrer Einmaligkeit und Kostbarkeit zu sehen, eben in der höchsten Entfaltung ihrer selbst. Das Absinken dieses Blickes ist ein Absinken des Betrachters/der Betrachterin. Je scheinbar „objektiver" nämlich der Blick wird, desto subjektiver wird er, d.h. nicht mehr von der eigenen Helle des/der Gesehenen her bestimmt, sondern von dem Unvermögen des Betrachters/der Betrachterin, den anderen/die andere zu sehen. Eine solche Hochinterpretation ist nach Rombach Therapie, weil sie die Gesehene/den Gesehenen auf die eigensten höchsten Ebenen hin freigibt, zu höchsten Möglichkeiten und schöpferisch über diese hinaus gleichsam „lockt". Es bedeutet

---

212 Rombach: Das Phänomen Phänomen, 30.
213 Ebd., 31.

Heilung, Heil, Heiligung des/der anderen.[214]

In seiner Schrift „Welt und Gegenwelt" legt Rombach den Weg der Hochinterpretation auf eine geschichtliche Welt, eine Kultur, eine Lebenswelt hin aus.[215] Rombach sagt, daß aus dem Nachgehen der Teilstücke einer Welt ihr Zusammenhang und so sie selbst rekonstruierbar ist. Als Struktur, die eine solche Welt ist, bedarf es des Durchgangs durch die einzelnen Momente, um das Ganze einer solchen Welt zu erfassen, einzusehen und so zu rekonstruieren. Jetzt sei an das erinnert, was wir oben über Bild und Welt und deren Zusammenhang gehört haben. Bild ist unausgelegte Welt. Eine Welt, die präzise genug ist, das heißt, die sich selbst klar genug gestaltet bis hinein in die Einzelheiten, ist im Einzelnen präsent. Dies ist nicht bloß eine Repräsentation des Ganzen dieser Welt im Einzelnen, es ist Präsenz. Die Welt ist im Einzelnen unausgelegt, aber eben ganz und unverkürzt da. Das ist Bild. Sie ist in ihren einzelnen Momenten, den „Minimalitäten" nicht bloß verstehbar, sie ist in diesen unmittelbar sehbar. Eben Bild. Das Einzelne zeigt als Bild den Geist, den Sinn des Ganzen, der Welt, nur unausgefaltet. Von daher ist Welt rekonstituierbar.

Nun sind Welten aber oft unscharf, schwach, geistlos, nicht zu ihrer eigenen Helle und Sinnfülle gekommen, haben ihre Intention nicht entfalten können. Daher sind auch die einzelnen Minimalitäten, die Einzelheiten einer solchen Welt unpräzis, präsentieren nur schwach und vernebelt den Sinn des Ganzen.

In diesem Fall gilt es Hochinterpretation zu leisten, sagt Rombach. Sie soll die Welt auf die Sinndichte und Sinnpräsenz hinführen, interpretieren, die sie stets anstrebte, die sie aber nicht erreichte. Das Verstandene wird durch das Verstehen höhergeführt: Phänomenologie als „tätige Philosophie", als Phänopraxie. Um dies zu leisten, gilt es in einer solchen Welt die „starken" von den „schwachen" Formen

---

214 Vgl. Rombach: Strukturanthropologie, 259-262. In seinem Buch „Phänomenologie des gegenwärtigen Bewußtseins" weist Rombach darauf hin, daß im christlichen Liebesgebot Feinden und Verbrechern gegenüber eine Aufforderung zu gewaltiger Hochinterpretation liegt. In diesen Menschen den leidenden und da nochmal hindurch den unverletzten Menschen zu sehen, bedeutet, der Inkarnation dieses tieferen und heilen Menschseins in deren Leben vorauszugreifen. Ebd., 227.
215 Ich beziehe mich in der folgenden Darstellung auf: Rombach: Welt und Gegenwelt, 141-146.

zu unterscheiden. Die „Stärke" bedeutet hier eine höhere Genauigkeit der Sinn-Präsenz. Die starken Formen sind jene Einzelheiten einer Welt, die in genauer, aber unausgefalteter, bildhafter Weise den eigentlichen Sinn, die innerste Intention dieser Welt präsentieren, obwohl die Welt als Ganzes zu eben dieser ihrer eigensten Sinnfülle nicht gefunden hat, sich nicht gemäß ihrer innersten Intention entfalten konnte. In den starken Formen ist die Intention, der Sinn der jeweiligen Welt zwar unausgelegt, aber unmittelbar sehbar. Sie sind Bild. Schwäche bedeutet hier Verfälschung, Verwässerung des Sinnes einer Welt.

In der Hochinterpretation werden nun diese starken Formen, diese Bilder „gesehen", das heißt phänomenologisch erhellt. Als „starke Formen", als Bilder, als Einzelheiten einer Welt werden sie auf den Sinn der zugehörigen Welt hin gesehen. Dieser wird, wenn es wirklich starke Formen, also sinntragende, sinnerfüllte Bilder sind, in ihnen sichtbar, sehbar, leuchtet auf. Von dem Aufgehen des inneren Sinnes einer Welt her ist diese rekonstituierbar, rettbar. Die innerste Intention zur Genese, das, wie diese Welt eigentlich werden wollte, ihre Eigentlichkeit, wird dieser Welt gleichsam vor Augen gehalten. Das ist der mächtigste Antrieb zur Entwicklung. Hochinterpretation als Rettung, als Therapie, als Heilung. In der Hochinterpretation retten einzelne starke Formen, also Bilder, das Ganze ihrer Welt.

Hochinterpretation führt Welten wieder auf ein hohes Niveau. Dort gilt dann, daß sie sich nicht mehr bekämpfen, sondern helfend in Verbindung, in Dialog treten. Außerdem werden auf hohem Niveau alle historischen Sinnentwürfe menschlich. Hochinterpretation ist nach Rombach die wesentliche Absicht der, wie er es nennt, „hermetischen Wissenschaft": Die Dinge durch ihr eigenstes Bild zur Entwicklung anzuspornen. Darauf harrt alles. Nichts ist bereits es selbst. In „Phänomenologie des gegenwärtigen Bewußtseins" schreibt Rombach, daß angesichts der unlösbaren Probleme heute eine therapeutische Phänomenologie not-wendig ist, die in die Tiefenstrukturen von Mensch und Welt blickt. Darin wird Philosophie wirklich, weil sich die Wirklichkeit eben selbst als philosophisch erweist. Eine solche Philosophie vermag zu neuen Bewußtseinsformen zu führen, die dann soziale und andere Probleme tiefer sehen und „lösen" lassen.[216]

2.3 Übergang: Phänomenologischer Weg

Das „Sehen" von der Phänomenologie zu lernen, um vom Fragen zum Sehen, von der theologischen Reflexion zum sehenden Erfahren der Religion, hier des Christlichen als Gegenstand von Theologie, zu gelangen, das war das Anliegen dieses Kapitels zur Phänomenologie.

Der Schritt vom Fragen zum Sehen schloß sich an die Gedanken im ersten Kapitel zum Fragen an. Mit dem „Sehen" soll die Wendung zum Gegenstand von theologischem Fragen geschehen, die Wendung zum Inhalt von Theologie. Mit dem „Sehen" soll dann auch die zweite jener drei Ebenen betreten werden, die sich in der Auseinandersetzung mit dem Fragen als radikalem und so theologischem Fragen zeigten. Diese zweite Ebene ist die der Religion, hier des Christlichen. Dort ist Mitgehen, Erfahren gefordert, das zur Einsicht führt, „sehendes Erleben", „erlebendes Sehen".

Auf dem Weg der Phänomenologie in diesem Kapitel zeigte sich Phänomenologie als ein Weg, der eine eigene Gang-Art hat: Nicht mehr die des Fragens, sondern die des Sehens. Dies ist nicht nur eine Fortsetzung dessen, was im ersten Kapitel aus dem Fragen zum Sehen führte, es ist auch etwas Neues. Sehen ist hier nicht bloß Vertiefung von Fragen - das ist es auch - , es ist auch etwas ganz anderes. Um vom Fragen zum Sehen zu gelangen, bedarf es nicht nur eines Schrittes, sondern eines - wenn auch gut vorbereiteten - Sprunges. Der Übergang vom Fragen zum Sehen ist ein Sprung in eine neue Dimension.

Mit Dimension meine ich hier eine ganz eigene und im Vergleich zum Vorherigen neue und andere Weise, Wirkliches zu verstehen, Welt, Sein, sich selbst zu erleben. Es ist ein Wechsel der Perspektive und mehr noch: Es ist das Aufgehen einer anderen Weise zu denken, nicht nur anderes zu denken; es ist ein Wandel der

---

[216] Rombach: Phänomenologie des gegenwärtigen Bewußtseins, 315 f.

Denkkategorien selbst.

Dimension ist etwas anderes als Ebene. Ebene ist ein Bereich in einem stufigen Modell. Das Denken, die Weise, Wirkliches zu verstehen, ist überall in dem Modell dasselbe. Es wird nur eben auf verschiedenen Stufen angewandt. Das gehört in den Raum des Fragens. Dort hatten wir es mit drei Ebenen zu tun: Theologie; Religion; „Tiefentheologie". Nun erscheinen diese Ebenen in einer anderen Denkweise, im „Sehen", in einer neuen Dimension selbst als Dimensionen. Der Unterschied ist viel größer als zuerst angenommen. Es ist ein grundlegender Unterschied. In der Dimension des Fragens bleiben es weiter die Ebenen. In der Dimension des „Sehens" erscheinen sie nun als Dimensionen.

Auf dem Phänomenologischen Weg zeigt sich der Übergang zur Phänomenologie, zum phänomenologischen Sehen als Dimensionensprung.

Theologie von ihrem Gegenstand her zu begründen, war das Anliegen. Die Wendung zu diesem ihrem Gegenstand, dem Christlichen, erforderte das Betreten einer zweiten Ebene, der der Religion. Diese forderte statt „Fragen" ein erfahrendes „Sehen". Die Wendung zum Gegenstand von Theologie und damit zum „Sehen" erweist sich nun als Dimensionensprung: Von der Theologie zur Phänomenologie. Erstere gilt es ja zu klären. Um dies zu tun, muß sie überschritten, hintergriffen, hintergründet und so vielleicht neu be-gründet werden. Genau darin erweist sich Theologie als Wissenschaft von ihrem Proprium her und im Sinne der Phänomenologie. Wissenschaft ist aus der Sicht der Phänomenologie, wie oben skizziert, das Vor-sich-selbst-Kommen der Vernunft. Die Vernunft denkt sich selbst. Das ist verstehendes Einholen des bereits Gedachten durch einen weiteren Ausgriff, ein umfassenderes Erkennen. Das ist im eigentlichen Sinn Re-flexion. Diese bedeutet den Gang von Stufe zu Stufe in immer weiteres, grundlegenderes Verstehen, in dem das Denken, das Verstehen der vorhergehenden Stufen geklärt und erhellt wird. Das ist Fortschritt, wissenschaftlicher Fortschritt.

Theologie weiß sich im letzten reflektiert von der Einsicht, in den unauslotbaren Un-Grund verwiesen zu sein. Das ist ihr Proprium, so ver-steht sie sich, ist sie sapientiale Theologie. Theologie von der nächsttieferen Dimension her zu klären, wie hier angezielt, ist somit ein Fortschreiten in der Reflexion theologischen Verstehens. Dies erweist und begründet sie als Wissenschaft. Das leistet der Übergang zur neuen Dimension, Theologie von „außerhalb", eben von der tieferen Dimension, der Phänomenologie her zu klären, zu begründen, und dies gerade durch Wendung zu ihrem eigensten Inhalt: im „Sehen" des Christlichen.

3. Kapitel: Sehen

3.1 Fokussierung

Das Christliche zu sehen bedeutet, es in seiner Eigengestalt, seiner Eigendymanik, ja seinem eigenen Sich-Entfalten einzusehen, zu verstehen. Darin erscheint die „Philosophie" des Christlichen, die ihm eigene Rede vom Wirklichen, der ihm eigene Sinn. Das Christliche so zu sehen, in seinem Eigenen, ja in der ihm eigenen Helle und Klarheit, die der Sache selbst innewohnt, läßt es als solches in Erscheinung treten, läßt es erscheinen, erweist es als Phänomen. Im Sehen des Christlichen erscheint es selbst, in seinem Erscheinen wird es sehbar; beides ist dasselbe.

Das Christliche kann nur gesehen werden, wenn es in seinem eigenen Sich-Sehen, seinem Erscheinen eingesehen wird, wenn es aufgeht im Sehen und als Sehen. Das ist die Helle von Phänomenen. Es gilt, das Christliche in seinem Erscheinen, seinem Aufgehen, ja seiner Genese zu sehen, um mit dem Sehen Ernst zu machen. Was so aufgeht, eben als Phänomen aufgeht, geht als Ganzes auf, ist in diesem Aufgehen so sinn-mächtig, daß es als ein Totalentwurf von Wirklichem erscheint. Was so aufgeht, geht als Welt auf.[217]

Im wirklichen Sehen des Christlichen in dessen Eigengestalt und damit Eigengenese erscheint es als Welt. Natürlich gehören zu „dem Christlichen" viele Epochen, die je eine eigene Welt sind; aber es gibt dann doch etwas, das bei jeder Epoche wieder aufgeht, nichts „Bleibendes", aber etwas fundamental Wiederkehrendes. Dies meint ja eigentlich das Wort „das Christliche".

Wie kann eine solche ganze Welt in ihrer Genese gesehen werden? Die Unzahl der einzelnen Momente muß verwirren.

---

217 Nach Rombach ist es so, daß Welten als solche gerade nur in ihrem Aufgang erlebt werden, dort wo die neue Welt „dämmert". Vgl. dazu, Rombach: Der kommende Gott, 52.

Von der Hochinterpretation war zu lernen, daß Welten in ihrem Sinn zu erschließen sind durch das „Sehen" sogenannter starker, d.h. hier sinntragender Momente, Einzelheiten, Formen, Bilder der jeweiligen Welt. So kann es hier nicht darum gehen, den ganzen Reichtum der Welt des Christlichen in seinen verschiedenen Epochen zu verstehen. Es gilt aber, das Christliche als Welt zu sehen, in seiner Kraft der Entstehung, seiner Genese. Den „innersten Punkt" der Genese eines Phänomens einzusehen, läßt das Phänomen als solches verstehbar werden in seinem ihm eigenen Aufgehen, Erscheinen, damit auch in seinem ihm eigenen Sehen, der eigenen Helle. Das erst heißt „Sehen".

Dieser „innerste Punkt" ist natürlich schwer zu fassen. Als Punkt des Aufgehens einer Sache entzieht er sich jedem Zugriff, weil die Sache selbst und damit auch die Weise des ihr angemessenen, sie verstehenden Zugriffs sich allererst aus ihm erheben. „Punkt" ist hier Hilfs-Begriff für dieses Geschehen.

Aber es gibt Bilder, die diesen „Punkt" anzeigen, die ihn gleichsam umstehen und in einer daraus aufgehenden Welt in Erinnerung rufen wollen. Solche Bilder am genetischen Ursprung einer Welt versprechen „starke Formen" zu sein, die viel von dem Sinn der jeweiligen Welt präsentieren.

Auch in der Welt des Christlichen gibt es solche Bilder. Von der Geschichte des Christlichen her - und das ist so besehen der Gang der Entfaltung des Phänomens des Christlichen - gibt es da ein Aufgangsgeschehen, einen Punkt, der als Schlag aufging, alles Vorherige in ein neues Licht stellte, als Totalinterpretation alles Wirklichen erschien und sich selbst ins Unfassbare entzog. Die Bilder, die diesen Punkt erinnernd umstehen, fasse ich in dem Wort „Ostererfahrungen" oder, als Einheit betrachtet, „Ostererfahrung" zusammen.

Ostererfahrung umkreist ein Geschehen, das, wo es sehbar wird, die genetische Kraft, das Aufgehen, das Erscheinen des Christlichen und damit dessen Sinn verspricht sehr deutlich zu zeigen. Kein anderes Moment der Welt des Christlichen hat so ein schlagartiges Aufgehen, so eine grundlegende Umdeutung von allem Vorherigen, ja von allem Wirklichen überhaupt, entläßt aus sich so machtvoll die Entstehung einer Welt in all ihren Auslegungen, und entzieht sich selbst dann noch dem Zugriff.

Im Sinne der Hochinterpretation soll „Ostererfahrung" als Bild, als starke Form gesehen werden, um darin die Intention der zugehörigen Welt, des Christlichen nämlich, in ihrem Erscheinen zu verstehen.

„Ostererfahrung" ist bewußt ein offener Begriff, um nicht im voraus durch eine Einordnung der phänomenologischen Erhellung vorzugreifen und dadurch das Phänomen zu beschneiden, zu verkürzen und so den Blick für das Ganze zu verlieren. Ostererfahrung redet von Erfahrung, von jener Erfahrung, die als Inhalt das hat, was dann aus dieser Erfahrung heraus mit Ostern bezeichnet wurde. Ostern ist dabei ein „unbiblischer Begriff" in dem Sinne, daß er nicht in den Schriften des Neuen Testamentes auftaucht, sondern erst später aufkam. Ich habe ihn bewußt gewählt, um das Gesamt dessen zu bezeichnen, was in eben dieser Erfahrung erfahren wurde. Ich habe mich dabei nicht auf einen biblischen Begriff gestützt wie etwa „Erscheinung des Auferstandenen", „Auferweckung von den Toten", weil das schon inhaltlich geprägt ist und damit je einen Aspekt des gesamten Erfahrungsraumes zeigt, der andere vernachlässigt. Zuletzt nun ist der benutzte Begriff auch nur ein Vehikel, um die Erfahrung irgendwie nennen zu können. Es geht nicht um eine Analyse dieses Begriffes.

„Erfahrung" meint hier zunächst einmal nur, daß das Geschehen, um das es hier geht, irgendwie erfahren wurde. So ist es auch das Anliegen, nicht bei den Texten stehen zu bleiben, in denen sich Ostererfahrung niedergeschlagen hat in reflektierender oder bekennender Weise. Der Weg führt zu den Texten, aber auch hinter sie, durch sie hindurch. Ich spreche nicht von Ostern, nicht von Auferstehung, sondern zunächst von der Erfahrung, die alle diese Begriffe erst hervorbrachte. Es heißt Ostererfahrung, nicht um zu sagen, daß da Menschen Ostern erfuhren. Dies setzte ja in gewisser Weise schon voraus, zu wissen, was Ostern denn sei. Es heißt Ostererfahrung, weil es jene Erfahrung ist, die den Gedanken „Ostern" überhaupt erst möglich machte. Ostererfahrung: Jene Erfahrung, die zu „Ostern" als etwas Denkbarem, Sagbarem, Verkündbarem allererst hinführte. Wie das geht, müßte diese Erfahrung selbst zeigen. Erfahrung, die das zeigen kann, die den Aufgang von sich selbst, eben den erfahrenen Aufgang des Phänomens Ostern zeigen kann, die gleichsam das Erscheinen von Ostern zeigen kann, ja die darin auch die Kraft von Ostern zeigt, daß es Aufgangspunkt einer Welt, der Welt des Christlichen ist, eine solche Erfahrung erweist sich als hell, eben als Zeigende. Sie zeigt die innere Intention, den Drang des Aufgangs, ja den Sinn des Christlichen. Sie zeigt dies nicht in einer endgültigen Kurzformel, sondern gerade vom anderen Ende des Weges her, vom Anfang her: Sie zeigt den Sinn, die Motivation des Christlichen, als Welt aufzugehen (als Phänomen zu erscheinen) im Punkt der Entstehung, „in statu nascendi", im genetischen Ursprung. So präsentiert sie den Sinn des Christlichen, der im Aufgang begriffenen Welt des Christlichen. Daher ist sie Bild, „starke Form", die das Ganze unausgelegt, eben als Geburt, zeigen kann.

3.2 Phänomenologische Erhellung von „Ostererfahrung"

3.2.1 Oster-Erfahrung

Sehen wir uns an, was es mit der Erfahrung auf sich hat als ersten Zugang zum Phänomen. Erfahrung redet vom Durch-fahren einer Sache. Der Inhalt, die Bedeutung einer Sache ist nicht einfach so zu haben, sondern muß er-fahren werden. So erst wird die weisende, die weiterführende, die weiter-fahrende Kraft der einzelnen Momente einer Sache, eines Phänomens, wird die Be-deutung des inneren Zusammenhangs klar, weil nachvoll-ziehbar. Erfahrung ist eine Weise von Weg. Weg ist der Erkenntnismodus von Erfahrung. Erfahrung ist: Nach-gehen dem Netz von inneren Zusammenhängen und Verbindungen. Nur im Nach-fahren, im Er-fahren, nur auf dem Weg ist das Phänomen einzusehen, zu verstehen, zu haben, gibt es sich selbst in der Weise des Weges, den es eben zu er-fahren gilt. Wer erfährt, versteht die Sache; wer nicht erfährt, versteht sie nicht. Das ist die Strenge jeder Erfahrung. Die Erfahrenden stehen im Phänomen, sehen dessen inneren Zusammenhang, seine Gesetzmäßigkeit, seinen Aufbau. Die, die die Erfahrung nicht machen, sehen das alles nicht, sie stehen draußen vor dem Phänomen. Erfahrung bringt ein Innen und ein Außen hervor. Wo Phänomene erfahren werden müssen, um gesehen zu werden, da konstituieren sie ein Innen und ein Außen. Dies gilt auch für Ostererfahrung, sofern sie eben Erfahrung ist.

Nun kann sich im Er-fahren des inneren Zusammenhangs eines Phänomens dessen Sinn zeigen. Dies bringt Er-fahrung in dem von uns hier gemeinten Sinn allererst zu ihrem Ziel. Es kann sich die Helle des Phänomens selbst zeigen, dessen, so können wir mit dem Blick von Rombachs Phänomenologie her sagen, eigene Philosophie, dessen eigene Phänomenologie. Das Phänomen redet selbst von sich, macht von sich reden, bringt sich zur Erscheinung, zeigt seinen Sinn. Die Erfahrenden er-fahren diesen Sinn, die Phänomenologie des Erfahrenen. Sie können diese ins Wort bringen. Es gibt so aus der Erfahrung heraus eine Rede von der Erfahrung, die die „-logie" des Phänomens, dessen eigene Phänomeno-logie, zu sagen versucht. Eine solche Rede von der Erfahrung kann diese natürlich nicht voll wiedergeben, geschweige denn ersetzen. Aber sie kann Kunde geben von der Erfahrung, von dem inneren Sinn des Phänomens. Sie ist Verkündigung, ist vermittelnde Rede, die aus der Erfahrung, aus dem Innenraum der Erfahrung heraus ins Wort zu bringen versucht, was erfahren wurde, was der Sinn des Phänomens, was dessen Phänomenologie ist. Solche Rede vermittelt an der Grenze der Erfahrung, an der Grenze des Phänomens über die Trennung von Innen und Außen desselben hinweg. Sie versucht die, die draußen stehen, an die Grenze zum Innen zu führen, ihnen etwas von dem Innen zu zeigen, sie auf die Spur, den Weg der Er-fahrung zu bringen, ins Innen zu geleiten. Solche Rede kann sich niederschlagen in konkreten Texten, die mündlich oder schriftlich gesagt werden.

Dies gilt für das Phänomen Ostererfahrung. Diese Erfahrung schlug sich in Texten nieder. Es gab eine Rede von dem Sinn dessen, was da erfahren wurde. Dies war eine vermittelnde Rede zu denen hin, die draußen standen, die die Erfahrung nicht oder eben noch nicht gemacht hatten. Verkündigung. Diese Rede aus dem Innen des Phänomens heraus war zunächst Botschaft dessen, was die Erfahrenden erfahren hatten. Sie war später dann Bekenntnis, daß dieser Erfahrung Vertrauen geschenkt wurde. Daraus wurde dann deutende und verstehende Rede, eben Theologie im Sinne der biblischen Texte. Solche Texte sind trotz allem, was sie vom Innen des Phänomens Ostererfahrung zeigen, aber selbst nur an der Grenze von Innen und Außen angesiedelt. Sie erwachsen zwar aus der Erfahrung des Innen des Phänomens, aber sie sind als Text (und erst recht in der Reflexion) auch schon Deutung. Sie können die Ostererfahrung öffnen, zugänglich machen, an andere vermitteln, die sie über die Grenze führen. Vertreten können sie die Erfahrung aber nicht! Dennoch, an diesen Texten führt kein Weg vorbei. Sie sind so gesehen der einzige Zugang auch für uns heute, den Innenraum der Ostererfahrung zu betreten. Sie geleiten uns, so ist zu erwarten, in das Innen, ja auf dem Weg der Er-fahrung, wo das Phänomen Ostererfahrung sich dann selbst in seiner ihm eigenen Helle aus den Texten heraus zeigen muß. Es geht darum, dieses Phänomen möglichst wie Erfahrende zu durchwandern, den inneren Zusammenhang zu verstehen. Von diesem Innen der Ostererfahrung aus können wir dann auch vielleicht einsehen, warum Menschen, die diese Erfahrung zuerst und geschichtlich ursprünglich machten, eben solche Texte schrieben. Wir könnten von innen her den Konstitutionsprozeß der Texte verstehen, nachzeichnen. Dies würde zeigen, daß wir, ganz im Sinne von Rombachs Strukturphänomenologie, die ja nicht bei Texten stehen bleiben will, hinter die Texte zurückgreifen, ohne die uns in das Phänomen führenden Texte zu vernachlässigen.

Ich möchte bei der Auswahl der Texte so vorgehen, daß ich einen Text, einen Bekenntnissatz, in dem aus meiner Sicht die verschiedenen Aspekte der Ostererfahrung komprimiert zusammengefaßt sind, in den Mittelpunkt stelle, mich an ihm entlangbewege. Andere Texte, in denen sich Ostererfahrung niedergeschlagen hat, werde ich dann an gegebener Stelle einführen. Ich habe als zentralen Text den Bekenntnissatz 1 Kor 15,3b-5 ausgewählt. Ich zitiere: „ὅτι Χριστὸς ἀπέθανεν ὑπὲρ τῶν ἁμαρτιῶν ἡμῶν κατὰ τὰς γραφὰς καὶ ὅτι ἐτάφη καὶ ὅτι ἐγήγερται τῇ ἡμέρᾳ τῇ τρίτῃ κατὰ τὰς γραφὰς καὶ ὅτι ὤφθη...(mit Dativ)". Ich übersetze: „...daß Christus gestorben ist für unsere Sünden gemäß den Schriften und daß er begraben worden ist und daß er auferweckt worden ist am dritten Tag gemäß den Schriften und daß er erschienen ist..."[218].

In diesem Text verdichtet sich Erfahrung derer, die Ostererfahrung machten, dann auch jener, die dieser Erfahrung Vertrauen schenkten und über sie begannen zu reflektieren, sie theologisch einzuordnen. Schon in diesem Text liegen verschiedene Schichten des Erfahrens, des Glaubens, des Deutens. Aber in diesem Text zeigt sich exemplarisch eben auch ein Ausdruck, eine Rede von jener

---

218 Es geht hier nicht um eine exegetische Auseinandersetzung zu 1 Kor 15, 3b-5, so daß literarkritische, form- und traditionsgeschichtliche Analysen hier nicht wiederholt werden sollen. Ich beziehe mich aber auf die entsprechende Literatur als Hintergrund meines phänomenologischen Arbeitens. Verwiesen sei auf die umfangreiche historische, literarische, sprachliche und traditionsgeschichtliche Studie zu dieser Textstelle bei Karl Lehmann in der Schrift: Auferweckt am dritten Tag nach der Schrift, die Seiten 17-77 und 87-157.
Bezüglich der Abgrenzung des Textes herrscht Uneinigkeit; vgl. Wolff: Der erste Brief des Paulus an die Korinther, 153. Wohl aber gibt es die Annäherung an die Verse 3b-5 als vorpaulinische Tradition. Ebd.,153; siehe auch Klauck: 1. Korintherbrief, 108; ferner Sellin: Der Streit um die Auferstehung der Toten, 237 f.
Das hohe Alter des Textes gilt als allgemein anerkannt; meist werden Antiochien oder Jerusalem als Entstehungsorte genannt. Vgl. Wolff: Der erste Brief des Paulus an die Korinther, 156. So auch Hans-Josef Klauck, der den Text als Ergebnis eines vielschichtigen traditionsgeschichtlichen Prozesses ansieht, der aufgrund des wohl hohen Alters dieses Textes mit großer Dynamik vor sich gegangen sein muß. Der Text sei entstehungsmäßig bis Antiochien (belegbar durch Apg 13, 29-31), eventuell sogar über den Stephanuskreis (dazu Apg 11, 19 f) bis Jerusalem zurückzuverfolgen. Klauck: 1. Korintherbrief, 108.
In seiner Studie „Christologische Formeln und Lieder des Urchristentums" bestimmt Klaus Wengst fest geprägte Formeln als die Zusammenfassung bestimmter theologischer Motive, unabhängig davon, welchen Sitz im Leben diese Formeln dann noch haben. Ebd., 33. Auch Hans-Josef Klauck sieht 1 Kor 15, 3b-5 als vorgegebenen Credo-Satz in viergliedriger Fassung. Klauck: 1. Korintherbrief, 108.
Der Text steht im Zusammenhang einer umfangreichen Auseinandersetzung des Paulus mit den Korinthern um die Auferstehung der Toten. Gerhard Sellin geht in seiner Schrift „Der Streit um die Auferstehung der Toten" näher darauf ein. Auf diese Arbeit sei hier zu dem genannten Thema verwiesen. An dieser Stelle sei nur kurz folgendes angemerkt: Sellin sieht als Schlüsselstelle für die Auseinandersetzung den Widerspruch der Korinther, der in 1 Kor 15,12 zitiert wird: „...wie sagen unter euch einige, daß Auferstehung der Toten nicht ist?" Als Anlaß dafür steht nach Sellin das im „Vorbrief" in 1 Kor 6,14 angeführte Argument der Analogie von Kerygma und Totenauferstehung. Das führte zu Mißverständnissen. Paulus sichert sich hier in 1 Kor 15 besser ab. Ebd., 230 f. Die korinthischen Auferstehungsleugner sieht Sellin als „...Pneumatiker alexandrinisch-jüdischer Provinienz. Nicht eine Gnosis (...), sondern hellenistisch-jüdische Weisheitstheologie ist der Ursprungsort der korinthischen Theologie und Religiosität." Pate steht dafür eine „dualistische weisheitliche Anthropologie". Ebd., 209.

Erfahrung, die hier Ostererfahrung genannt wird. So ist der Text für uns jetzt die Schwelle, die Schwelle des Eintritts in die Ostererfahrung. Er soll über die Grenze führen, vom Außen ins Innen. Von den Erfahrenden selbst her kommt diese Führung über die Grenze, denn sie schrieben ihre Erfahrung im Innen des Phänomens in genau solchen Texten fest, um Kunde zu geben von dieser Erfahrung, um eben auch andere über die Grenze vom Außen zum Innen zu führen. Der Text ist dazu eine Brücke.

Ich möchte den Text noch etwas konzentrieren. Nicht der ganze Text soll als Brücke, als Leitfaden der Reise ins Innen des Phänomens dienen, sondern nur seine gedankliche Mitte, jene Teile, in denen sich die Erfahrung, die hier Ostererfahrung genannt wird, wohl am deutlichsten und unveräußerlich niedergeschlagen hat. Das ist keine literarkritische Trennung, sondern nur der Versuch, vom Gedanken des Textes her die eben gedankliche und nicht unbedingt die historische Grundstruktur des Textes herauszuarbeiten.

„...daß Christus gestorben ist..." - darin wird die erste, die grundlegende Erfahrung gesagt.[219] Sie ist der Anknüpfungspunkt, wo Ostererfahrung sich mit der Erfahrung anderer verbindet. Das haben Menschen öffentlich in der Nähe der Stadt Jerusalem erlebt.

„...für unsere Sünden..." - das ist eine erste Deutung des Geschehens.[220] Es ist

---

219 „... ὅτι Χριστὸς ἀπέθανεν... " - Χριστός steht hier ohne Artikel. Das hat manch eine Diskussion und Vermutung ausgelöst. Friedrich Lang kommentiert dazu, daß von Judenchristen wie Paulus wohl der Titel „Messias" noch mitgehört wurde. Die Hoheitsbezeichnung „Christus" sei besonders gebräuchlich in Glaubensformeln, die Leiden und Sterben Jesu bezeugen, so z.B. Röm 5,6.8; 14,9.15; 1 Kor 5,7; 8,11. Lang: Die Briefe an die Korinther, 210 f. Jacob Kremer meint, daß allein aufgrund des fehlenden Artikels an dieser Stelle nicht zu entscheiden sei, ob es sich bei Χριστός um Titel oder Eigenname handelt. Er sieht aber auch dann, wenn es hier ein Eigenname sein sollte, für Paulus den Bezug zu erfüllter Messiaserwartung, besonders deutlich durch den Schriftbezug „gemäß den Schriften". Kremer: Das älteste Zeugnis von der Auferstehung Christi, 32.

220 Zur Gestalt des Textes: Vier Verben strukturieren den Text, die jeweils in zwei Gruppen zerfallen: ἀπέθανεν – ἐτάφη; ἐγήγερται – ὤφθη. Dazwischen steht beide Male der Bezug auf die Schriften „κατὰ τὰς γραφάς„ bei den beiden Hauptaussagen. ἐτάφη und ὤφθη fungieren als Bestätigungen der Hauptaussagen. Vgl. dazu Sellin: Der Streit um die Auferstehung der Toten, 237 f. Die Sterbeaussage ist durch die soteriologische Deutung

nicht unmittelbar erfahrbar, daß das so ist, daß der Tod Jesu diese Auswirkung, diese Bedeutung hat. Es ist der Versuch der Einordnung. Ich möchte diesen Satz deshalb von der Grundstruktur des Textes ausschließen, weil er nicht unmittelbare Erfahrung sagt, sondern erste Deutung derselben ist.

„...gemäß den Schriften..." - diese Formulierung erscheint zweimal im Text, bezogen auf das Sterben und auf das Auferwecktwerden Jesu. Es ist ein Bezug zu den Schriften der Jahwereligion, konkret des damaligen Judentums.[221] Auch hier geht es um einen Deuteversuch, eine Einordnung des Geschehens in einen größeren theologischen Zusammenhang. Es wird nicht unmittelbar erfahren. Ich lasse diese Formulierungen aus der gedanklichen Grundgestalt des Textes heraus.

„...und daß er begraben worden ist..." - dies ist wieder eine konkret erfahrbare Sache. Einige haben es wohl miterlebt oder selbst vollzogen. Dieser Satz dient hier der Bestätigung des wirklichen Todes Jesu.[222] Es ist der „Stempel" unter diesem „...daß Christus gestorben ist...". Ich sehe die Funktion darin erfüllt und lasse auch diesen Satz weg.

„...und daß er auferweckt worden ist..." - das ist der Kerngedanke des Textes, auch und gerade für Paulus, der die Verse hier in das 15. Kapitel des ersten Korintherbriefes schreibt, wo es ja um die Frage der Auferweckung geht.[223] Es ist

---

erweitert. Die zweite Erweiterung, der Bezug auf die Schriften, läßt ebenfalls an theologische Deutung denken und ist der ersten parallel, so Gerhard Sellin. Ebd., 238. Er nimmt Bezug auf Karl Lehmann, der „κατὰ τὰς γραφάς" als streng theologische und keinesfalls geschichtliche Bestimmung herausarbeitet. Somit ist der Parallelismus durchgehend. Ebd., 239.

221 Für Kremer zeigt dieser Schriftbezug den Erfüllungscharakter an, der dem Geschehen von Sterben, Tod und Auferwecktwerden Jesu bezogen auf die alttestamentlichen Verheißungen zumal im Kontext des im „Χριστός" mitzuhörenden Messiastitels zukommt. Kremer: Das älteste Zeugnis von der Auferstehung Christi, 32.

222 Hans-Josef Klauck kommentiert dazu, daß die Erwähnung des Begrabenwerdens das Sterben unterstreiche, wobei die synoptischen Perikopen vom leeren Grab nicht impliziert seien. Klauck: 1. Korintherbrief, 109.

223 „... ὅτι ἐγήγερται..." - ἐγείρω wurde außerbiblisch verstanden als „vom Schlaf aufwecken", so z.B. den Gott im Kult. Weiter steht es für „anfeuern, erregen, sich erheben, aufstehen" und intransitiv: „vom Tode auferstehen". Es sind stets Bedeutungen, die mit Lebendigkeit, ja Kraft zu tun haben und eine Aufwärtsbewegung bildlich beschreiben. Biblisch geht es um: „in der Geschichte aufstehen lassen, erstehen lassen", „hilfreich aufrichten,

zunächst schwer einzusehen, wie eben dies, „...daß er auferweckt worden ist..."
erfahrbar war. Dennoch muß dahinter eine Erfahrung von großer Macht stehen,
weil eben diese Einsicht, „...daß er auferweckt worden ist...", alles andere aus sich
entläßt und begründet, wiewohl sie selbst nicht herleitbar ist aus dem Tod eines
Mannes am Kreuz, der begraben wurde.

„...am dritten Tag..." - dies wirkt zunächst wie eine Zeitangabe. Dahinter steht
wohl eine Tradition jüdischen Denkens, nach der Gottes rettendes Handeln durch
die Formulierung „am dritten Tag" ausgesagt werden soll.[224] So ist dies ein
Deuteversuch, eine theologische Reflexion zu dem Erfahrenen, nicht unmittelbare
Erfahrung. Wenn es zudem auch dies noch wäre, dann wäre es für unseren Zugang
zu dem Text inbehalten in „...und daß er auferweckt worden ist...".

„...und daß er erschienen ist..."[225] - dies ist ähnlich wie „...und daß er begraben

---

emporheben, gesund aufstehen"; „Tote auferwecken", passiv: „erweckt werden, auferstehen". Einzelne Totenauferweckungen in Verbindung mit der Person Jesu werden mit ἐγείρω beschrieben. In der Auferweckung Jesu erhält das Wort kerygmatische Bedeutung in Vorhersagen Jesu, Ostererzählungen und apostolischer Verkündigung. ἐγείρω wird vor ἀνιστάναι bevorzugt, um das Handeln Gottes herauszustellen. Soweit dazu im Artikel „ἐγείρω". In: Kittel: ThWNT, Bd 2, 332-337.

Lang sieht im Passiv ἐγήγερται das Handeln Gottes ausgesagt. Er weist auf die Bedeutung des Perfekt hin, das einen präsentischen Sinn wiedergibt: „Die einmalige Auferweckung Jesu bestimmt ständig das Leben der Glaubenden." Lang: Die Briefe an die Korinther, 211.

224 Dazu sei auf die Arbeit von Karl Lehmann verwiesen: Auferweckt am dritten Tag nach der Schrift. Auf den Seiten 159-191 legt er innerneutestamentliche Deutungen von „am dritten Tag" dar, ebenso auf den Seiten 231 ff mit Bezug auf Lk 13,31-33.
Den Verweis auf Hos 6,2 sieht er als nicht unproblematisch, allerdings auch nicht ganz von der Hand zu weisen. Vgl. ebd., 221-230. Er kommt zu dem Schluß, daß eine Reihe von Exegeten, u.a. U. Wilckens, H. Conzelmann, J. Wijngaards (wieder) für den Bezug auf Hos 6,2 eintreten, nicht unbedingt, weil sich die Argumente verstärkt haben, sondern eher aus Mangel an anderen Bezugsmöglichkeiten. Ebd., 228 f. Lehmann wendet sich im folgenden dem inneralttestamentlichen und zwischentestamentlichen Targum/Midrasch zu. Daraus erschließt sich ihm „am dritten Tag" mit bedeutungsvollem Sinn selbst in den vergangenen Ereignissen auf die Gegenwart hin angelegt. So hat diese Formulierung prophetischen Charakter: „...daß Israels eigene Heilserwartung auf Grund seiner geschichtlichen Erfahrungen 'am dritten Tag' nach vorne und in die Zukunft hinein in eine erneute gnädige Zuwendung Gottes glauben darf und kann." Ebd., 287. Lehmann kommt zu dem Schluß, daß „am dritten Tag" streng theologische Aussage ist, die sich auf die Tat Gottes selbst bezieht. Dies sei Konsens aller neutestatmentlichen Schriften. Ebd., 337.

225 Zum Begriff ὁράω im Kontext der Erscheinungen des Auferstandenen: Einzelne Erscheinungen sind nach Ort und Zeit voneinander getrennt, wobei es kein Erscheinen an zwei verschiedenen Orten zugleich gibt. In Apg 9,3 wird berichtet, wie Paulus das Erscheinen vom Himmel her erlebt. Dieses baut aber nicht auf der Himmelfahrt, sondern

worden ist..." eine Bestätigung der vorangegangenen Aussage, hier der Aussage, „...daß er auferweckt worden ist...". Als solche wäre es weglaßbar aus der Grundstruktur. Nur ist es so, daß der Satz „...und daß er erschienen ist..." der einzige Zugang zu jener Erfahrung ist, die dann die Aussage möglich macht „...und daß er auferweckt worden ist...". Wir brauchen deshalb diese letzte Formulierung für die Grundstruktur des Textes. Diese sieht dann so aus:

„ ...daß Christus gestorben ist (...)

und daß er auferweckt worden ist (...)

und daß er erschienen ist..."

Im Urtext:

„...ὅτι χριστὸς ἀπέθανεν (...)

καὶ ὅτι ἐγήγερται (...)

καὶ ὅτι ὤφθη... (mit Dativ)"

Wenn wir jetzt anhand des Textes das Phänomen Ostererfahrung erschließen wollen, so werden wir uns zunächst an der Grenze von Innen und Außen aufhalten und erst langsam in das Innere des Phänomens eindringen. Dabei ist das schrittweise Vorgehen eine Hilfe, um nicht alles auf einmal verstehen zu müssen. Sprache, wie sie hier verwendet wird, ist nun mal diskursiv. Die Inhalte, die sich in den verschiedenen Schritten erschließen, sind einzelne Phänomenzüge. Sie erscheinen dann auch zusammengedrängt als Überschriften der folgenden

---

auf der Auferstehung auf; Himmelfahrt bedeutet keine weitere Änderung der Existenzweise des Auferstandenen. Erscheinungen finden nicht in Traum, in Schlaf oder bei Nacht statt; sie sind keine δράματα, sondern gehören der Wirklichkeit an, die mit den Sinnen wahrgenommen werden kann.

Zu ὤφθη selbst: Es nimmt Bezug auf die Angelophanien (z.B. Lk 1,11). Bereits in der LXX hat es große Bedeutung. Dort steht es für die Offenbarungsgegenwart als solche ohne Hinweis auf die Art der Wahrnehmung. Es bezeichnet die Gegenwart des sich in seinem Wort offenbarenden Gottes. Dementsprechend wird durch ὤφθη auch bei dem Sehen des Auferstandenen nicht in erster Linie die sinnliche oder geistige Wahrnehmung betont.

Der übergreifende Gedanke besteht darin, daß die Erscheinungen Offenbarungsgeschehen sind, in denen der sich offenbarende Auferstandene begegnet. Das Gewicht liegt auf dem intransitiven Passiv: Der Sich-Zeigende handelt von sich her. Soweit dazu der Artikel „ὁράω". In: Kittel: ThWNT, Bd. 5, 355-362.

Abschnitte. Es bleibt zu erinnern, daß das Phänomen selbst, die Ostererfahrung, natürlich ein Ganzes ist, in dem alle Phänomenzüge zugleich da sind, sich zwar gegenseitig beeinflussen, miteinander in Zusammenhang stehen, nicht aber kausal auseinander deduzierbar sind.

Wir wollen nun an die Grenze des Phänomens herangehen, an die Grenze von Innen und Außen.

3.2.2 Innen und Außen

Jede Erfahrung hat ein Innen. Innen bedeutet, zu erfahren. Die Erfahrenden sind Innen, eben in der Erfahrung. Außen sind jene, die nicht erfahren, die anderen alle. Eine Erfahrung - so verstanden - ist abgeschlossen. Wem sie sich mitteilt, der/die ist innen. Die anderen sind außen. Erfahrung konstituiert Innen und Außen, eben weil sie Erfahrung ist und nicht mitteilbar außer durch Erfahrung selbst.

Auch Ostererfahrung konstituiert Innen und Außen, insofern sie Erfahrung ist. Innen, da sind jene, die die Ostererfahrung machten, die Erfahrenden. Außen, da sind all die anderen. Zwischen dem Innen und Außen verläuft die Grenze, die Ostererfahrung als Phänomen abschließt, als ein Ganzes deutlich macht, ein in sich geschlossenes Ganzes, das eben nicht in Teilen zu haben ist. An dieser Grenze steht der Text als Brücke, als Vermittler zwischen Innen und Außen. In ihm schlägt sich verdichtet die Erfahrung des Innen nieder. In ihm ergeht die Einladung, über die Grenze zu treten und - von ihm geleitet - selbst den Erfahrungsraum zu betreten. Er ist der einzige Weg über die Grenze, die Einladung ins Innen.

Sehen wir unseren Text an, ich meine jene Grundstruktur von 1 Kor 15, 3b-5, die wir oben herausgearbeitet haben:[226]

---

[226] Dieser Text wird durch das Kapitel hindurch viele Male wiederholt, wie auch überhaupt speziell dieses Kapitel von sprachlichen Wiederholungen lebt. Ich möchte damit dem bildhaften Sehen, dem sehenden Betrachten Ausdruck verleihen, das hier ja wesentlich die Methode prägt. In dem wiederholten Ansehen kann sich der Blick in die Tiefe und

„... ὅτι χριστὸς ἀπέθανεν (...)
καὶ ὅτι ἐγήγερται (...)
καὶ ὅτι ὤφθη ...(mit Dativ)"

Der Text benennt selbst diese Grenze von Innen und Außen: „καὶ ὅτι ὤφθη...(mit Dativ)". „ὤφθη" ist die Weise, wie jene, denen die Ostererfahrung zuteil wurde, Zugang erhielten zu einem Erfahren, in dem sich dann sagen ließ: „καὶ ὅτι ἐγήγερται". In diesem „ὤφθη ...(mit Dativ)" liegt zum einen, daß dies eine eigene Weise von Erfahrung ist, die nicht alltäglich ist. Ostererfahrung wird nicht zugänglich durch irgendeine gängige Erfahrensweise, die deshalb auch nicht näher genannt sein muß. Nein, die Weise des Zugangs wird genannt. Sie ist auf jeden Fall eine Erfahrensweise, die sich von anderen unterscheiden will, die nicht von anderen her gedeutet, sondern in ihrer Eigenheit wahrgenommen werden will. Zum anderen bedeutet „ὤφθη...(mit Dativ)" eine Auswahl von bestimmten Menschen. Es sind nicht alle, denen diese Erfahrung zuteil wurde. Sie ist nicht allgemein zugänglich. Es liegt darin eine Begrenzung. Es gibt folglich die Erfahrenden und die Nicht-Erfahrenden, also solche, denen er erschienen ist und solche, denen er nicht erschienen ist. Das ist die Grenze. Die einen machten die Erfahrung: Innen. Die anderen machten sie nicht: Außen.

Sehen wir einmal auf den ganzen Text. Daß da einer gestorben ist, das ist mitzuerleben. Es ist im normalen Erfahrensraum von Menschen zugänglich. Es bedarf in unserem Text ja auch nur der Bestätigung, daß er begraben wurde. Das ergibt sich eigentlich ganz natürlich daraus. Daß aber einer auferweckt wurde, ist etwas anderes. Dazu gibt es im Text die Bestätigung durch „ὤφθη". Daß einer auferweckt wurde, das bedarf einer eigenen Erfahrung, dies einzusehen. Der „Inhalt", der da in dem „ὤφθη" überkommt, daß nämlich der „χριστός" als der erscheint („ὤφθη"), der auferweckt worden ist („ἐγήγερται"), ist etwas, das sich dem Zugriff entzieht. Es bedarf einer eigenen Erfahrensweise, dies zu verstehen.

Eigentlichkeit des zu Sehenden bewegen. (Es sei dabei an die Koane des Zen erinnert, denkerisch nicht zu erfassende Sätze, die der Meditierende durch stete Wiederholung irgendwann einsieht, sie aufschließt auf tieferer Ebene.)

Es ist nur in einer eigenen Erfahrung er-fahrbar. Auch darin zeigt sich wieder das Innen unseres Phänomens Ostererfahrung. Daß er auferweckt wurde, wird bestätigt von „ὤφθη", der besonderen Weise, dies zu erfahren. Nur darüber wird es vermittelt, und dann auch nur über die, die da im Dativ zu „ὤφθη" stehen, denen er erschienen ist. Daß er auferweckt wurde, verschließt sich so gegen fremde, von außen kommende Zugriffe und Deutungen. Es beansprucht eigenes Recht. Ostererfahrung hat einen Widerstand gegen alle von außen kommenden Zugriffe, hat eine Verschlossenheit. Einen Zugang gibt es nur durch „ὤφθη...(mit Dativ)", durch die besondere Erfahrung eben.

Was sich so verschließt, können wir eine „Welt" nennen. Ostererfahrung zeigt sich als Welt. Sie konstituiert ihre Grenze, ein Innen und ein Außen. Alles in ihr erschließt sich nur von innen her, ist nur verstehbar aus dem ihr eigenen Zusammenhang. Ostererfahrung erhebt Anspruch darauf, in diesem Sinne „Welt" zu sein, weil sie mit ihrem Innen, ihrer so eigenen Erfahrung zugleich ein Außen konstituiert, wo jene sind, die Ostererfahrung nicht machten. So bestimmt Ostererfahrung alles, was ist. Alles fällt unter die Deutung der Ostererfahrung, weil sie ein Innen und damit auch ein Außen konstituiert. Alles, was nicht innen ist, nicht an dieser Erfahrung teilhat, ist dadurch im Außen. Außen baut aber auch das Innen auf: Die Präzisierung, die Gestaltung eines Phänomens geschieht durch die Aus-einandersetzung mit dem, wovon das Phänomen sich wegpräzisiert, dem Außen; die Macht zu erscheinen ist nur durch das Außen möglich, wo das Erscheinen eben nicht ist als Helle, sondern als Verschlossenheit. Außen und Innen konstituieren einander, bilden eine Struktur.

„ὤφθη" ist der Zugang zu dieser Welt, dieser eigenen Erfahrung. „Er ist erschienen", „er wurde gesehen", „er begegnete" (frei übersetzt), „er wurde offenbar", „er wurde sichtbar gemacht", „er hat sich sichtbar gemacht" - wie auch immer es zu übersetzen ist. Grundanliegen dieser Formulierung bleibt doch, daß der Zugang zu der Erfahrung, zu dem Innen, von dem ausgeht, der sich da zeigt, der erscheint. Ein dritter könnte noch Akteur sein, nicht aber jene, denen er sich zeigt, denen er erscheint. Das bedeutet, daß Ostererfahrung sich selbst von innen her aufschließt. Das gehört zu ihrer besonderen Weise von Erfahrung: „ὤφθη...(mit Dativ)". Das ist Selbstoffenbarung von Ostererfahrung; sie zeigt sich von sich selbst her und entzieht sich jedem Versuch, sie von außen her aufzuschließen. Die Grenze des Phänomens, die Grenze zwischen Innen und Außen konstituiert sich aus der Tiefe der Ostererfahrung selbst, von dem her, der sich sehen macht, der erscheint: „καὶ ὅτι ὤφθη..." - „und daß er erschienen ist...". Ostererfahrung bringt sich selbst zur Erscheinung - als Phänomen.

3.2.3 Neues Sehen

Auch der zweite Phänomenzug zeigt sich durch den Blick auf den letzten Satz des Textes, „καὶ ὅτι ὤφθη...(mit Dativ)". „ὤφθη" - er ist erschienen, er ist offenbar geworden, er hat sich offenbar gemacht, er wurde gesehen, er wurde gezeigt. All das sind Facetten des griechischen Wortes an dieser Stelle. Dieses „ὤφθη" ist der Zugang, sagten wir, zu dem Innenraum des Phänomens Ostererfahrung. Es ist der Zugang von der Sache selbst her, denn dieses Erscheinen geschieht nicht aus der Initiative der Erfahrenden, sondern von dem her, der sich zeigt oder von dem her, der ihn zeigt (wenn übersetzt wird mit „er wurde gezeigt"). So ist dies der Zugang, der sich aus der Ostererfahrung selbst anbietet; es ist der einzige Zugang zu dieser Erfahrung, denn Ostererfahrung verschließt sich allem von außen kommenden Zugriff - das war bereits zu sehen.

Wie auch immer „ὤφθη" übersetzt wird - „er ist erschienen, er ist offenbar geworden, er hat sich sehen gemacht" - es geht in all den Aspekten von „ὤφθη" um eine Art zu sehen, um eine eigene und so neue Art zu sehen.[227] Es ist jene Art

---

227 Klauck übersetzt ὤφθη mit „er wurde gesehen", „Gott hat ihn sichtbar gemacht, vorgezeigt" - als theologisches Passiv, „er ist erschienen" - dann fast notwendig mit Dativ-Objekt. Klauck: 1. Korintherbrief, 109.
  Kremer schreibt zu diesem „Sehen", daß es schwer ist, zu verstehen, worum es hier genau geht. Vielleicht ist es eine „einzigartige Art des Sichtbar-Werdens" in der Mitte „zwischen einem visionären Erleben einerseits und einem geläufigen irdischen Erkennen

zu sehen, die sich aus der Ostererfahrung selbst ergibt, indem „er" eben „erscheint". Ostererfahrung bringt eine neue Weise zu sehen hervor als Weg, in das Innen der Erfahrung zu gelangen, den Innenraum des Phänomens zu betreten, dieses einzusehen. Das neue Sehen ist selbst schon ein Teil dieser Erfahrung. Diese eigene Weise zu sehen, wird ja nicht von außen mitgebracht, sondern kommt aus dem Innen des Phänomens selbst auf die Erfahrenden zu, indem „er erschienen ist". Das Sehen, das der Ostererfahrung eigen ist, wird von dem gegeben, der sich hierin mitteilt, von dem, der sich da zeigt im „ὤφθη".[228] Es wird gegeben den Erfahrenden, indem er sich zeigt, sich offenbar macht. Die gesehene „Sache" selbst ergreift also hier die Aktivität - und erscheint. Sehen wird hier allererst konstituiert durch das Phänomen selbst, das es zu sehen gilt: Ostererfahrung. Diese erschließt sich von sich selbst her: Selbstoffenbarung.

Wo sich aus einem Phänomen heraus das Sehen desselben allererst konstituiert, so wie es sich hier zeigt, da gilt dann auch, daß alles andere Sehen, das nicht von dem Phänomen selbst herkommt, von diesem gegeben wird, blind bleibt bezüglich dieses Phänomens. Wo nicht gilt „er ist erschienen", „er hat sich sehen gemacht", da wird eben auch nichts gesehen von dieser Erfahrung, von Ostererfahrung. Ein Sehen von außen bleibt blind, es wird von Ostererfahrung nichts gesehen. „ὤφθη...(mit Dativ)" ist die Hineinnahme in den Innenraum der Erfahrung, um die es hier geht, ist das Sich-Aufschließen des Innen. Darin geschieht der Sprung über jene Grenze, die wir oben als die Grenze zwischen Innen und Außen beschrieben haben. Ohne diese Hineinnahme in das Innen der Ostererfahrung durch „ὤφθη" gibt es kein Einsehen in das Phänomen. Jeder Zugriff von außen ist blind, denn

---

andererseits". So Kremer in: Das älteste Zeugnis von der Auferstehung Christi, 61 f.
228 So wird es auch in der Exegese gesehen, etwa bei Lang, der ὤφθη beschreibt als nicht nur visionär, innerseelisch, sondern als „Widerfahrnis", als „sichtbares In-Erscheinung-Treten" dessen, was sich da zeigt. Lang: Die Briefe an die Korinther, 212. Deutlicher noch ist Kremer: „Daß der Auferstandene von den Zeugen gesehen werden konnte, dazu bedurfte es jedenfalls eines eigenen wunderbaren Handelns Gottes bzw. des Auferstandenen." Kremer sagt mit Bezug auf Thomas v. Aquin, daß der Glaube dem Sehen vorausgehe, wobei dann aber Glaube als „virtus infusa", als „gottgegebene Fähigkeit" bestimmt werden muß. Kremer: Das älteste Zeugnis von der Auferstehung Christi, 62. Im Sehen gibt sich die Fähigkeit zu sehen, das wird hier deutlich; es ist ein andersartiges, neues Sehen.

außen ist da, wo nicht gilt :"ὤφθη...(mit Dativ)".

Sehen, wie es sich aus dem „ὤφθη" ergibt, ist ein Sehen, das kein Betrachten von außen bedeutet. Diese Weise zu sehen richtet sich an die Sehenden; sie werden von diesem neuen Sehen persönlich getroffen: „ὤφθη" wird vom Dativ gefolgt, der die Erfahrenden Personen nennt. Diese werden hineingenommen in den Erfahrungsraum, in das Innen. Ein Betrachten von außen geht nicht, es bleibt blind. Sehen ist hier Einsicht, ist Hineinsehen und Einsehen in das Innen und nur im Innen möglich. Sehen bedeutet hier, hineingenommen zu sein in den Innenraum der Ostererfahrung, die Grenze zwischen Innen und Außen überschritten zu haben durch die Aktivität des Phänomens selbst, das sich eben zeigt, das „erscheint" und so die Betroffenen sehend macht. Sehen ist somit in-stehen im Phänomen, es ist geradezu mitleben. Im Innen der Ostererfahrung zu sein bedeutet, zu sehen, und zu sehen bedeutet, darin zu sein. Sehen im Sinne von „ὤφθη" bestimmt den Ort der Betroffenen - der Sehenden und der Nicht- Sehenden: Innen und Außen. Sehen und „Ort", wo jemand ist, ist hier dasselbe.

Indem Ostererfahrung erfahren wird, ist sie eben Oster-Erfahrung. Indem sie erscheint, sehbar wird, entsteht sie. Das Sehen, um das es hier geht, ist die dem Phänomen eigene Helle, die eigene Klarheit. Indem Ostererfahrung sich mitteilt, sich zeigt, geht sie erst selbst als solche auf, wird sie geschichtsmächtig. Das Sich-Zeigen, Sich-erfahrbar-Machen, ist die Sache selbst: Ostererfahrung. Erscheinen in die eigene Helle hinein ist das Aufgehen der Sache selbst und zugleich des dieser eigenen Sehens. Sehen konstituiert die Sache und die Sache das Sehen. Beides ist ein Geschehen: Das Erscheinen des Phänomens Ostererfahrung.

Noch ein Letztes zu diesem Sehen: „ὤφθη" genügt anscheinend in unserem Text als Beleg für die Rede von der Auferweckung. „Daß er auferweckt worden ist", erschließt sich den Erfahrenden in seinem Erscheinen, in diesem Sehen. Das verweist auf eine hohe Evidenz der Ostererfahrung, daß sie in diesem Sehen klar wurde, aufging, überkam auf die Betroffenen. In der hohen Evidenz liegt dann eine große Stimmigkeit des Phänomens, das in sich schlüssig, klar und hell ist, so daß es im Sehen überkommen kann, wirklich „erscheint". Diese Helle des Phänomens Ostererfahrung erschließt sich auch noch aus folgendem Zusammenhang: Nach dem „ὤφθη" werden von Paulus viele Dative genannt, wem der Auferweckte erschienen ist. Bei allen Unterschieden, die diese Personen haben mögen, scheint es Einigkeit über die Tatsache der Auferweckung gegeben zu haben. So sagt es zumindest unser Text, der diese ja gleichsam als ZeugInnen für das Phänomen aufruft. Die Klarheit und Evidenz von Ostererfahrung erweist hier in der gemeinsamen Einsicht ihre Kraft.

3.2.4 Einbruch

„ὤφθη" - „er ist erschienen" - das ist etwas Unvermitteltes. Erscheinen kommt einfach, ist da, ganz. Es ist nicht abzuleiten, es vermittelt sich nicht, sondern es ist ein Offenbarwerden einer Sache, die die Betroffenen plötzlich mit sich (der Sache) konfrontiert. Erscheinen zeigt sich als Konfrontation der Sehenden mit dem Gesehenen. Das ist Einbruch des Erscheinenden, des Gesehen in die „Blind-Welt" der dann Sehenden. Sehen und zumal ein solches Sehen ist nicht diskursives Erschließen einer Sache, sondern es ist Aufgehen der ganzen Sache in der ihr eigenen Helle, ist Auftreten derselben im Schlag, in schlagartiger Helle, in „schlagender Evidenz".

„ὤφθη" - „er ist erschienen" - das kommt ohne Diskussion und hat eine Nähe zu dem, was Erleuchtung genannt wird, dem schlagartigen Aufgehen von Helle, von Evidenz. Starke Phänomene gehen so auf: im Schlag, als undiskutierbare Evidenz, in erschreckender und erschütternder Klarheit. Darin zeigt sich die Deutlichkeit von Ostererfahrung, in dem schlagartigen Auftreten: Er ist erschienen. Alles, was auf vielen Umwegen erst erschlossen werden muß, ist mehrdeutig. Der ganze „Inhalt" der Ostererfahrung scheint im „ὤφθη" übergekommen zu sein in Einsichtigkeit und Helle, in schlagender Evidenz.[229]

---

229 Die Einsicht in das Ostergeschehen kommt im Erscheinen selbst über, so bezeugen es die

Diese Weise des Aufgehens von Ostererfahrung als Schlag, als Evidenz, die die Betroffenen mit dem Erscheinen ins „Sehen" versetzt, entspricht der Sache selbst, die da in Ostererfahrung erscheint. Daß nämlich einer auferweckt worden ist, ist zunächst alles andere als einsichtig, ist nicht so schnell einzuordnen. Es ist etwas Neues: ein Innen, das vom Außen her unverstehbar ist. Ein Nachzittern eben dieses Phänomenzuges haben wir in den Erzählungen vom leeren Grab, wenn z.B. in Mk 16,8 von Zittern und Außersichsein die Rede ist, und von der Furcht, die zunächst mal schweigen macht.[230] Oder von der „anderen Seite" heißt es dann: „Fürchtet euch nicht!" (Mk 16,6). Die Furcht muß erst genommen werden, durch ein Wort des Engels in diesem Fall. Diese Furcht ist Re-aktion auf den Einbruch von Ostererfahrung. Die Klarheit, daß da einer auferweckt worden ist, ist bestürzend, sie ist in bisheriges Denken nicht einzubauen. Da bricht ein Weltbild zusammen. Ostererfahrung bricht ein in geltende Ordnungen, stellt diese infrage. Sie ist Provokation, die herausruft aus altem zu neuem Denken, zu einer neuen Sicht von Welt und Wirklichkeit, wirkt sie doch zunächst wie das Chaos, das die Ordnung zerstört. Schrecken und Zittern sind die angemessenen Reaktionen darauf. Ostererfahrung ist nicht in alte Kategorien einzuordnen, sie hat eigene Kategorien, was es auf sich hat mit dem Menschen, mit Gott, mit dem Leben und dem Tod.[231] Daß einer auferweckt worden ist, ist eben nicht abzuleiten aus bisheriger Weltsicht, aus gängigem Denken. So muß wohl Ostererfahrung auch in der Wucht und im Schlag des „ὤφθη" mitgeteilt werden.

Texte. Dazu Klaus Wengst: „Diese Zeugen haben den ihnen Erscheinenden so gesehen, daß sie schlossen oder auch schließen mußten:" Den gestorbenen Jesus hat Gott auferweckt; er lebt jetzt als Auferweckter, er hat den Tod überwunden. „Der Glaubenssatz, daß Gott Jesus von den Toten auferweckt hat, ist daher als direkte Folgerung aus den Erscheinungserfahrungen zu verstehen." Wengst: Ostern - Ein wirkliches Gleichnis, eine wahre Geschiche, 40.

230 Joachim Gnilka schreibt zu dieser Stelle, Furcht und Entsetzen beim Anblick des Engels seien die stilgemäße Reaktion für die Begegnung des Menschen mit dem Göttlichen. Gnilka: Das Evangelium nach Markus, Bd. 2, 342.

231 Karl Lehmann leitet die „Provokation", das „Unermeßliche" des Osterereignisses aus seiner Erhellung der Formulierung „am dritten Tag" ab, wenn er schreibt: „'Drei Tage' bedeutet in diesem Zusammenhang die aus aller Aussichtslosigkeit des erfolgten Todes geschehene Rettung, die dadurch eine ganz außerordentliche, unerwartete, übermächtige Heilstat Gottes sein muß." So ist es das „Wunder aller Wunder". Lehmann: Auferweckt am dritten Tag nach der Schrift, 337.

Ostererfahrung kommt im „ὤφθη" - „er ist erschienen" - als Widerfahrnis, als etwas, das ungebeten und unerwartet die Menschen betrifft, die dann im Dativ nach „ὤφθη...(mit Dativ)" genannt werden können. Sie werden aus dem Alltag des Bisherigen aufgerüttelt und mit dieser Erfahrung konfrontiert. Das Leben der Betroffenen scheint danach anders weiterzugehen.[232] Ostererfahrung fährt entgegen dem Gang der Menschen, der Welt; sie ist Widerfahrnis, ist Einbruch.

Starke Phänomene gehen so auf, Phänomene mit großer innerer Helle und Deutlichkeit. Sie erscheinen als neue Sicht vom Wirklichen überhaupt, als neues Licht, als andere Perspektive; ja mit ihrem Erscheinen geht Wirkliches überhaupt ganz neu auf als bisher Ungeahntes.

So dämmert in solchem Aufgehen, solchem Einbruch die Andersheit einer neuen Dimension, in der alles, auch der Unterschied zur alten Dimension, nochmal anders erscheint.

Ostererfahrung hat diesen Anspruch. Sie geht im Schlag auf als Totalinterpretation vom Wirklichen. In ihr geht Wirkliches selbst neu auf.

3.2.5 Objekt- Subjekt- Struktur

„ὤφθη" - in diesem Erscheinen gibt sich der Erscheinende selbst zu sehen. Er gibt sich als der Erscheinende im Erscheinen und mit ihm gibt sich die ganze Ostererfahrung selbst, denn „ὤφθη" ist der einzige Weg, wie sie überkam, so der Text. Das bedeutet, daß Ostererfahrung nur von sich aus gegeben sein kann. Sie ist nicht nehmbar. Jedem Zugriff gegenüber, der sich ihrer bemächtigen will, bleibt sie verschlossen, entzogen. Sie hat so Geschenkcharakter, worauf auch schon grammatisch der Dativ hinweist, der dem „ὤφθη" folgt; da wird bestimmten Personen etwas zuteil. Diese Weise sich selbst zu geben, und nur so gegeben zu sein, ist eine eigene. Das „Objekt" handelt hier. Das geschieht ganz konkret: Der

---

232 Die biblischen Zeugnisse berichten davon, wie die Betroffenen zu ZeugInnen werden. Besonders deutlich ist es bei Paulus selbst. (Vgl. Gal 1,15 f und auch Apg 2,32.)

auferweckte Christus zeigt sich selbst, macht sich offenbar. Auch wenn mit Passiv übersetzt wird (z.B. „er wurde offenbar gemacht"), liegt die Aktivität nicht auf Seiten der Sehenden.

Ostererfahrung weist ein „normales Objekt-Denken" ab. Es gibt hier kein Vorgeworfensein, kein ob-jicere der Sache an die BetrachterInnen. Es gibt hier nur Selbst-Gabe der Erfahrung, die sich selbst den Sehenden erschließt. Der Inhalt der Ostererfahrung ist auch nicht wie ein historisches Faktum gegeben, das geschehen ist, und auf das man sich einfach beziehen kann, wie etwa der Tod Jesu. Ostererfahrung tritt nur als Ganzes als historisches Faktum auf den Plan in der Weise, daß da einige Menschen diese Erfahrung machten und davon reden. So ist Ostererfahrung dann auch historisch gegeben, aber eben nur aus dem eigenen Geben des Sich- Zeigenden heraus.

Beachten wir nocheinmal: „ὤφθη" steht mit einer Reihe von Personen im Dativ. Das bedeutet doch, daß dieses Erscheinen konkreten Menschen gilt. Diese werden persönlich angesprochen, sind Betroffene, sind Getroffene von der Erfahrung. Das Erscheinen ist an sie persönlich gerichtet. Die Gegebenheit der Ostererfahrung ist gerichtet, ist an Personen gerichtet und liegt nicht auf dem allgemeinen offenen Markt der Möglichkeiten dessen, was es alles zu erfahren oder zu sehen gibt, was dann „objektiv" ist, für alle gilt. Durch diese Weise der Gegebenheit, der gerichteten Gegebenheit gibt es keine BetrachterInnen der Ostererfahrung, sondern nur Betroffene. Das ist etwas anderes. Betroffene sind selbst hineingenommen in die Erfahrung, die ihnen zuteil wird, sie sind eben Erfahrende und nur so Sehende, denen das Phänomen gegeben ist. Wem Ostererfahrung gegeben ist, ist betroffen. Das ist die spezifische Weise der Gegebenheit von Ostererfahrung. Diese Menschen werden in Dienst genommen für eine Botschaft, die auf Dauer ein Schweigen verbietet, ja die Kunde werden will, die weitergesagt wird (vgl. Apg 4,20). Diese Menschen künden von dem Innen, das sie sehen, das für sie sehbar wurde als schlagartige Evidenz, die einfach auf den Plan tritt im „ὤφθη". Die Erfahrenden bleiben nicht außen vor der Grenze stehen, sie werden in Dienst genommen für die Ostererfahrung von dieser selbst, sie werden ZeugInnen (vgl. Apg 3,15). ZeugInnenschaft ist die Weise, in Dienst genommen zu sein für ein Innen, eine eigene, verschlossene Erfahrung, die sich dem Außen gegenüber verriegelt, die ein eigenes Sehen fordert und konstituiert, die in Evidenz aufgeht, wie Ostererfahrung.

„ὤφθη...(mit Dativ)" ist gerichtet an bestimmte Menschen. Nur Betroffenen teilt sich Ostererfahrung mit. Indem das Erscheinen an bestimmte Menschen gerichtet ist, sind eben diese gemeint; sie werden zu Gemeinten, zu Getroffenen. Darin werden sie in Dienst genommen von der Erfahrung, verwandelt, zu anderen Menschen. Dazu müssen sie alte Ordnungen hinter sich lassen. Ostererfahrung stellt nicht nur geltende Ordnungen infrage, sie reißt auch Menschen heraus aus bisherigen Lebensgewohnheiten. In der Wucht des Erscheinens, in der Evidenz von Ostererfahrung, wie sie einbricht in Bisheriges und Menschen als Betroffene in Dienst nimmt, zu ZeugInnen macht, die nicht mehr schweigen können von dem, was sie gesehen haben, eröffnet sich die Möglichkeit, von neuem Leben, von Verwandlung der Sehenden schon an dieser Stelle zu reden.

Die Erfahrenden, die Sehenden als „Subjekte" werden selbst in die Ostererfahrung hineingenommen. Hier gilt es radikal, daß kein Betrachten von außen möglich ist. Wer sehen will, muß sich verwandeln lassen. Ostererfahrung einzusehen im „ὤφθη" bedeutet, verwandelt zu werden.

Das alles führt zu der eigentlichen Einsicht dieses Phänomenzuges hin: Die „Sache", das, was im „ὤφθη...(mit Dativ)" erscheint, entsteht als das, was es dann ist, eben durch dieses Zur-Erscheinung-Kommen. Erst als Kunde wird Ostererfahrung zur Ostererfahrung. Dabei zeigt sie sich von sich her, bricht in die Welt der dann Sehenden ein. Nein, sie bringt diese Welt der Sehenden allererst hervor. Die Sehenden als Betroffene, als gemeinte Sehende sind eben im Sehen Teil des Prozesses, der Erscheinen genannt wird.

Hier geht es um eine Dimension, die fundamentaler ist als die Objekt-Subjekt -

Spannung. Diese Begriffe verblassen. Aus einem einzigen Geschehen gehen die Sehenden und das Erscheinende als gemeinsame Welt, als ein Phänomen hervor. Dies meint Erscheinen. Hier ist Sehen und „Sein" dasselbe.

Das ist die Macht von Ostererfahrung; insofern ist sie Welt, ist sie Phänomen, macht sie sehend für dieses neue Sehen.[233]

3.2.6 Begegnung

Mit diesem Phänomenzug verlassen wir die Grenze, wo der Eintritt in die Ostererfahrung erfolgt, und gehen einen Schritt weiter in den Innenraum des Phänomens hinein. Knüpfen wir dazu noch einmal an bei dem Textelement, das uns bisher im Wesentlichen geführt hat. „ὤφθη...(mit Dativ)" - „er hat sich gezeigt, er ist erschienen, er wurde offenbar, er hat sich sehen gemacht" - es liegt, wie auch immer wir übersetzen, in diesem Sehen eine Weise von Begegnung. Das meint sicher ein Begegnungsgeschehen ganz besonderer Art, aber eben Begegnung. Sich zeigen, erscheinen, sich offenbar machen, das ist ein Zutreten auf eine(n) andere(n), ist eine Art, zu begegnen.

Von denen, die die Schriften des Neuen Testaments verfaßt haben, wurde Begegnung häufig als Bild für die Ausgestaltung und Darstellung der Ostererfahrung verwendet. So begegnet Jesus, der Auferweckte, in Mt 28,9-10 den Frauen auf dem Weg vom Grab. In Lk 24,13-35 ist die Begegnung zunächst im Dunkel des Nicht-Erkennens gehalten, in dem lediglich die brennenden Herzen von der Dichte dieser Begegnung erzählen, bis dann die Rast im Haus zum Mahl führt, wo die beiden Jünger im Erkennen des Auferstandenen ihm begegnen. In Joh 20,19-23 begegnet Jesus den Jüngern, durch verschlossene Türen

---

[233] Sehr deutlich ist dieses Geschehen erfaßt in der Erzählung vom Pfingsttag. Im Be-geistert-Werden durch den gemeinsamen „neuen" Geist werden die Menschen verwandelt zu ganz neuen Denk-, Sprech- und Verhaltensweisen, zu einem neuen „Wir". Die Trennung in Sache und Subjekt, in Ich und Wir ist hier aufgehoben, weil untergriffen durch ein fundamentaleres Geschehen. Dabei verlieren die Einzelnen nicht an Präzision des „Jemeinigen". (Vgl zu dem Gesagten Apg 2).

hindurchtretend, und löst ihre Freude aus, als sie ihn sehen. Joh 20,24-29 schildert die Begegnung mit dem Auferstandenen als Weg aus dem Unglauben. Begegnung in ihrer ganzen Zartheit, Achtsamkeit und Intimität ist zwischen Maria von Magdala und dem Auferweckten in Joh 20,11-18 geschildert. Es berechtigt, anzunehmen, daß Begegnung als Bild für die Ostererfahrung wohl aus dieser selbst genommen wurde.

Diese Begegnung, als die wir „ὤφθη" - „er ist erschienen" - verstehen können, ist der geschichtlich erreichbare Ursprung der Ostererfahrung. Daß er auferweckt worden ist, ist geschichtlich nicht erreichbar; es ist nur zugänglich und mitgeteilt durch das Erscheinen des Auferweckten. Dieses Erscheinen ist konkreter Punkt in der Geschichte der betroffenen Menschen, in der Menschheitsgeschichte überhaupt. Es entläßt aus sich jene Geschichte, die sich aufgrund der Ostererfahrung entwickelt hat. Im „ὤφθη" muß die ganze Botschaft der Ostererfahrung übergekommen sein: „ὅτι ἐγήγερται" - „daß er auferweckt worden ist". Nicht durch Worte, durch Erklärungen war dies für die Erfahrenden einsehbar, sondern allein durch die Begegnung mit dem Auferweckten in dessen Erscheinen. Darin muß die Botschaft von der Auferweckung schlagartig in Evidenz, in unmittelbarer Ansichtigkeit und Einsicht aufgegangen sein. Dies geschieht in der Begegnung: er lebt - „ὤφθη".

Zu der Einsicht, die in dem Erscheinen, in der Begegnung mitgeteilt wird, gehört auch das Erkennen der Identität des auferweckten Erscheinenden mit dem zuvor bekannten, gekreuzigten und begrabenen, ja toten Jesus von Nazareth. Dieses Erkennen der Identität ist zu spüren, wenn in unserem Text bewußt nicht nur von dem „er ist auferweckt worden" die Rede ist, sondern auch von dem „er ist gestorben" („ὅτι Χριστὸς ἀπέθανεν"). Aus diesem Erkennen der Identität des Erscheinenden mit dem toten Jesus erhebt sich ein neues Verstehen Jesu, seines Lebens, seiner Rede und seiner Person. All das erscheint nun in einem neuen

Licht.[234]

Die Begegnung „ὤφθη...(mit Dativ)" bewirkt eine Wende. Jesus wird nicht mehr in Trauer und Resignation von denen, die ihm nahestanden, gesehen als der, der im Kreuzestod von Gott verlassen, gar von Gott weg verflucht, gescheitert ist. Er wird neu gesehen als der, der durch den Tod hindurch auferweckt worden ist, der lebendig und darin siegreich ist. Aus der Trauer der Hinterbliebenen wird neue Freude über das Auferwecktsein Jesu. Bildhaft ist das sehr schön ausgestaltet in der Erzählung von den beiden Jüngern auf dem Weg nach Emmaus (Lk 24,13-35). In der Begegnung mit dem Auferweckten wandelt sich ihre Sicht von ihm, von ihrem Weg, von sich selbst. Aus traurigen werden mutig-frohe Menschen, aus Blinden werden Erkennende, werden Sehende. Die Begegnung ereignet sich als Bekehrung der Betroffenen, als Wende.

In der Begegnung „ὤφθη...(mit Dativ)" werden die Betroffenen, die Erfahrenden gewandelt zu Sehenden, die Jesus, die Welt, das Leben neu sehen lernen. Sie werden in Dienst genommen für diese Erfahrung von der Erfahrung selbst. Wo aber durch die Begegnung mit dem Erscheinenden Trauer in Freude gewandelt wird, ein neues und tieferes Verstehen Jesu und seiner Geschichte sich eröffnet, wo gleichsam aus Todeserfahrung und innerem Scheitern durch die Begegnung neues Leben möglich wird, da ist diese Begegnung mit dem Auferweckten selbst eine Art Auferweckung, die die Erfahrenden aus Tod zu neuem Leben weckt. Diese Begegnung ist selbst eine ermutigende, befreiende, ja todesüberwindende Geste. Das zeigt sich auch in den bildhaften Ausgestaltungen der Ostererfahrung. So führt die Begegnung mit dem Auferweckten aus Angst heraus, die zuvor mit geschlossenen Türen in Zaum gehalten werden mußte. Altes bekommt ein neues Gesicht: Es geschieht Verwandlung, aufgrund derer Sünden vergebbar werden. So in Joh 20,19-23.

---

[234] So betont Joachim Gnilka zum Schweigegebot in Mk 9,9 f nach der Verklärung Jesu, daß nur durch Leiden, Tod und Auferweckung als Vollendung des Weges Jesu verstehbar ist. So ist auch diese Erfahrung nicht ohne das alles verkündbar. Das macht das Schweigegebot deutlich. Gnilka: Das Evangelium nach Markus, Bd. 2, 40 f.

Was aber besagt „Begegnung" hier? - Was besagt sie überhaupt?

Begegnung zeigt sich zunächst einmal als ein Geschehen von Mensch zu Mensch. Hier geht es um Beziehung. Begegnung ist eine, sagen wir, „Menschen-Welt" und keine „Ding-Welt". Begegnung, die gelingt, zeigt den beiden Begegnenden etwas voneinander, sie zeigt dem einen den anderen Menschen. Botschaft, Inhalt von Begegnungen sind zunächst und wesentlich die Menschen selbst, die einander begegnen. Wo Begegnungen etwas vom anderen Menschen zeigen, da sind sie offenbarend. Sie zeigen etwas, was ich nicht von mir her sehen kann, der/die andere muß es von sich her eröffnen, eben mir wahrhaft begegnen. Darin ist gelingende Begegnung Selbstaussage der Begegnenden und ohne Lüge. Begegnungen vermögen alte Hindernisse wegzuräumen, weil sie auf einer tieferen Ebene den Menschen ansprechen und in Bewegung setzen, als es Sach-Themen tun können, die vielleicht zu Konflikt oder Verzweiflung geführt haben. Begegnungen wirken versöhnend; es wird u.U. möglich, einander zu vergeben.

Greifen wir noch weiter aus. In der Tiefe des Menschen gibt es die Frage, was ihn denn berechtigt, dazusein. Es gibt keinen Grund dafür, daß er ist; er ist eben. Dieser Abgrund von Grundlosigkeit, der sich gleichsam unter dem Dasein des Menschen auftut, ist nie zu eliminieren, wegzuleugnen. Dieser Abgrund ist allenfalls wandelbar. In der Begegnung nun spricht der Mensch den Menschen an als unverwechselbare Gestalt, nimmt ihn wahr und ernst, schätzt ihn wert. Darin liegt eine Berechtigung, daß ich da bin. Begegnung vermag den Abgrund der Unbegründbarkeit menschlicher Existenz zwar nicht aufzuheben, aber zu wandeln, denn Begegnung macht von einer anderen Ebene her, nämlich der des Angesehenwerdens und der Wertschätzung durch ein Du, Daseinsberechtigung erfahrbar. So vermittelt Begegnung Tragendes, Bergendes für den anderen/die andere. In der Begegnung wird ahnbar ein letzter Grund, der menschliches Dasein, dieses wertschätzend, begründet. Die Religionen haben das Gott genannt. Begegnung hat etwas Heiliges, Heilendes, ja Göttliches in sich.

Begegnung bejaht und stützt den Menschen in seinem Sosein. Darin geschieht eine Bestätigung seines Daseins, seines Geschaffenseins, der Schöpfung, die er ist. Damit erweist sich Begegnung in ihrer Tiefe als mitschöpferisch. Wir schaffen einander mit in guten Begegnungen, indem wir unser Dasein gegenseitig bejahen und wertschätzen.

Menschen, die gelingend einander begegnen, sehen in dem/der anderen ungelebte Möglichkeiten, zu denen sie sich gegenseitig ermutigen können. Dann ermächtigen sie einander, sie selbst zu werden, rufen Schlummerndes im anderen wach, locken einander hervor. Das ist Ermächtigung zum Leben. Begegnung zeigt sich hierin als Auferweckung aus dem Schlaf, aus ungelebtem Leben zu lebendiger Entfaltung der eigenen Möglichkeiten. Darin ist Begegnung Rettung, Heilung, ja totenerweckende Geste.

Gelingende Begegnungen sind ein Geschenk, sie sind nicht machbar. Sie bringen stets Neues, Unvordenkliches. In gelingenden Begegnungen tut sich eine neue Welt auf. Nicht nur ungelebte Möglichkeiten werden geweckt; ganz neue Möglichkeiten ergeben sich allererst, werden „erfunden".

Die Kraft der guten, gelingenden Begegnung ist wesentlich die Wertschätzung füreinander. Dazu gehört die Konstellation der Begegnenden, das „nichts - Dazwischen", die Nähe und Unmittelbarkeit der Begegnenden, das Bewußtsein, daß das alles nicht machbar ist, sondern von selbst aufgeht oder nicht, daß Begegnung verantwortetes Geschenk des Augenblicks ist. All dem liegt zugrunde die eigene und gegenseitige Wertschätzung, wie auch die Wertschätzung der Begegnung selbst. Im letzten ist dies nichts anderes als Liebe; sie ist die innerste Kraft der Begegnung.

Was hier „Begegnung" genannt wird, konstituiert sich also aus einem Geschehen anderer Art, dem „Glück des Augenblicks", der Kraft der Liebe, die nicht zu machen ist. Die Menschen werden durch dieses Geschehen selbst allererst zu wahrhaft Begegnenden, zu Liebenden. Erst so vermögen sie einander zu wecken, zu neuer Lebensentfaltung hin aufzuwecken, wie oben beschrieben. Von daher erst ist all das möglich, was zu „Begegnung" gesagt wurde.

Was hier „Liebe" heißt, „Kraft der Begegnung", ist nun aber kein drittes, was etwa zu den Begegnenden hinzukäme. Es ist vielmehr das Geschehen selbst, das

Begegnen, das die begegnenden Menschen miteinander schöpferisch gestalten und das sie schöpferisch gestaltet. Im Geschehen selbst erst werden die Menschen zu denen, die es hervorbringen.

Da vermag „Begegnung" wahrhaft Menschen zu neuen, bisher ungelebten Möglichkeiten hin zu ermächtigen, ja diese allererst zu schaffen. Sie vermag so Dasein von Menschen zu „begründen", weil sie sich als schöpferisch erweist. Sie vermag in neue ungeahnte Dimensionen zu heben, diese so erst schaffend, wie es Ostererfahrung tut. „ὤφθη...(mit Dativ)" als Begegnungsgeschehen meint genau dies.

3.2.7 Rettung

Mit diesem Aspekt der Ostererfahrung geht es darum, was der „Inhalt" ist, die Botschaft der Evidenz, die in der Begegnung mit dem Erscheinenden sich den Betroffenen, den Sehenden mitgeteilt hat. Der Text nennt ja das Erscheinen, das „ὤφθη...(mit Dativ)" als Beleg, als Bestätigung gleichsam für die zuvor gemachte Aussage. Diese lautet :"καὶ ὅτι ἐγήγερται" - „und daß er auferweckt worden ist". Dies scheint der „Inhalt", die zentrale Kunde des Erscheinens zu sein. Ja, mehr noch: Diese Tatsache, daß er auferweckt worden ist, ist wohl schlagartig aufgegangen, klar geworden in seinem Erscheinen. Dieses Erscheinen - „ὤφθη" - ist genau das Aufscheinen der Tatsache, daß er auferweckt worden ist. Die Wucht dieser Einsicht liegt aber darin, daß da nicht irgendwer erscheint, sondern eben jener Mensch, der bekannt war, der gekreuzigt wurde, der gestorben ist und der begraben wurde, Jesus von Nazareth. Erst in der Erkenntnis der Identität dieses Menschen mit dem, der da erscheint, liegt die Wucht dieses Erscheinens: Der tote Jesus ist auferweckt worden. Das Wiedererkennen des geschätzten und geliebten Menschen und die Einsicht, daß er den Tod durchschritten hat, dies macht die Wucht des Ereignisses aus: Er ist auferweckt worden. All das, die Erkenntnis der Identität des Erscheinenden mit dem toten Jesus und die Erkenntnis, daß er auferweckt worden ist, muß in dem „ὤφθη" sich mitgeteilt haben in unmittelbarer

Einsichtigkeit und Evidenz. So ist es ganz folgerichtig, wenn unser Text hier nicht nur davon redet, daß er auferweckt worden ist, sondern zuvor auch den Tod Jesu benennt: „...ὅτι Χριστὸς ἀπέθανεν(...) καὶ ὅτι ἐγήγερται(...)" Beides gehört zusammen und ist der „Inhalt" der Ostererfahrung, der sich den Betroffenen mitteilt durch „καὶ ὅτι ὤφθη...(mit Dativ)". Das ist die Mitte der Ostererfahrung, daß Jesus lebt, obwohl er zuvor tot war. Damit steht und fällt alles. Es ist bei Paulus die zentrale Botschaft für die, die glauben, so in Röm 10,9. Ohne diese Botschaft und das Festhalten daran ist für Paulus alles leer und sinnlos (vgl. 1 Kor 15,14).

„...ὅτι Χριστὸς ἀπέθανεν(...)
καὶ ὅτι ἐγήγερται(...)".

Die Grundstruktur dieser Botschaft besteht darin, daß Jesus gerettet ist aus dem Tod zu einem neuen, andersartigen, aber durchaus wirkmächtigen Leben: Er kann erscheinen, sich zeigen.[235]

Dies bedeutet: Jesus ist aus dem Tod gerettet, diesem Abgrund menschlichen Untergangs und Wegsinkens, der Bild und Wirklichkeit des Scheiterns ist in Unwiederbringlichkeit und unumkehrbar. Eine solche Rettung ist unvordenklich und unerhört. Das ist eine Rettung aus dem Wegsinken des Toten in das Land des Vergessens; er wird gerettet vom Verschwinden aus der Erinnerung der Lebenden, denn er wird neu ins Bewußtsein, in die Erinnerung der Lebenden gebracht: Er wird gesehen, die Kunde von ihm geht von Mund zu Mund (vgl. Lk 24,22 f). Rettung aus dem Vergessen des Todes hinein in die neue Erinnerung der Lebenden, das ist Rettung aus der Beziehungslosigkeit des Todes, ist Rettung hinein in eine neue Weise von intensiven Beziehungen, von lebendiger Kommunikation. Dies wird auch wieder ausgestaltet in den Erzählungen um die Ostererfahrung. So geht der Auferstandene in Joh 20,19-23 durch geschlossene

---

235 Daß dies eine wahre Rettung aus dem Tod, nicht eine Wiederbelebung ist, zeigen alle Zeugnisse des Neuen Testaments. Abwegig sind daher Vergleiche mit Totenauferweckungen anderer Personen. Hier geht es um eine Befreiung aus der Macht des Todes ein für allemal, so Jacob Kremer mit Bezug auf Röm 6,9. Kremer: Das älteste Zeugnis von der Auferstehung Christi, 46.

Türen, führt Gespräche, wobei die Freude der Jünger daher rührt, daß sie ihn wiedersehen. In Joh 20,24-29 läßt er sich sogar berühren, um sich in seiner Identität zu erweisen. Lk 24,13-35 erzählt vom Auftauchen Jesu aus dem Vergessen der Jünger mit gehaltenen Augen über Gespräch und Mahl hin zum neuen Erkennen. All das sind Weisen von neuer, lebendiger Kommunikation mit den Lebenden.[236]

Dies alles besagt weiterhin, daß Jesus gerettet ist mit seiner einmaligen Geschichte. Er ist als Mensch, als dieser Mensch wertgeschätzt, kostbar befunden, so kostbar befunden, daß er eben nicht im Tod bleiben, nicht im Vergessen des Todes versinken durfte. Das ist die Wertschätzung seines Lebens, seiner einmaligen Geschichte, seiner Person als Ganzheit. Jesu Leben ist darin kostbar befunden und bestätigt, ja gültig gemacht, so wie es nun einmal war. Dadurch sind jene Lügen gestraft, die ihn als Gescheiterten ansahen, womöglich als von Gott weg verfluchten, der draußen vor der Stadt am Pfahl hingerichtet wurde (vgl. Dtn 21,23; Gal 3,13). Es sind hingegen jene gerechtfertigt, die ihre Hoffnung auf ihn, seine, ja die gemeinsame Sache gesetzt hatten. Seine Botschaft vom nahekommenden, barmherzigen und gnadenvollen Gott, von der βασιλεια ist gerechtfertigt.[237] Dies zeigt: Jesu Optionen für die Menschen, vor allem für die Entrechteten und Unterdrückten, führen nicht in den Tod, ins Scheitern, so sehr es auch erst so aussehen mochte. Sie können nicht im Tod bleiben. Sie führen ins Leben, neu und stark. Dies alles besagt die Osterbotschaft:

„ὅτι Χριστὸς ἀπέθανεν(...) καὶ ὅτι ἐγήγερται (...)" - „daß Christus gestorben

---

[236] Ernst Käsemann sieht gerade die Leiblichkeit als Grundlage von Kommunikation. Anders als in der klassisch-griechischen Anthropologie, wo Leib durch Form und Gestalt auf Abgrenzung hin gedacht wird, auf „Individuum", ist Leib für Paulus Möglichkeit der Kommunikation. „Als Leib steht man in der Ausrichtung auf andere, in der Gebundenheit durch die Welt, im Anspruch des Schöpfers, in der Erwartung der Auferstehung...". Käsemann: Exegetische Versuche und Besinnungen, Bd. 1, 32. Von daher ist gerade die Leiblichkeit der Auferstehung, wie sie von oben genannten Perikopen betont wird, in Zusammenhang zu sehen mit der Weise neuer österlicher Kommunikation des Auferstandenen.

[237] Karl Lehmann betont die Auferstehung aufgrund der von ihm als theologische Aussage erhellten Deutung „am dritten Tag" als Erhöhung des Gerechten und damit Bestätigung dessen durch Gott. Lehmann: Auferweckt am dritten Tag nach der Schrift, 289.

ist(...) und daß er auferweckt worden ist (...)".

Das ist in der Rede von dem einen, von Jesus, der da starb und auferweckt worden ist, von Be-Deutung nicht nur für ihn. Daß er auferweckt worden ist, ist die Botschaft, daß es grundsätzlich Rettung gibt, Rettung sogar aus dem Abgrund, dem Tod. Für jüdische Apokalyptik war klar: Totenauferstehung gibt es nur als für alle. Ein Einzelner steht nicht wahrhaft von den Toten auf, er wird allenfalls wiederbelebt, ins vorherige Leben reanimiert. Auf diese Tradition bezieht sich Paulus, wenn er in 1 Kor 15,13 schreibt: „Wenn aber Tote nicht auferstehen, ist auch Christus nicht auferstanden." Wenn einer auferweckt wird, bricht Auferweckung für alle an; was dem einen geschieht, gilt allen, hat Be-Deutung für alle.[238]

---

238 Schon durch den an den Hoheitstitel erinnernden Namen Χριστός (nach Kremer kann hier nicht entschieden werden, ob es sich um einen Titel oder einen Eigennamen handelt, wie oben bereits ausgeführt) ist das Private aufgesprengt. Die Aussagen werden nicht von einer „Privatperson, sondern von dem in Israel verheißenen und erwarteten Christus" gemacht. Kremer: Das älteste Zeugnis von der Auferstehung Christi, 32.
Zum alttestamentlich-jüdischen Hintergrund von Totenauferstehung: Alttestamentlich erscheint der Tod zunächst nicht furchterregend, zum Menschsein gehörig; er wird hingenommen. Der zu frühe Tod nach unerfülltem Leben hingegen beängstigt. Vgl. dazu Gollinger: „Wenn einer stirbt, lebt er dann wieder auf?" (Ijob 14,14), 12 f. Neue Antworten werden erst beim Aufbrechen des Tun-Ergehens-Zusammenhangs gesucht, daß da die Frommen trotz ihrer Gerechtigkeit leiden, besonders aber aufgrund der seleukidischen Verfolgung durch Antiochus IV. 168 bis 165 v. Chr. Diese neue Antwortsuche geschieht zunächst „nicht um der Menschen, sondern um des Gottesbildes willen". Ebd., 14 f. Von da aus ist jede Rede von Auferweckung der Toten, die vor diesem jüdischen Hintergrund geschieht, auch und besonders eine Rede von Gott, eine Theologie.
Auferstehung Jesu ist zuerst in jüdischem Kontext gesagt und verstanden worden. Von diesem Kontext ist sie auch weiter geprägt. In diesem jüdischen Hintergrund stehen Bedrohungen des Lebens, vor allem aber des Glaubens an die geschichtlich wirkende Macht Jahwes für den Auferstehungsglauben Pate. Vgl. Wengst: Ostern - Ein wirkliches Gleichnis, eine wahre Geschichte, 20. Wengst sieht dazu zwei Stellen im hebräischen Alten Testament auf diese Fragen antworten. Die eine Stelle ist Jes 26,7-21, deren Entstehungszeit ungewiß ist, die Wengst aber am ehesten 500-300 v.Chr. ansetzt. Wichtig ist das Heilsorakel in Vers 19: „Leben sollen deine Toten, meine Leichen werden aufstehen. Wacht auf und jubelt, Bewohner des Staubes! Denn der Tau der Lichter ist dein Tau, und die Erde wird die Schatten herausgeben." Schon hier deutet sich nach Wengst ein Bezug zu der Frage an, was denn sei, wenn die Frommen Israels nicht lebenssatt sterben, und das vielleicht gerade deshalb, weil sie in Treue am Namen Jahwes auch gegen Widerstand und Unterdrückung festhalten. Ebd., 23. Diese Frage, wie oben schon angedeutet, verdichtet sich in der Zeit der Verfolgung 168-165 v. Chr. Darauf versucht Dan 2,1-3 zu antworten: „Und viele von denen, die im Erdenstaub schlafen, werden aufwachen..." Ebd., 24 f.
Wengst betont, daß Auferstehung kein isoliertes Thema war. Im ersten Jahrhundert allgemein weit verbreitet, stand es in Zusammenhang mit der Treue und Solidarität Gottes. Stammväter und Stammütter galten in der Volksreligiosität nicht als Tote, sondern als FürsprecherInnen und WundertäterInnen. Ebd., 33 f. Auch Hildegard Gollinger meint, daß

So ist Jesus das Bild, das zeigt, was allen gilt! Er ist der Zeigende, die Erstlingsfrucht: „Nun aber ist Christus auferweckt als Erstlingsfrucht der Entschlafenen." (1 Kor 15,20). In ihm erscheint eine neue Wirklichkeit, er ist die Erscheinung dieses neuen Wirklichen, wo da nämlich Tote auferweckt werden. Darin ist er gemäß der Hochinterpretation die „starke Form", die die zugehörige Welt rettet, rekonstituierbar macht, ihren inneren Sinn präsent setzt.

Daß Christus gestorben ist und daß er auferweckt worden ist, das hat Bedeutung für alle Menschen, so ist doch Paulus zu verstehen. Darin liegt auch die Wucht dieser Botschaft, die Wucht und Be-Deutung der Ostererfahrung, ihre Revolutionskraft, zu verwandeln, einzubrechen in bisherige Ordnungen und Vorstellungen vom Menschen, vom Leben und vom Tod. Darin liegt die Provokation von Ostererfahrung, herauszurufen aus dem Tod einer Weltsicht, die den Tod als Ende sieht und das Leben dem Vergessen übergibt. Wäre Ostererfahrung nur Rede vom Tod und Auferwecktwerden des Einen, wäre sie nicht von dieser Schlagkraft; sie bliebe im Privaten stecken.

Ostererfahrung - Rettung aus dem Tod zu neuem Leben. Was ergibt sich daraus, daß diese Rettung Bedeutung für alle Menschen hat? Wir wollen das im Folgenden ansehen.

Wenn diese Rettung allen Menschen gilt, so gilt sie den Toten und den Lebenden. Sie gilt jenen Menschen, die vergessen wurden, die ermordet wurden und ungerecht umkamen, jenen, die im Gang der Geschichte „auf der Strecke blieben", weil sie nicht mithalten konnten, oder weil sie gebraucht wurden, um dem Ruhm der Sieger eine Straße des Fortschritts zu pflastern. Sie sind durch keine

---

zur Zeit Jesu Auferstehungsglaube in vielen Gestalten anzutreffen war. Es war auch möglich, ohne diesen zu leben, wie es z.B. die Sadduzäer taten. Die große Mehrheit hatte wohl irgendeine Form von Jenseitshoffnung. Gollinger: „Wenn einer stirbt, lebt er dann wieder auf?" (Ijob 14,14), 37 f.

Gerade mit Blick auf den jüdischen Hintergrund, daß Auferweckung als die Ausweitung der Treue Gottes zu seinem Volk auch über den Tod hinaus gesehen wurde, ist Auferweckung kollektiv zu denken. Es geht um das Volk, die Solidarität Gottes mit diesem und den Erweis seiner Macht auch jenseits einer Geschichte des Grauens, diese so besiegend. Zum anderen wird dabei gleichsam Gott „gerettet", seine Allmacht und Treue, die durch die Drangsale und Tode seines Volkes infrage gestellt sind.

Veränderung in Welt oder Gesellschaft zu rechtfertigen, zu retten. Ihnen allen gilt diese Rettung! Durch die Bedeutung der Ostererfahrung für sie sind sie gerechtfertigt, kommen sie nachträglich zu ihrem Recht, das Leben heißt, weil sie gerettet sind.[239]

Daß Ostererfahrung Bedeutung hat für alle Menschen, das besagt weiter, daß das Leben des einzelnen Menschen, seine unverwechselbare, einmalige Geschichte, gerettet ist. Der einzelne Mensch ist für so kostbar befunden, daß er/sie nicht im Tod versinken darf, in das Vergessen entgleiten, sondern bleibend gültig erinnert werden soll, also lebendig sein muß. Das ist Wertschätzung des einzelnen, unvertretbaren Menschen.

Was aber ist der menschliche Erfahrensraum einer solchen Wertschätzung, daß der/die andere für so unendlich kostbar befunden wird, daß es nicht angehen kann, ihn/sie im Tode versinken zu lassen, dem Vergessen anheim zu geben, wenn nicht die Liebe? Die Liebe ist die Macht einer solchen Wertschätzung des Menschen. Für die Liebenden wird der Tod zum Problem, nicht nur für jene, die sich selbst und das Leben lieben, sondern vor allem für jene, die einander so lieben, daß sie nicht glauben können, daß der/die andere für immer im Tod bleibt. Das alte Ägypten mag Pate stehen für diese Kraft, welche die Menschheitsgeschichte auf vielen Umwegen durchzieht. Hier erweist sich immer wieder die Liebe als jene Macht, die von neuem aus dem Tod zum Leben zu erwecken vermag.[240] Die Liebe hat die Mächtigkeit jener Wertschätzung füreinander, die den anderen/die andere so kostbar sein läßt, seinen/ihren unvertretbaren Wert versteht, daß ein Versinkenlassen im Tod unmöglich ist. Diese Wertschätzung füreinander, Liebe genannt, steht auf gegen den Tod, wenn noch nicht in Tat und Wirksamkeit, so

---

239 Ähnlich Klaus Wengst: „Auferstehung der Toten - das ist der im Namen und in der Kraft Gottes erfolgende Aufstand der Getöteten gegen die gewalttätigen Sieger der Geschichte, die über Leichen gegangen sind. Auferstehungshoffnung bestreitet, daß ihnen die Zukunft gehört; es geht darum, daß vielmehr Gott zum Recht kommt und sich durchsetzt." Wengst: Ostern - Ein wirkliches Gleichnis, eine wahre Geschichte, 29 f. Gottes Recht muß dann verstanden werden als das Recht der Unterdrückten, für die dieser Gott der Auferstehung eintritt, an denen er seine Treue erweist.
240 Vgl. dazu das Buch von Eugen Drewermann „Ich steige hinab in die Barke der Sonne", wo er die johanneischen Auferstehungstexte vor dem Hintergrund alt-ägyptischer Mythologie deutet.

doch in der Macht ihrer Sehnsucht, vielleicht auch ihres Glaubens an sich selbst, an die ihr innewohnende Kraft. Menschen dann wirklich aus dem Tod ins Leben zu rufen, in neues Leben gar, das ist ein Wirksamwerden eben jener Wertschätzung, jener Liebe. Die Auferweckung aus dem Tod entspricht der Logik der Liebe. Auferweckung zeigt sich als Liebesgeschehen, wie auch immer das im einzelnen genauer zu denken ist. Nur die Liebe hat die Logik der Auferweckung, daß ein Mensch als so kostbar gesehen wird, daß er nicht im Tod versinken darf, sondern gerettet sein muß, erinnert bleiben muß mit seiner konkreten, einmaligen Geschichte - also leben.

Sehen wir noch einen Aspekt an, der sich aus dem bisherigen Gang durch den Phänomenzug „Rettung" ergibt. Wir sagten, daß Auferweckung aus dem Tod die Bestätigung des einzelnen Menschen, seiner konkreten Geschichte ist, hin zu bleibender Gültigkeit. In dieser Bestätigung und Wertschätzung, die sogar aus dem Tod rettet, ist Auferweckung für den Menschen eine mächtige Daseinsberechtigung; sie bestätigt seine Existenz, so wie sie ist: einmalig und unvertretbar. Darin ist Auferweckung ein Geschehen, das die Schöpfung dieses Menschen trägt und unterschreibt. Auferweckung ist so selbst schöpferisch.

Die Rettung aus dem Tod ist unerhörter, ja unvordenklicher Einbruch in bisheriges Denken. Sie tritt auf als Infragestellung, Provokation und Schlag. Aber die Hoffnung und das Sehnen des Menschen ging stets und immer wieder über die Schwelle des Todes hinaus. Von den Hoffnungen der Menschen wurde diese Rettung schon erträumt und erharrt; für sie ist es nichts Fremdes, sondern Erfüllung. Das bedeutet dann umgekehrt, daß durch die Ostererfahrung, die ja genau diese Rettung aus dem Tod den Menschen zuspricht, die Hoffnungsbilder der Menschheit bestätigt und berechtigt, ja gerettet sind. Sie bekommen von der Ostererfahrung her den Charakter des Hinweises auf sie (die Ostererfahrung). Im Licht der Rettung, die von der Ostererfahrung her dem Menschen zukommt, scheinen die Lebensträume der Menschheit, die sich über den Tod hin ausstrecken, auf Rettung aus dem Tod harren, eine Qualität von Offenbarung zu bekommen. Sie zeigen das im Modus der Erwartung und der Sehnsucht, vielleicht auch im

Modus der Angst und der Verzweiflung angesichts des Todes, was in der Ostererfahrung im Modus der angebrochenen Erfüllung dem Menschen zugesprochen wird.

Rettung des Menschen aus dem Tod, Rettung des Menschen mit seiner/ihrer Geschichte - dann gehört der Tod wohl zu dieser Geschichte dazu.
Durch die Rettung des Menschen aus dem Tod verliert der Tod, der Untergang sein Grauen, seine letzte Zerstörungskraft. Er bleibt Tod, bleibt Ende des Lebens, aber als Schlußpunkt, als Nullpunkt, in dem das Leben des Menschen durch die Endlichkeit gerade Gültigkeit und damit End-Gültigkeit erlangt, weil es sich als unwiederholbar erweist, sich in sich selbst zurücknimmt, beendet und so abschließt.
So ist Rettung des Menschen aus dem Tod in der von Ostererfahrung gemeinten Weise eine Rettung des Todes selbst, des Untergangs menschlichen Lebens, weil dieser Untergang als das (wieder) erscheint, was er sein kann: Endpunkt des menschlichen Lebens, durch das dieses gerade Gültigkeit bekommt, also in seiner Einmaligkeit und Unvertretbarkeit besiegelt wird; und zum anderen: Untergang eben als Nullpunkt, als Leere, aus der heraus ein neuer Aufgang möglich wird.
Indem Ostererfahrung die Rettung des Menschen aus dem Tod bedeutet, ist sie die Rettung des Todes, ja jeglichen Untergangs; Rettung, weil der Untergang aus dem „Selbstmißverständnis", der Verdrehung (Perversion) gehoben wird, wo er als nichts anderes denn als ein zerstörendes Scheitern menschlichen Lebens erscheinen muß.
Wo der Tod gerettet wird für das Leben, da schwindet die Angst vor ihm, da wird das Scheitern in ein anderes Licht versetzt, da werden Untergänge zu Orten, wo Aufgang aufscheint im Modus der Möglichkeit.
Dies meint Ostererfahrung, dies meint Auferweckung aus dem Tod.

3.2.8 Geheimnis des Übergangs

Sehen wir nochmal unseren Text an:

„...ὅτι Χριστὸς ἀπέθανεν (...)

καὶ ὅτι ἐγήγερται (...)"

Es wird gesprochen vom Tod Jesu und von der Auferweckung. Es wird nichts gesagt, was diese beiden verbindet, was zwischen beiden vermitteln könnte. Auch Jesus kann nicht vermitteln. Er ist zuerst der Tote. Dann erscheint er als der Auferweckte. Was verbindet beide außer der einfachen Tatsache, daß beides vom selben Menschen ausgesagt wird?

Zwischen dem Leben vor dem Tod und der Auferweckung klafft ein Abgrund: der Tod. Auch zwischen Tod und Auferweckung gibt es keine Verbindung. Auferweckung bricht den Tod ab, beendet ihn. Es beginnt etwas total Neues. Es ereignet sich etwas, das man eine neue Gestaltung, ja eine neue Schöpfung des Toten nennen könnte, denn es geschieht ohne Vorgabe, ohne Vermittlung, einer Schöpfung gleich. Paulus sagt das auch indirekt, wenn er in Röm 4,17 „zu rufen Nicht-Seiendes als Seiendes" parallelisiert mit „lebendigmachen die Toten".[241] (Vgl. auch seine Rede von der neuen Schöpfung in 2 Kor 5,17). Auferweckung aus dem Tod scheint auch für ihn etwas mit Neuschöpfung zu tun zu haben. Zwischen „ἀπέθανεν" und „ἐγήγερται" gibt es keine Vermittlung. Dazwischen ist eine Leere, ein Abgrund, ein Hiat, eine Nacht: die Nacht nach dem „ἐτάφη" - „er ist begraben worden" - und vor dem „ὤφθη" - „er ist erschienen".

Aus der Sicht des „ἀπέθανεν" ist „ἐγήγερται" ein Unvorstellbares, ein Unherleitbares, ein radikal Neues, ein Wunder. Zwischen dem Alten und diesem Neuen gibt es keinen Übergang, da brechen alle Wege ab. Dieser Abbruch aller Übergänge, diese Leere zwischen dem Leben vorher und Auferweckung zeigt sich

---

241 Ulrich Wilckens schreibt dazu, daß Paulus an dieser Stelle die Schöpfungskraft Gottes als in allem präsent aussagen wolle, ob da Nichtseiendes zum Sein oder Tote zum Leben gerufen werden. Er verweist auf die häufige Parallelisierung von Schöpfungs- und Heilsaussagen im Alten Testament. Wilckens: Der Brief an die Römer, 1. Teilband, 274 f.

als der Tod, der Abgrund, der Hiat, der beide voneinander trennt als unvereinbar, als totale Gegensätze ohne Brücke, fern voneinander wie zwei Welten. In diesem Hiat gilt: Neues Leben ist noch nicht, altes Leben ist nicht mehr. Es ist eine Art „Nicht". Alles verschwindet in dieser Leere, auch der etwaige Impuls zum Überschritt des Hiat.

Aus diesem Abgrund kann nur eine Macht herausrufen, die Nicht-Seiendes als Seiendes ruft, die schöpferisch ist, die schöpfen und neu-schöpfen kann. Das erst bedeutet, Tote lebendig zu machen.

Diese Macht, die da wirkt als Übergang vom Alten zum Neuen, vom Untergang zum neuen Aufgang, die durch den Tod hindurchführt, gerade ohne ihm seine radikale und unumkehrbare Strenge zu nehmen, diese Macht wirkt als Geheimnis. Sie tritt als Geheimnis und nur als solches auf den Plan. Das bedeutet, daß sie gerade im Sich-Entziehen wirkt. Der Entzug, eben das Unfassbare gehört zu ihrer Mächtigkeit. Nur als entzogene Macht kann sie wirklich den Tod, den Untergang ernstnehmen und gerade nicht durch ihre Präsenz im Abgrund diesen schon aufheben, den Tod entleeren. So aber, als Geheimnis wirkend, vermag sie wahrhaft aus dem ganzen Tod, dem radikalen Untergang zum Aufgehen, zum Neubeginn zu führen. Dies meint Auferweckung.

In der Ostererfahrung wird diese Macht als Gott gesagt. Im „ἐγήγερται" spricht der Text verhalten im Passiv von dieser Macht. In Röm 10,9 hat es Paulus direkt formuliert, da wird Gott genannt als der, der auferweckt.
Für Ostererfahrung gilt: „ἀπέθανεν" - „ἐγήγερται".
Dazwischen ein Abgrund, eine Nacht, ein Gott.[242]
Gott, der Tote zum Leben erweckt, der seine Macht in diesem Abgrund zwischen „ἀπέθανεν" und „ἐγήγερται" erweist, ist Gott des Übergangs vom Tod zum Auferwecktsein. Dieser Gott des Übergangs allein vermag den Übergang zu wirken: die Auferweckung aus dem Tod, die Neu-Schöpfung, die Rettung.

---

242 Mag hier auch die Rede von „Gott" blockhaft anmuten, so erschließt sich das, was Ostererfahrung darunter versteht, aus den folgenden Phänomenzügen, besonders aber aus dem, was im folgenden Kapitel vom Christlichen als Welt und als Religion gesagt wird.

An dem Übergang vom Tod zum Leben steht in der Auferweckung Jesu Gott. Die Rechtfertigung des toten Jesus, der von den religiösen Führern auch als von Gott weg verflucht gebranntmarkt wurde, zumal in seinem Anspruch, Gott als nahekommendes Erbarmen zu verkünden, ist nur möglich, wenn Gott selbst auf den Plan tritt. Dies gehört auch noch zu der Rettung Jesu aus dem Tod. Nur durch Gott selbst kann die Rede Jesu von Gott, die mit Jesus in dessen Tod als zerstört und entleert anmuten muß, bestätigt und besiegelt werden als gültige Rede. Dies geschieht in der Auferweckung, in der Gott selbst sich erweist als der, der vom Tod zum neuen Leben führt, der rettet.

Ostererfahrung lehrt, daß der Übergang vom Tod zum Leben nicht machbar ist. Sie hat stets mit dem Geheimnis des Übergangs zu tun. Dieses gehört in die Mitte der Ostererfahrung. Es ist diese Mitte, von der her sich Ostererfahrung allererst ereignen kann. Aber dieser Gott ist zugleich jene Mitte, die alles bewirkend sich entzieht. Der Text weiß genau von diesem Entzug des Wirkenden: „ἐγήγερται" - „er ist auferweckt worden". Das Passiv formuliert beides: die Macht, die handelt und deren Entzug, deren Ungreifbarkeit. Es bleibt das Geheimnis des Übergangs, das Wunder, das die Mitte der Ostererfahrung ausmacht.

Wo Menschsein als gelingendes gedacht und erhofft wird und damit als aus dem Tod, dem Scheitern gerettetes, da ist es an eben dieses Geheimnis verwiesen, an das Geheimnis des Übergangs vom Tod zum neuen Leben. Wo Menschsein sich nicht mehr ausstreckt auf Glück und Leben, wo es im Scheitern gelassen werden soll, da erst kommt es ohne dieses Geheimnis aus. Wo immer Menschen Rettung erwarten, Gelingen und Glück, da wird jenes Geheimnis, das Ostererfahrung Gott zu nennen wagt, als das Geheimnis des Übergangs vom Tod zum Leben, vom Scheitern zur Erfüllung impliziert.

3.2.9 Gott des Abgrunds und der Liebe

Dieser Gott des Übergangs, der zwischen „ἀπέθανεν" und „ἐγήγερται" steht und wirkt, erweist sich als Gott, der aus dem Tod rettet, der Menschen in ihrer einmaligen und unvertretbaren Gestalt und Geschichte für kostbar befindet, sie endgültig bestätigt gegen das Vergessen, der aufsteht aus dem Tod, gegen das Scheitern, zugunsten des Lebens des Menschen, zugunsten des Gelingens menschlichen Daseins. Das ist Gott, der aus der Isolation des Todes in die Kommunikation neuer Lebendigkeit und Beziehungen führt. Er ist es, der den toten Jesus rechtfertigt mit seinem Anspruch, ihn, Gott, als nahekommendes Erbarmen verkündet zu haben; er ist es, der alle Lügen straft, die in dem Fluchtod Jesu dessen Botschaft desavouiert und seine Gottesferne besiegelt sahen.

Im Phänomenzug der Rettung zeigte es sich oben schon: Den Menschen als so kostbar zu befinden, so wertzuschätzen, daß dieser eben nicht im Tod bleiben darf, wie es dieser Gott des Übergangs tut, ist die Handlungsweise der Liebe. Für die Liebenden, sagten wir, wird der Tod zum Problem. Die Liebe kann es nicht zulassen, daß die/der Geliebte wegsinkt in den Tod, in Einsamkeit, Vergessen und Scheitern. Wo es den Aufstand gegen den Tod gibt, da müssen wir Liebe vermuten, die den Menschen so kostbar sieht, so wertschätzt, daß der Tod nicht das letzte Wort haben darf. Darin zeigt sich: Auferweckung aus dem Tod - „... ὅτι Χριστὸς ἀπέθανεν (...) καὶ ὅτι ἐγήγερται (...)" - entspricht der „Logik" der Liebe. Das Engagement vom Gott des Übergangs, sein Aufstand aus dem Tod des Menschen ist der Aufstand der Liebe aus dem Tod.

Das Neue Testament redet von Gott als dem Liebenden. So z.B. in Röm 8,38 ff, wo alle Extreme und Drangsale des Menschen wie die Eckpunkte eines Universums abgeschritten werden, um dann zu sagen, daß all das den Menschen nicht zu trennen vermag von der Liebe Gottes. Dies wirkt wie der mächtige und zugleich intime Schlußklang der langen theologischen Argumentation vom ersten Kapitel dieses Briefes an. Die Wichtigkeit dieser Aussage mag daran aufscheinen. In 1 Joh 4,17 ist dann sogar von Gott selbst als der Liebe die Rede. Dort heißt es :

„Gott ist die Liebe, und der Bleibende in der Liebe bleibt in Gott und Gott bleibt in ihm."

Gott, der im „ἐγήγερται" handelt, aus dem Tod ruft, als Liebender wirkt zugunsten des Lebens dieses Menschen Jesus, tritt als Wunder auf den Plan wider allen Erwartens. So rettet er.

„ἐγήγερται" bedeutet, daß der Mensch aus dem Tod, ja daß der Tod selbst gerettet wird. So erhellt Auferweckung sich als ein Geschehen, in dem Gott des Übergangs der Logik der Liebe folgt, den Menschen so wertschätzt, als so kostbar ansieht, daß er ihn nicht im Tod lassen kann, ja daß der Tod selbst verwandelt wird, zu einem Untergang wird, aus dem heraus neuschöpferisch Leben möglich wird.

Einen Menschen wertschätzen, einen Menschen für kostbar ansehen ist in analogem Sinn eine Begegnung. Es findet Begegnung statt zwischen dem, der ansieht, und denen, die angesehen werden, zwischen dem Wertschätzenden und den Wertgeschätzten, zwischen dem Liebenden und den Geliebten. Auch das bildhafte Wort „ἐγήγερται" - „er ist auferweckt worden" - impliziert eine Begegnung: Es ist da einer, der auferweckt, und einer, der auferweckt wird. Es weckt einer den anderen auf: Gott den toten Jesus. Auferweckung ist lebensrettende Begegnung; diese Begegnung ist eine totenerweckende Geste. Ich möchte daran erinnern, daß wir oben im Abschnitt über den Phänomenzug Begegnung durch das Ansehen des Phänomens Begegnung zu der Einsicht kamen, daß Begegnung totenerweckende Geste ist. In der Auferweckung Jesu als Begegnungsgeschehen findet das seine radikale Fortführung.

Aus dieser Perspektive bedeutet dann Auferweckung Jesu: Gott begegnet dem toten Jesus in zu neuem Leben rettender Liebe. Es mag von daher genau dem Ereignis der Auferweckung entsprechen, wenn die Botschaft davon, die Einsicht, daß Jesus auferweckt worden ist, gerade in einem auch als Begegnung zu verstehenden Geschehen den Betroffenen mitgeteilt wird, nämlich darin, daß der Auferweckte erscheint - „καὶ ὅτι ὤφθη...(mit Dativ)".

Gott begegnet dem toten Jesus in zu neuem Leben rettender Liebe. - Dieses Geschehen selbst entzieht sich dem Zugriff, es bleibt verborgen.[243] Nur als Verborgenes, als Verschwiegenes wird es genannt. „καὶ ὅτι ἐγήγερται" - und daß er auferweckt worden ist. Der Handelnde, so gesehen der Begegnende, bleibt verborgen, unbenannt nur im Passiv. Wir sahen das oben schon. Auch diese Begegnung bleibt im Verborgenen, sie wird als vollendete Tatsache ausgesagt, als etwas, das geschehen ist, ohne ein Wie, ein Wann etc.. Es ist dies das Geheimnis des Übergangs, das Geheimnis selbst, das darin sich erweist als das, was es ist, als Macht, die hinüberführt über den Abgrund der Unmöglichkeit, über den Hiat zwischen Tod und Leben. Das ist das Geheimnis, das sich erweist als die Macht des Übergangs, als Gott des Übergangs. Gott des Übergangs ist zugleich Gott der rettenden und begegnenden Liebe, ist zugleich Gott des Entzugs, der Ungreifbare, und als solcher nur handelnd. Gott des Übergangs ist verborgener Gott, der sich handelnd zeigt in der Auferweckung eben nur als dieser Verborgene, als Entzogener, als Geheimnis. Das ist die Kunde, die Auferweckung bringt von ihrem Gott.

In der Mitte der Ostererfahrung steht dieses Verbergen, dieser Entzug. Dieses Schweigen inmitten der Osterbotschaft redet vom Gott des Übergangs als Geheimnis, als Gott, als Entzug. Von diesem Schweigen her hat Ostererfahrung etwas Abweisendes. Sie umkreist ein Geheimnis, aus dem sie lebt, das Geheimnis des Übergangs und jenes Gottes, der in diesem wirkt. Gott der Auferweckung ist zugleich der entzogene Gott, weil er Gott des Übergangs ist, der im Abgrund zwischen Tod und Leben als Wunder erscheint.

Dieser Gott tritt auf den Plan in seinem Wirken als geheimnisvolle Macht des Übergangs, die im Tod, im Abgrund neuschöpferisch wirkt. Er wirkt als Entzug, als Geheimnis. Daraus hebt sich das Unvordenkliche, weil der Untergang, der Tod

---

243 Für Karl Lehmann führt der Weg der auf den Tod Jesu durch „am dritten Tag" zurückbezogenen Auferstehung „in den Abgrund der Verborgenheit Gottes, darin sich die Auferweckung Christi ereignet. In diesem Sinne trifft die Wendung vom heilgewährenden Ereignis 'am dritten Tag' genau das darin beschlossene Geheimnis." Lehmann: Auferweckt am dritten Tag nach der Schrift, 337.

wirklich ernstgenommen wird. Es hebt sich das Unvordenkliche des Neubeginns, des Neuschöpferischen. Dies ist unabsehbar angesichts des Todes - und somit Wunder.

Von diesem Neubeginn ist nichts ausgenommen. Der Untergang ist nur dann wirklich, wenn in der Tat alles untergeht. Der Nullpunkt will erreicht werden. Die Macht des Übergangs, wie sie hier genannt wird, ist davon nicht ausgenommen. Sie geht mit in den Tod hinein. Deshalb erscheint sie auch als Entzug, als Geheimnis. Im Neubeginn kommt diese Macht zur Erscheinung als neuschöpfend, als auferweckend aus dem Tod.

In diesem Geschehen wird der Gott des Übergangs, als der diese Macht sich in der Ostererfahrung erweist, selbst überhaupt erst zum Gott des Übergangs. Im Auferwecken aus dem Tod wird dieser zum Auferweckenden. Neuschöpferisches Wirken schafft auch die schöpferische Macht selbst neu, eben als schöpferische.

3.2.10 Gott der Toten

„... ὅτι Χριστὸς ἀπέθανεν(...)

καὶ ὅτι ἐγήγερται (...)"

Gott, der im „ἐγήγερται" handelt, kümmert sich um die, für die gilt: „ἀπέθανεν". Er legt Hand an die Toten, die vergessenen Toten, nach denen niemand mehr fragt, die die Welt der Lebenden unter Umständen los sein will, die in die Isolation des Todes stürzen. Dieser Gott kümmert sich um diese Menschen. Sie haben Ansehen bei ihm, soviel Ansehen, daß er sie nicht im Tod, in der Isolation, im Vergessen lassen kann, sie vielmehr herausruft: „ἐγήγερται".

Dieser Gott setzt sich für diese Menschen ein, für die verlorenen und vergessenen Toten. Er vertritt ihre Interessen, stellt sich auf ihre Seite, solidarisiert sich mit ihnen. Der Gott der Auferweckung solidarisiert sich mit den verlorenen, vergessenen Toten.[244]

---

[244] Wengst sieht in diesem Tun Gottes ein Geschehen, das neues Licht auf den Handelnden wirft, das von diesem Gott selbst neu redet. Gott, der Schöpfer, der Retter, der aus Ägypten

Dies geschieht, weil in den Augen dieses Gottes das Leben des Menschen für kostbar befunden wird. In der Auferweckung steht dieser Gott für das Leben, die Geschichte, die unverwechselbare Gestalt des einzelnen Menschen ein. Das kann nicht nur im Angesicht des Todes gelten. Dieser ist vielmehr der Kulminationspunkt menschlichen Untergehens und Versinkens. Gott der Auferweckung steht auf der Seite des Menschen, überall, wo dieser am Leben gehindert, tödlich unterdrückt, entrechtet und vom Recht zu leben abgeschnittten wird. Das ist ein Gott der aufsteht für das Leben des Menschen gegen vielfältige Bedrohungen: „ἐγήγερται". Gott der Auferweckung solidarisiert sich so mit den Toten, den Vergessenen, den Unterdrückten, mit denen, die vom Leben abgeschnitten werden, in welcher Weise auch immer, also mit den Ausgebeuteten und Armen. Nicht mit dem, was gewaltvoll auftritt, den Menschen um sein Recht bringt, sondern mit den Unterdrückten und Armen steht Gott auf einer Seite. Gott der Auferweckung ist Gott der Toten, der Armen, der Unterdrückten.

Paulus schreibt im ersten Korintherbrief: „...und das Niedriggeborene der Welt und das Verachtete hat Gott erwählt, das nicht Seiende, damit das Seiende er zunichte mache." (1 Kor 1,28). Diese Rede steht der Sache nach in der Logik von Auferweckung, wie sie sich hier erhellt.

Durch diese Macht von Auferweckung sind die herkömmlichen Vorstellungen von der Welt auf den Kopf gestellt. Es zeigt sich auch hier der Einbruch, den Ostererfahrung bedeutet für alte Ordnungen, die Provokation zu einer neuen Weltsicht. Das geschieht in der Auferweckung. Damit ist dann auch das Gottesbild neu gestaltet. Nicht ein Gott auf hohem Thron steht Bild für diesen Gott des Unten, der Armen und der Toten. Nein - dieser Gott springt vom Thron und solidarisiert sich in der Auferweckung mit denen in den Gräbern, in Unterdrückung und Elend. Ja mehr noch: Gott der Toten erscheint überhaupt erst aus dem Abgrund der Nichtigkeit heraus als Gott, als wunderbar wirkende Macht

---

herausgeführt hat, ist nun der, der Jesus von den Toten auferweckt hat. „Diese Aussage ist zuerst ein theologischer Satz. Sie bekennt den Gott Israels in einer bestimmten Tat." Wengst: Ostern - Ein wirkliches Gleichnis, eine wahre Geschichte, 36.

der Liebe und des rettenden Übergangs. Aus dem Tod kommt dieser Gott der Toten; aus dem Untergang heraus erst hebt sich dieser Gott der Auferweckung in die Mächtigkeit.

3.2.11 Das Neue

Wurde bisher eher betont, woraus auferweckt wurde, nämlich aus dem Tod - „ἀπέθανεν", so gilt es jetzt einen Blick zu werfen auf das, wohin der Übergang führt. Ich habe diesen Phänomenzug „das Neue" genannt.

„ἐγήγερται" - das ist, so war zu sehen, Rettung aus dem Tod, weil der Mensch als kostbar befunden ist. Er darf daher nicht im Tod versinken, soll vielmehr leben. Kostbar zu befinden, so, daß Rettung aus dem Tod geschieht, ist der Wille, daß Jesus, bzw. der Mensch allgemein, dem dieses „ἐγήγερται" gilt, leben soll, zu seinem Lebensrecht kommen, also sich voll entfalten soll in seinen/ihren schönsten und höchsten Möglichkeiten. Dies bedeutet es doch, einen Menschen für kostbar anzusehen, wertzuschätzen. Und Liebe, die wir als wirkende Macht in der Auferweckung erkannten, will doch, daß der/die Geliebte sich ganz enfalten kann zu seinen/ihren schönsten und besten Möglichkeiten hin. Weniger kann Liebe nicht wollen.

Wir haben Auferweckung als lebensrettende Wertschätzung des Menschen verstanden. Wir haben gesehen, wie genau diese Wertschätzung, die sich in ihrer Tiefe als Liebe offenbart, den Menschen nicht im Tod lassen kann. So muß das Anliegen eben dieser Wertschätzung zum Ziel von Auferweckung werden. Das Wohin des Übergangs vom Tod zum Auferwecktsein ist von der Option der Wertschätzung, im letzten von der Liebe bestimmt. Der Wille der Wertschätzung, des Für-kostbar-Befindens ist es, daß der Mensch seine/ihre höchsten Möglichkeiten entfalten kann, eigentlich und ganz zum Leben kommt. Dann ist genau dies das Wohin des Übergangs, das Ziel, wohin Auferweckung aus dem Tod führt. Das ist das neue Leben, das vom „ἐγήγερται" ausgeht.

Zu der Entfaltung der höchsten Möglichkeiten eines Menschen gehört auch die Entfaltung seiner/ihrer Beziehungsmöglichkeiten und -sehnsüchte zu anderen Menschen, zu Mitgeschöpfen, zur Welt als Ganzer, ja zu dem Geheimnis, das Gott genannt wird. Auch dies und sehr zentral dies ist das neue Leben, das im Auferwecken geboren wird. Oben zeigte sich, daß Rettung aus dem Tod eben auch bedeutet, daß der Weg aus der Einsamkeit und Verschlossenheit des Todes freigemacht wird hin zu neuer Kommunikation und Begegnung. Hierin kündet sich die Qualität neuen Lebens schon an, das nur als ein Leben in allseitiger Beziehung gedacht werden kann, anders die Möglichkeiten des Menschen nicht entfaltet werden. Tiefer noch war Auferweckung analog als ein Begegnungsgeschehen zu sehen, das ja auch dann als Ostererfahrung in Begegnungen vermittelt wird („ὤφθη"). Im innersten Kern schon ist Auferweckung ein Aufbrechen von Isolation und Vereinsamung hin zu neuen, lebenschaffenden Begegnungen und zu Kommunikation.

Dieses Neue ist nun aber keine zweite Wirklichkeit, kein anderes Leben. Es ist das konkrete, unvertretbare Leben, die Geschichte des einzelnen und aller Menschen, in unverwechselbarer Gestalt. Genau diese konkrete Person, Gestalt, Geschichte ist es doch, die für kostbar befunden wird, der das „ἐγήγερται" gilt, die nicht vergessen werden darf. So ist das „neue Leben", in das hinein der Übergang des „ἐγήγερται" führt, die Eigentlichkeit des konkreten Lebens, der einmaligen Geschichte, der unvertretbaren Gestalt des jeweiligen Menschen.[245] Neues Leben der Auferweckung ist keine zweite Wirklichkeit hinter oder über der Welt. Es ist die Eigentlichkeit, die volle Entfaltung der Möglichkeiten eben der einen konkreten Wirklichkeit dieses Menschen, dem da gilt: „ἐγήγερται".

---

245 Das meint wohl auch Paulus, wenn er in 1 Kor 15,54 schreibt: „Wenn aber dieses Vergängliche Unvergänglichkeit anzieht und dieses Sterbliche Unsterblichkeit, dann wird das geschriebene Wort (erfüllt) sein: Verschlungen ist der Tod hinein in den Sieg."
Holtz umreißt mit Bezug auf 1 Thess 4,13-18 entsprechend die Botschaft der Apokalyptik: Das Leben des Einzelnen und der Welt findet nur in einer radikal neuen Zukunft seine durch alle Geschichte hindurch ersehnte Eigentlichkeit. Das ist Werk Gottes. Holtz: Der erste Brief an die Thessalonicher, 208.

Das ist das eine. Aber zugleich gilt das andere: Der Eigentlichkeit des unverwechselbaren Menschen z.B. ging ein Tod, ein radikaler Untergang voraus. Was sich daraus erhob, erhob sich nicht als das, was dann eben doch noch am Leben geblieben ist, doch noch unzerstörbar ist. Es erhob sich vielmehr als ein Neues, auch ein neues Erheben, für das es so keine Entsprechung im Alten gibt. Es ist neue Schöpfung.

Das Wunder des Übergangs besteht nun darin, daß genau auf diese Weise das Alte mithinaufgehoben, gerettet ist. Gerettet ist das Alte durch den Tod, den Untergang, der selbst als Geretteter dem Leben des Menschen Endlichkeit und so Gültigkeit verleihen kann. Indem der Anfang, das Neue aus dem Tod aufsteht, aus dem Untergang hervorgeht, ist der Tod im Neuen geborgen, präsent, und so auch alles, was sein Ende in diesem Tod fand.

Jesus ist der Tote und der Auferweckte. Als der Auferweckte ist er immer der, der gestorben ist, der tot war. Und es ist genau dieser Jesus, der lebte und starb, der auch als Auferweckter erscheint; und dennoch ist alles ganz anders, ist Auferweckung eben unvordenklich, Schöpfung, neu.[246]

Es ist wie ein Dimensionensprung, wo die neue Dimension den totalen Untergang der früheren voraussetzt. So aber ist diese im Neuen gerettet, geborgen, gültig präsent. Die neue Dimension bleibt immer auf die erste hin durchsichtig. Aber sie ist eine andere Dimension - und so ist alles da ganz anders.

3.2.12 Offenbarung und Verkündigung

Sehen wir nochmal den ganzen Text an:

„...ὅτι Χριστὸς ἀπέθανεν(...)

---

[246] Interessant ist, daß Klauck bezogen auf 2 Kor 5,17, die Rede des Paulus von denen, die in Christus neue Schöpfung sind, auf Erleuchtung als Weise des Eintritts in das Neue hinweist. Erleuchtung im Sinne des φοτισμός, was bei den frühen Kirchenvätern für die Taufe stand, ist als Licht-Erleben Eintritt in den neuen Heilsraum der Christuswirklichkeit. Klauck, 2. Korintherbrief, 44. Dabei ist an das zu denken, was oben über das „Neue Sehen" als Eintritt in das Phänomen gesagt wurde.

καὶ ὅτι ἐγήγερται(...)
καὶ ὅτι ὤφθη...(mit Dativ)"

Das ist der Text, der Zugang zu dem Phänomen, das es zu erhellen galt. Dieser Text war die Kunde, die von denen herkam, die die Erfahrenden der Ostererfahrung waren. Ihre Erfahrung haben sie in Texten wie diesem niedergeschrieben, verdichtet formuliert. Der Text steht an der Schwelle, führt über die Grenze zwischen Außen und Innen des Phänomens, führt in das Innen, in die Ostererfahrung hinein. Wir sind bisher dieser Spur gefolgt, haben das Phänomen in verschiedenen Phänomenzügen sehen gelernt, die sich nach und nach, das müßte die Evidenz der hier gezeigten Phänomenologie bringen, zu einem Ganzen zusammenschließen, erkennbar werden als eine lebendige Struktur, als ein Phänomen, das eben wie ein Phänomen als Ganzes erscheint, aufgeht, evident wird. Ich möchte nun gegen Ende des Weges durch die verschiedenen Phänomenzüge der Ostererfahrung die Tatsache näher anschauen, daß es zu einem solchen Text wie dem, den ich dieser phänomenologischen Erhellung zugrundegelegt habe, kam. Es gilt zu verstehen, ob und in welcher Weise sich ein solcher Text als Kunde von dem Innen der gemachten Erfahrung gerade aus dieser, der Erfahrung selbst, erhebt. Entspricht die Tatsache, daß da Kunde an andere Menschen ergeht durch einen solchen Text, genau der inneren Intention von Ostererfahrung? Dies könnte eine Leitfrage sein, die vielleicht zu einem weiteren Phänomenzug von Ostererfahrung führt.

Ostererfahrung sagt, daß es Rettung des Menschen aus dem Tod gibt. Diese Rettung geschieht durch eine Macht, die zwischen „ἀπέθανεν" und „ἐγήγερται" als Akteurin des „ἐγήγερται" handelt. Die Ostererfahrung nennt diese Macht Gott. Wir sprachen von Gott des Übergangs. Das nun, was da geschieht, diese Rettung, gilt nicht nur dem Menschen Jesus Christus, von dem das in unserem Text berichtet wird. Wir sahen, daß das im Kontext des Verstehens von Auferweckung bei denen, die diesen Text formuliert und rezipiert haben, für alle Menschen gelten muß. So ist der, von dem es da erzählt wird, daß er auferweckt worden ist, Jesus von Nazareth, der Christus, der Beginn, das Zeichen, daß Auferweckung sich ereignet, die „Erstlingsfrucht". Das aber stellt den Menschen generell in eine neue Situation. Es hat grundlegende Bedeutung für alle Menschen, für das Leben der Menschen, für ihre Sicht von der Welt, die dadurch in einem neuen Licht erscheinen muß für die, die sich dieser Kunde anvertrauen. Ostererfahrung hat von da her Be-Deutung für den Menschen schlechthin. Dies gilt es festzuhalten.

Wie teilt sich Ostererfahrung mit, oder wie wird sie mitgeteilt? Der Inhalt der Ostererfahrung, daß es Rettung gibt aus dem Tod, kommt über in dem „ὤφθη", dadurch, daß der Auferweckte erscheint von sich her, bzw. von jener Macht her, die auch hinter dem „ἐγήγερται" steht, von dem auferweckenden Gott her. Er erscheint den Betroffenen, den dadurch Sehenden. Nur dadurch, daß Ostererfahrung so sich von sich selbst her zeigt, aufschließt, eben erscheint, wird sie überhaupt einsehbar. „ὤφθη" ist die Selbstoffenbarung der Ostererfahrung, in der sie sich aus ihrer eigenen Mitte heraus mitteilt, sich öffnet von dem her, der da auferweckt worden ist. Dadurch werden die Betroffenen, die Erfahrenden allererst zu Sehenden. Das wurde oben schon deutlich. Sie werden in die Erfahrung hineingenommen, sie werden zu ZeugInnen dieser Erfahrung. So berichten es die Texte des Neuen Testamentes; Paulus redet von der Ostererfahrung, andere tun es auch. Das Mitteilen der Ostererfahrung wird eingekleidet in verschiedene Erzählungen im Neuen Testament. So etwa wird in Mt 28,7 erzählt, daß die Frauen, die vom Grab kommen, an die Jünger das Erfahrene mitteilen. In Joh 20,17.21 und Mt 28,19 f ist die Tatsache, daß die Sehenden zu ZeugInnen des Erfahrenen werden, als Verkündigungsauftrag Jesu ausgestaltet.

Legen wir das zuletzt Gesagte neben das, was zu Anfang dieses Abschnitts über die Bedeutung der Ostererfahrung gesagt wurde, so zeigt sich: Die Erscheinung, die Selbstoffenbarung, wie auch die ZeugInnenschaft, die Mitteilung und Verkündigung von Ostererfahrung entspricht genau der Be-Deutung, die diese hat, eben der Be-Deutung für alle Menschen. Ostererfahrung sagt etwas, was allen gilt. So ist es nur konsequent, daß sie sich aufschließt, sich mitteilt, sich im „ὤφθη" selbst offenbart, die Sehenden zu ZeugInnen aufruft und zur Verkündigung treibt.²⁴⁷

Ostererfahrung entläßt aus ihrer eigenen Mitte heraus den Impuls zur Verkündigung, den Impuls zum Weitersagen, eben durch die Be-Deutung ihres Inhaltes. Diese Be-Deutung von Ostererfahrung rührt ja von ihrer eigenen Kraft her, daß sie eben rettende Deutung, totenerweckende Um-Deutung menschlichen Lebens ist. Von daher hat sie Be-Deutung für den Menschen generell, für alle Menschen. Das ist ihr eigener Selbstanspruch, ihre „Selbsteinschätzung". Entspricht aber Verkündigung, Kunde von der Ostererfahrung genau ihrem innersten Anliegen, wie gezeigt wurde, entspringt der Impuls zur Verkündigung, zur Rede von Ostererfahrung aus dieser selbst, so sind alle, denen verkündet wird, eben im Modus der Verkündigung bzw. des Hörens in die Ostererfahrung hineingenommen. Ostererfahrung selbst weitet die hermetische Grenze von Innen und Außen, die zwischen denen verlief, denen der Auferweckte erschienen ist, und den anderen. Sie einbefaßt alle Hörenden der Verkündigung des „ὤφθη" - er ist erschienen - in ihr Innen, sofern die Hörenden sich in das neue Sehen, in das Phänomen von diesem selbst führen lassen. Ostererfahrung öffnet sich so über den Kreis der ersten ZeugInnen. Sie tut das aus ihrem inhaltlichen Zentrum heraus, denn dieses erweist sich als so be-deutsam für all die anderen, daß die Verkündigung lediglich eine Ratifizierung, ein Ausagieren der universalen Be-Deutung von Ostererfahrung ist.

Die Kunde von Ostererfahrung ist die, daß es da eine neue Situation für den Menschen gibt, durch die Auferweckung. Dies stellt alles in ein neues Licht. In diesem Licht zeigt sich neu, wer der Mensch, wie kostbar sein Leben, wie angesehen von einem Gott, daß die Liebe stärker ist als der Tod, und was dieses

---

247 Joachim Gnilka sieht z.B. in Mk 16,8 einen bewußt offenen Schluß, wo vom Entsetzen und Schweigen der Frauen am Grab die Rede ist. Es gehe um die Fortsetzung des Evangeliums bei den LeserInnen. Ostern ist nur im Nach- und Mitvollzug verstehbar. Dort erst wird es beredt. Gnilka: Das Evangelium nach Markus, Bd. 2, 344f. Die Ostererzählungen einbeziehen schon die Lesenden im Modus der Verkündigung in die Ostererfahrung.

Geheimnis ist, das da handelt als Gott des Übergangs, des Abgrundes und der Liebe, als Gott der Toten.

Indem Ostererfahrung das alles zeigt, erweist sie selbst ihren zeigenden Charakter. Sie offenbart Wirklichkeit. Sie offenbart Wirklichkeit als eine neue Situation, die nicht von außen, außerhalb von Ostererfahrung zu erschließen ist. Ostererfahrung wird nicht nur gezeigt, geoffenbart, sie zeigt selbst etwas, etwas Neues von Wirklichkeit. Sie ist, eben weil sie Ostererfahrung ist, selbst Offenbarung.

Das alles zeigt sich an „Χριστός": „ὤφθη". An ihm zeigt sich das aus dem Tod auferweckte, für kostbar angesehene Menschsein, an ihm zeigt sich die Macht der Auferweckung, der Gott des Übergangs. Dadurch ist er der Offenbarer, der genau dies alles zeigt. Er zeigt, was allen gilt. An ihm offenbart sich, was für alle Be-Deutung hat. Er hat keinen Vorrang vor den anderen als nur den, daß er es zeigt, daß er der „Erstgeborene" aus den Toten ist. (Vgl. z.B. 1 Kor 15,20, wo er von Paulus als die „Erstlingsfrucht der Entschlafenen" bezeichnet wird.)

Wir fragten danach, ob die Tatsache, daß sich Ostererfahrung als Kunde in solchen Texten wie dem unseren niederschlägt, der inneren Intention von Ostererfahrung selbst entspricht. Es hat sich nun beim Gang durch diesen Phänomenzug gezeigt, daß dem so ist. Ostererfahrung entläßt aus sich selbst den Impuls zur Kunde, zur Verkündigung und dann eben auch zur Kunde in Form eines solchen Textes. Unser Text als Kunde von Ostererfahrung ist aus deren innerer Intention selbst geboren. Ihm zu folgen in die Ostererfahrung hinein, sich von ihm durch ihre verschiedenen Phänomenzüge leiten zu lassen, wie wir es versucht haben, ist also gerade nicht eine Notlösung, die die Erfahrung als solche eigentlich nicht trifft, sondern ist genau der Weg, der der Intention von Ostererfahrung selbst entspricht, wird ihrer inneren Struktur gerecht.[248]

---

[248] Wird Ostererfahrung so als eigene Welt von innen her hell, zeigt sie sich als Kunde und Deutung des Wirklichen aus ihrer eigenen Kraft heraus, dann sind alle Kompatierungs- versuche mit Vorsicht zu genießen, die an Ostererfahrung bloß als Auferstehungstatsache interessiert sind und diese - wenn auch theologisch durchdacht - mit einer „objektiven" Sicht von Wirklichkeit zu verknüpfen versuchen. Auf dieser Schiene läuft leider auch das sonst differenziert gearbeitete Werk von Gerd Lüdemann: Die Auferstehung Jesu. Am

3.3 Evidenz

Auf der Suche nach einem Weg, das Christliche einzusehen, geht es darum, zu dem „Punkt" der Genese, dem Ursprung des Christlichen zu finden - so wurde das Anliegen im ersten Abschnitt dieses Kapitels gefaßt. Solch ein „genetischer Punkt" entzieht sich dem Zugriff, war die Einsicht. Daher gilt es, die ihn umstehenden, an ihn erinnernden Bilder zu verstehen, um ihm näherzukommen, etwas von der Kraft des Entstehens der jeweiligen Welt zu begreifen. Als Bild oder als Bilderkreis diente hier die Ostererfahrung als jenes Moment der Welt des Christlichen, das den Ursprung, den Punkt der Entstehung dieser Welt am deutlichsten anzeigt und erinnert hält. Dazu wurde Ostererfahrung als Bild phänomenologisch aufgeschlossen. In diesem Bildkreis Ostererfahrung zeigt sich nun, daß dieser eine Mitte umsteht, die in allen einzelnen Phänomenzügen erinnert, präsent ist, mehr oder weniger verborgen, mehr oder weniger einsehbar. Es zeigt sich in der Mitte des Phänomens Ostererfahrung jener genetische Punkt, der so nicht zu fassen ist, der sich entzieht. Er entzieht sich - „Punkt" ist eben nur ein Denkmodell, um irgendwie davon zu reden. Eigentlich, so muß bis jetzt schon deutlich geworden sein, handelt es sich bei diesem „Punkt" um ein Geschehen, um das Entstehen selbst, um die Kraft der Genese. Sie wird berührbar am ehesten an diesem geschichtlichen Ursprung, dem Beginn, dem Aufspringen der dort neuen Welt des Christlichen. Neben dem „Entzug" kennzeichnet diesen Ursprung die Tatsache, daß er in allen Momenten der jeweiligen Welt präsent ist, daß er - und das ist hier jetzt wichtig - in dem Bildkreis Ostererfahrung erscheint, diesen aus sich hervorbringt, der ohne ihn ins Nichts zurücksinken würde.

Die Phänomenzüge von Ostererfahrung umkreisen im letzten jenes Geschehen, das

---

Schluß wird dort versucht, in durchaus anzuerkennender Bemühung Auferstehungsglauben als heutigen Glauben, letztlich als mögliche objektive Weltsicht aufzuschließen. Vgl. ebd., 216-222. Dies muß fehlschlagen, weil hier der hermetische Charakter von Ostererfahrung, deren Eigenweltlichkeit zugunsten einer so nicht erreichbaren Objektivation allgemeinverbindlicher Weltsicht aus dem Blick gerät. Das ist besonders deshalb zu bedauern, weil Lüdemann im vorletzten Kapitel, wo er die Geschichte des Auferstehungsglaubens darstellt, diese Welthaftigkeit zu sehen scheint. Vgl. ebd., 209-215.

sich in dem Satz ausdrückt: „"ὅτι Χριστὸς ἀπέθανεν (...) καὶ ὅτι ἐγήγερται (...)" - „...daß Christus gestorben ist (...) und daß er auferweckt worden ist (...)". Das ist das Geschehen der Rettung, des Übergangs durch den Tod hindurch zum Auferwecktsein. In diesem Übergang wirkt, so wurde aus der phänomenologischen Erhellung deutlich, eine Macht, die als Macht des Übergangs, ja besser noch als Geheimnis des Übergangs bezeichnet wurde. Dieses Geheimnis des Übergangs ist die Mitte von Ostererfahrung. Ohne es sänke sie in sich zusammen ohne Gestalt, ohne Sinn. Zugleich ist dies als Geheimnis dem Zugriff entzogen.

Mit dem Geheimnis des Übergangs wird jener „Punkt" berührt, der als Ursprung, als „genetischer Punkt" genau diese Eigenschaften aufweist: alles aus sich heraus entstehen zu lassen, so in allem als innere Kraft der Genese präsent zu sein und sich zugleich jedem Zugriff zu entziehen. Mit dem Geheimnis des Übergangs führt das Phänomen Ostererfahrung hinter den Bildkreis, d.h. in dessen Mitte und Tiefe.

Das Geheimnis des Übergangs. Es ist jenes, das hinüberführt vom Tod zum Auferwecktwerden, das durch den Hiat des Todes hindurchführt. Dies geschieht aber nicht, so war oben zu sehen, durch ein Bewahren des Alten, sondern das geschieht durch Ernstnehmen des Todes als Ende, als Untergang, als Abgrund der Vernichtung. Diese Macht des Übergangs ist daher Geheimnis, da sie nur als selbst Vernichtete, als Nichts im Tod, im Untergang wirken kann, wo es eben nichts zu wirken gibt, in ihm präsent sein kann, ohne ihn zu schmälern. Das Geheimnis des Übergangs ist die volle Ernstnahme des Nullpunktes, den Tod, den Untergang bedeutet. Aus diesem Nullpunkt heraus geht die Macht des Übergangs selbst auf. So betrachtet erscheint diese Macht, dieses Geheimnis des Übergangs nicht mehr als ein „Etwas", mit dem dann noch etwas geschieht, sie erscheint hier vielmehr als ein Geschehen, als der Übergang eben. Das Geheimnis des Übergangs ist dieser Übergang selbst, ja ist das Geschehen des Aufgehens aus dem absoluten Nullpunkt heraus, ist die Urkraft der Genese, der Entstehung aus dem Hiat des Todes, des Abgrundes, der Vernichtung. Diese Macht ersteht selbst allererst im Geschehen des Aufgehens, des Übergangs, des Auferweckens. Im (Neu-)Schöpfen wird sie erst: schöpferische Macht, denn sie ist selbst dieses Geschehen, das Aufgehen, der Übergang, das Auferwecken aus dem Tod, das Neuschöpfen. Das Geheimnis des Übergangs zeigt sich als das Geschehen des Aufgehens selbst.

Das ist die Mitte, die hinter den Bildkreis von Phänomenzügen der Ostererfahrung führt. Das ist jenes Geschehen, das sich als Kraft der Entstehung, der Genese erweist. Als dieses Geschehen ist es nun aber nicht ein einzelner Phänomenzug, auch wenn diese ja alle gleichursprünglich zusammenwirken. Es ist vielmehr als das Geschehen des Aufgehens in allen Phänomenzügen gegenwärtig als die dem gesamten Phänomen Ostererfahrung eigene Kraft der Entstehung, der Genese, des Erscheinens.

Von dieser genetischen Kraft, dem Aufgehen selbst her, sind die einzelnen Phänomenzüge in ihrer genetischen Kohärenz zu verstehen:
So ist diese Macht des Übergangs, die in der Ostererfahrung von dieser selbst als Gott bezeichnet wird, wahrhaft „Gott der Toten", da diese sich aus dem Nullpunkt, dem Tod, dem Abgrund der Nichtigkeit allererst erhebt und so auf die Seite der Vergessenen springt, sich mit den Toten solidarisiert.
So ist aber auch der Nullpunkt, der Tod selbst gerettet, weil verwandelt in einen Ort des möglichen Aufgangs, aus dessen Nicht heraus sich die Macht des Übergangs als „ein Gott" erhebt, der Tote zum Leben neuschafft.
Das Alte ist im „geretteten Tod" endlich gemacht, in sich zurückgenommen. Im Auferwecken aus eben diesem Tod ist dieser und alles, was darin sein Ende, seine Beendigung fand, neugestaltet. Der Nullpunkt ist ja Voraussetzung des Neuen. Das Neue geht auf als andere Dimension, die aus dem Alten unherleitbar ist - dazwischen ein Hiat, ein Tod. Aber es bleibt durchsichtig auf das Alte hin, dieses in neuer Weise erinnernd. Das ist das Geheimnis des Übergangs, das Geschehen des Aufgehens aus dem Untergang.
So sind Menschen, deren Leben im Tod Ende findet, in ihrer einmaligen Geschichte für kostbar befunden, wertgeschätzt, ja geliebt und daher bewahrt, gerettet in den neuen Aufgang hinein, in das Auferwecktsein.

Das hat Be-Deutung für alle Menschen, denn es verändert Wirklichkeit, zeigt neu, was Tod, Leben, Menschsein, Dasein bedeutet. Was sich so be-deutsam zeigt, ist Offenbarung, will Kunde werden, die verkündet wird.

Diese Kunde vom Geheimnis des Aufgehens aus dem Untergang kommt nur im Raum des Vertrauens bei den Menschen an. Begegnung ist dieser Raum, in dem es weitergegeben wird. Diese Begegnungen verändern Wirklichkeit, schaffen die Begegnenden neu, die ihrerseits die Begegnung hervorbringen.

Das alles ist neue Sicht vom Wirklichen, geht als Ganzes auf, als Totalinterpretation von Wirklichkeit: Das ist ein Einbruch in alte Weltsichten, ist ein Aufspringen einer neuen Dimension, in der auch der Unterschied zu alten Ordnungen und Einsichten ein anderer ist, erst in der neuen Dimension mitaufgeht.

Das fordert ein neues Sehen. Dieses Sehen ist gegeben im Erscheinen des Phänomens, um das es hier geht. Wo das Geheimnis des Aufgehens aus dem Untergang sich ereignet, da erscheint es allererst, da ist das Erscheinen das neue Sehen. Sehen ist hier der Vollzug der dem Phänomen eigenen Genese.

Wer dieses Sehen nicht hat, ist außen, die Sehenden sind innen. Innen und Außen konstituieren sich aber gegenseitig. Alles geht neu auf im Licht des Phänomens, auch das mitkonstituierte Außen. Innen und Außen bilden ein Geschehen.

Das neue Sehen fordert Mitgehen, Miterleben, meint Erfahrung. Nur die Betroffenen sind Sehende, denn Sehen ist hier Mitvollzug des Phänomens in seinem Erscheinen.

Mehr noch: Die Sehenden und das Erscheinende werden als eine Welt gestaltet aus einem gemeinsamen Geschehen heraus, von Urbeginn an, aus dem Nullpunkt heraus, im Geheimnis des Übergangs, aus dem Geschehen des Aufgehens aus dem Untergang. Subjekt-Objekt-Trennung greift hier nicht mehr. Sie ist fundamentaler überwunden.

Dieser Durchgang durch das Phänomen Ostererfahrung mag genügen. Von der genetischen Kraft des von den Phänomenzügen umstandenen „Punktes", der sich als Geschehen des Übergangs erwies, kommt größere Helle in den inneren Zusammenhang des Phänomens. Von da aus wurden Phänomenzüge nochmal kurz durchschritten. Wo die Phänomenzüge eines Phänomens aus ihrem Zusammenhang heraus das Geschehen der Genese des Phänomens zeigen können, spreche ich von Evidenz. Der Sinn des Bildes Ostererfahrung, der „starken Form", scheint hier auf, wird sehbar.

Noch ein Wort zum Sehen. „Sehen", so heißt dieses Kapitel. Das meint die zweite Dimension, die sich aus dem „Fragen" ergab, aber erst in der neuen Dimenision selbst als Dimension und eben nicht als zweite Ebene, wie das vom „Fragen" aus erschien, deutlich wurde. „Sehen" bekommt nun noch eine andere Färbung. Es ist oben schon angeklungen. Der derzeit erreichte Ort unseres „Sehens" hier ist die Einsicht, daß im Phänomen Ostererfahrung das Geheimnis des Übergangs als Geschehen des Aufgehens aus dem Untergang erscheint, und zwar als die dem Phänomen Ostererfahrung eigene genetische Kraft, ja als dessen Aufgehen selbst. Das Geschehen des Aufgehens erscheint, und im Erscheinen ist es zu „sehen". Ostererfahrung ist eben nur Oster-Erfahrung, indem sie erfahren wird. Das Sehen wird dadurch zu einem Mitvollzug des Erscheinens des Phänomens. Nur als Erscheinendes wird es gesehen und als Gesehenes erscheint es. Sehen ist hier nicht nur erscheinen lassen, sondern auch erscheinen machen. Als Sehende sind wir in das Erscheinen und damit in die Genese des Phänomens Ostererfahrung und zutiefst des Geschehens des Aufgehens aus dem Untergang hineingenommen. Wir selbst stehen schon lange nicht mehr draußen. Im Sehen sind wir ins Innen hineingeholt worden, vollziehen wir die Genese des Phänomens mit.

Auf dem Hintergrund der Genese hermetischer Phänomene, wie Rombach sie in seiner Schrift „Welt und Gegenwelt" beschreibt, mag Ostererfahrung in aller Deutlichkeit als ein solches hermetisches Phänomen verstehbar werden. Wirklichkeit von Ostererfahrung her zu sehen bedeutet, Wirklichkeit als aufgehende Welten, als in diesem Sinne zu sehende Phänomene zu verstehen, bedeutet, eben zu „sehen" und so zu „werden". „Österlich" zu sehen heißt so verstanden, „hermetisch" zu leben.

Genau dies ist ja auch das Anliegen gewesen beim Sprung in die zweite Dimension, in das „Sehen": Das Christliche von innen her mit dessen eigener Helle sehen zu lernen zum einen, und anders als auf der Ebene des theologischen Fragens nun hier auf der Ebene bzw. Dimension der Religion (des Christlichen in diesem Fall) nicht in der Distanz fragender Subjekte zu bleiben, sondern sich von der Andersheit der neuen Dimension ergreifen zu lassen und in sehendem Erfahren bzw. erfahrendem Sehen wirklich in das religiöse Phänomen hereinzukommen, es einzusehen.

Das Sehen des Bildes Ostererfahrung zeigt etwas von der genetischen Kraft der aufgehenden Welt des Christlichen. Von daher das Christliche als Religion eben in der ihm zukommenden Dimension zu sehen, ist das Anliegen des folgenden Kapitels.

4. Kapitel: Das Christliche

4.1 Ursprung

Ursprung meint hier Ur-Sprung. Das ist der Sprung am Anfang, ja als Anfang einer Sache, einer Bewegung. Darin liegt der Schlag, daß etwas beginnt im Schlag, als Aufspringen, unter Umständen als eruptive Geburt. Dies ist der Beginn, ist die Grundlegung der betreffenden Sache, ja ist ihr Kern. Daher Ur-Sprung. Darin liegt etwas vom Wesen der Sache, tritt das Wesentliche ins Dasein. Das meint Ursprung. Ursprung ist auch stets Geheimnis. Geheimnis, wie es eben zum Aufstehen eines neuen Phänomens kommen kann. Ursprung hat kein „wie es dazu kam...", er ist eben selbst-ursprünglich, sonst wäre er eine Folge von etwas, nicht Ursprung. Ursprung ist auch stets entzogen, indem er begründet. Den Sprung, in dem das Christliche beginnt, aufgeht, in Erscheinung tritt, nenne ich Ursprung.

Das Bild Ostererfahrung führte genau zu diesem Ort. Ostererfahrung als Kreis von Bildern, die den sich entziehenden und sie begründenden „Punkt" umstehen, erinnert diesen Ort, macht ihn sehbar. Ostererfahrung zeigt den Sinn, die Kraft des Aufgehens der Welt des Christlichen. Sie umsteht erinnernd diesen „Ursprung", hat Teil an ihm, geht aus ihm hervor und kündet ihn. Von da aus ging geschichtlich die Welt des Christlichen aus. Ostern war dieser Sprung, der Christliches anstieß, es zur Entstehung kommen ließ. Alles andere, was Christliches mitbegründete, wie etwa das Leben und Lehren Jesu von Nazareth, wurde so in ein neues Licht gestellt, allererst in seinem Sinn deutlich, in einem neuen Sinn. Das meint hier Ur-sprung.

Der Weg, wie ein Phänomen sich in der Geschichte entwickelt, wandelt, ist der Gang seiner Genese, seiner „inneren" und eigenen Entstehung. Beides fällt hier zusammmen. An Ostererfahrung wird das deutlich: Sie führt einerseits zurück zu dem Ort des geschichtlichen Ursprungs des Christlichen, das eben in dieser Erfahrung seinen eigentlichen Anfang nahm, seinen entscheidenden Impuls erhielt, wo der Sprung in die neue Dimension sich ereignete. Ostererfahrung führt andererseits auch zu dem Punkt des Aufgehens der Welt des Christlichen, zu dem Punkt, von wo aus das Christliche seine Macht zur Entstehung hat, von „wo" es als Phänomen aufgeht, wo sein Wesen als Kern und Kraft zur weiteren Genese in Erscheinung tritt. Beides ist dasselbe in einem Phänomen: der geschichtliche Ort des Beginns und der inhaltliche, sachliche Punkt des Ursprungs. Das gilt auch für das Christliche als Welt.

Im Erscheinen dieses Punktes, der Geburt, erscheint die Intention der zugehörigen Welt, deren Sinn, deren innerste Gestalt. Somit gilt: Im Erscheinen geht die Welt auf. Und es gilt weiter: Im Sehen des erscheinenden Christlichen wird dieses als Welt, ersteht es allererst. So ist „Welt des Christlichen" als erscheinende Welt wesentlich dadurch mitgestaltet, daß sie „gesehen" ist, daß eben Ostererfahrung erfahren wird. Christliches ist nichts Absolutes, das für sich aufgeht. Es geht auf nur durch und mit konkreten Menschen, die sich als Sehende in diese Welt hineingestalten lassen und darin diese gestalten. Das meint hier: Sehen des Christlichen als Welt.

Das mitvollziehende und gestaltende Sehen erinnert daran, daß es hier um die zweite Dimension geht, die als Religion bezeichnet wurde. Religion lebt vom Vollzug, davon, gelebt zu werden. Sie bedarf, um wirklich und wirksam zu werden, des Mitvollzugs und des gestaltenden Eintretens in diese. Das wurde hier als „Sehen" bezeichnet. Nicht distanziertes, reflektierendes Beobachten ist da gefragt, sondern erfahrendes Sehen, so wie es Ostererfahrung lehrt: Sehen des Christlichen. So erscheint Christliches als Religion. Entsprechend den Ausführungen dazu im ersten Kapitel, wo von den drei Dimensionen die Rede war, geht es hier in der zweiten Dimension um Religion. Das bedeutet, Christliches im Mitvollzug, von innen her - gemäß den ihm eigenen Gesetzen - sehen zu lernen, es in der Bewegung des Aufgehens zu sehen, in der eigenen Genese, die das Wesen und die Macht des Phänomens zeigt und ist.

Diese Sätze unter dem Titel „Ursprung" sind eine Hypothek. Sie belegen nichts.

Sie sind eine Vorschau, ein phänomenologischer Ausgriff, der vom Gang des bisherigen Gedankens her gedacht ist. Aber dieser Ausgriff muß sich erweisen. Das soll in diesem Kapitel, besonders im folgenden Abschnitt geschehen. Dort muß deutlich gemacht werden können, daß Christliches sich inhaltlich aus dem durch Ostererfahrung sehbar gewordenenen „Ursprung" erheben kann zu seiner Entfaltung hin, daß es aus diesem Punkt heraus aufspringt, zur Genese kommt, als solche „erscheint". Christliches muß als Welt erscheinen können, wenigstens in seinen Grundstrukturen. So zeigt es sich dann auch als Religion.

Dann erst ist gerechtfertigt, was hier eingangs gesagt wurde, daß der „genetische" Punkt, zu dem uns Ostererfahrung geführt hat, den sie präsent macht, geschichtlich und damit sachlich, das heißt von der Phänomengenese her, Ursprung des Christlichen ist. Nur dann ist gewährleistet, daß darin wahrhaft der Sinn, die innerste Intention des Christlichen aufscheint. Nur dann ist es wahr, daß wir im Bild Ostererfahrung diesen „Punkt" einsehen und so das Christliche von dessen Ursprung her im eigentlichen Sinne „sehen".

4.2 Das Christliche als Welt und als Religion

Es soll nun darum gehen, das Christliche von Ostererfahrung her aus dem Ursprung heraus sich selbst entfalten zu lassen. Wie entsteht das Christliche eben als eigene Welt aus der starken Form, als die Ostererfahrung angesehen wurde? Wie legt sich der „genetische Punkt", den die Bilder der Ostererfahrung präsentieren, selbst aus als Religion? Diesen Spuren soll das Folgende gelten.

Ostererfahrung ließ als Hintergrund und innere Macht ihrer zu sehenden Phänomenzüge ein Geschehen deutlich werden, das als „genetischer Punkt" bezeichnet wurde. Dieses entzieht sich selbst dem Zugriff.[249] Das Geschehen wurde umschrieben mit: „Aufgehen aus dem Untergang". Von diesem „Ursprung"

---

249 So schreibt Hans-Urs von Balthasar, daß an Ostern alle Vorgabe-Schemata zerschellen, Deutungen nur als Bilder einzelner Aspekte Geltung haben, weil sie eine Mitte umstehen, die ihnen allen jenseitig bleibt. Von Balthasar: Mysterium Paschale, 265.

aus gilt es nun, Christliches sich entfalten zu lassen. Dabei soll inhaltlich dem Rechnung getragen werden, was Hans Kesslers Einsicht auf geschichtlich-theologischer Ebene ist, wenn er schreibt, es sei nicht zufällig, daß es von Ostern her zur Entstehung des Christentums gekommen sei.[250] Vom Gang der phänomenalen Entfaltung ist der inhaltliche Weg der Entstehung ja identisch mit dem geschichtlichen. Phänomene entstehen geschichtlich.

Von dem Geschehen „Aufgehen aus dem Untergang" erheben sich eine Reihe von Kategorien, wie ich sie nennen möchte. Es sind dies Momente dieses Geschehens, die bei genauem Hinsehen als einzelne deutlich werden und sich auslegen in einen Weltentwurf hinein, in die Entstehung einer Welt, hier des Christlichen als Welt. Ich nenne diese Kategorien „in nuce", im Geschehen von „Aufgehen aus dem Untergang", „Momente" und in der Auslegung in die Welt des Christlichen hinein „Kategorien". Wir begegnen hier wieder dem, was im zweiten Kapitel zu Bild und Welt gesagt wurde. Bild wurde dort deutlich als unausgelegte, schlichte Anwesenheit eines Gesamtzusammenhangs, der unmittelbar zu sehen, aber eben auch nur zu sehen ist. So ist Ostererfahrung, ist dieser „Punkt", den sie umkreist, unausgelegt. Welt hingegen ist ausdifferenziert, ausgelegtes Bild, Struktur. Hier erst entstehen Ordnungen und Kategorien. In nuce, eben unausgelegt als Bild, sind diese Kategorien in der von Ostererfahrung umkreisten und entzogenen Mitte, um die es hier geht, enthalten, die Ursprung des Christlichen eben nicht nur geschichtlich, sondern auch sachlich sein soll. In nuce sind die Kategorien in dieser Mitte präsent, nun aber nicht in fertiger Gestalt, die dann nur noch quasi „vergrößert" werden muß, um als Welt zu erscheinen; sondern diese Mitte entläßt die Kategorien in der Weise des Ursprungs aus sich. Die Präsenz der Kategorien im Ursprung ist eine genetische, durch die die Kategorien aus dem Ursprungsgeschehen aufspringen, entstehen. Diesen Gang des Entstehens, diese Auslegung des Ursprungsgeschehens, der Mitte von Ostererfahrung, gilt es jetzt zu verfolgen, mitzuvollziehen.

---

250 Vgl. Kessler: Sucht den Lebenden nicht bei den Toten, 20.

So geht es in einem ersten Schritt um die Selbstentfaltung des Christlichen aus dem „genetischen Punkt", der Mitte von Ostererfahrung, dem Geschehen „Aufgehen aus dem Untergang". Bei dieser Selbstauslegung erscheint Christliches als eigener Sinnzusammenhang, als lebendige Struktur, als Sinnganzheit, als Welt. In einem zweiten Schritt soll Christliches als Religion deutlich werden, und zwar so, wie sich Religion aus der Selbstdefinition des Christlichen ergibt. Christliches soll sich in seiner eigenen religiösen Valenz zeigen und nicht in einen vorgefertigten Religionsbegriff eingefügt werden.

4.2.1 Das Christliche in seiner Selbstentfaltung

4.2.1.1 Schöpfung

Aufgehen aus dem Untergang. In diesem Geschehen liegt etwas Schöpferisches. Es geschieht eine Umwandlung, die in der Wende der Bewegung zum Ausdruck kommt. Aus dem Untergang erhebt sich der Aufgang. Etwas Neues bricht an. Die Wende der Bewegung ist dieses Geschehen selbst. Aufgehen aus dem Untergang ist diese Wende, in der eben Neues ersteht. Das Neue ersteht aus einem Untergang heraus, aus einer Art Nullpunkt. Da beginnt etwas total Neues. In dem Schöpferischen ist der Untergang wirklich ernstgenommen. Das Alte ist wahrhaft untergegangen. Der Blick dieses Momentes richtet sich aber nicht auf das Alte und seinen Untergang oder darauf, wie es in diesem zum neuen Aufgehen hinübergerettet wird. Auf diese Fragen werden andere Momente des Geschehens ein Licht werfen. Der Blick dieses Momentes hier geht auf das Aufgehen selbst, das aus sich selbst aufspringt. Ohne Vorgabe zu gestalten, Gestalt zu gewinnen, ins Dasein zu treten oder eben ins Dasein gesetzt zu werden, das ist Schöpfung.

Paulus parallelisiert Ostererfahrung mit dem Schöpfungsgedanken. So wird Gott in Röm 4,17 beschrieben als der, der gleicherweise die Toten lebendig macht und das nicht Seiende als Seiendes ruft. Hier liegt ein Schwergewicht auf dem

Unvordenklichen, dem Handeln ohne Vorgabe, dem urschöpferischen Akt von Schaffung, von Auferweckung als einem Geschehen aus eigenem Ursprung. An dieses Unglaubliche zu glauben, darauf liegt auch der Akzent dieser Textstelle. An anderen Stellen geht es mehr um den Aspekt der Verwandlung, der Neuschöpfung, der Umwandlung der alten Geschöpflichkeit in eine neue durch die erlösende Macht von Auferstehung. So in 2 Kor 5,17 (vgl. Gal 6,15). Auch hier wird betont, daß Altes wahrhaft vergangen ist, daß Neues geworden ist. Was dieses Alte genau ist, wird nicht gesagt. Auf jeden Fall werden die in Christus Seienden als neue Schöpfung bezeichnet. Die Umgestaltung, die sich durch Ostererfahrung ergibt, ist so grundlegend, daß dafür nur der Vergleich mit der Schöpfung im Sinne der neuen Schöpfung ausreicht.

Alexandre Ganoczy bemerkt zu dem Gedanken der neuen Schöpfung, der neuen Kreatur, daß es sich hier um eine Wende durch das Christusgeschehen handelt, wodurch Neues beginnt. Dies meint eine schöpferische Verwandlung des Einzelnen, dann auch der Gesellschaft, ja des Kosmos, der ganzen Schöpfung (vgl. Röm 8,19ff). Wesentlich ist Ganoczy noch, zu betonen, daß der Antrieb, die Macht dieses Geschehens bei Paulus genannt wird: der Heilige Geist (Röm 8, 23-30).[251]

Ostererfahrung führt selbst schon durch dieses Moment des Schöpferischen zum Gedanken der Schöpfung hin. Von Ostererfahrung als Ursprung des Christlichen ist der Gedanke des Schöpferischen originär zu lernen. Legen wir dieses Moment als Kategorie aus, so zeigt es sich als sachliche Grundlegung des christlichen Schöpfungsgedankens. Aus seinem Ursprung, aus dem grundlegenden Geschehen, Aufgehen aus dem Untergang, lernt das Christliche gleichsam das Schöpferische. Wo Christliches als Welt und als Weltentwurf aufgeht, also auch als Gesamtdeutung von Welt, da bleibt die Kategorie des Schöpferischen nicht bei der Ostererfahrung stehen, sondern wird zu einer grundlegenden Einsicht in die Wirklichkeit. Aus dem schöpferischen Moment der Ostererfahrung erhebt sich die

---

251 Ganoczy: Schöpfungslehre, 76 f.

Einsicht in die Welt als Schöpfung. Über theologische Differenzierungen und historisch herzuleitende Mythen ist damit natürlich nichts gesagt. Es geht hier nur um eine Auslegung des Grundgeschehens: Aufgehen aus dem Untergang.

4.2.1.2 Genese

Ganz nah bei dem Moment des Schöpferischen steht das, was ich Genese nennen möchte. Schöpfung und Genese zeigen beide dasselbe Geschehen von zwei verschiedenen Sichtweisen aus. Sieht der Schöpfungsgedanke mehr den unvordenklichen Punkt des Aufspringens aus sich selbst ohne Vorgabe, die Urkraft von Aufgehen schlechthin, so macht die Rede von der Genese mehr darauf aufmerksam, daß Dasein nur als Geschichte ist und nur ist, indem es wird, daß also das Werden nicht abschließbar, sondern Seinsgeschichte und Werdensgeschichte koexistent sind. Ja mehr noch: Genese erscheint als die bewegende Kraft überhaupt. Wirkliches ist nur, indem es wird, indem es also aufgeht. Darauf verweist das Moment der Genese, das sich aus dem Geschehen „Aufgehen aus dem Untergang" erhellen läßt. Genese macht auf den sich erhebenden Prozeß aufmerksam, auf die geschichtliche Entstehung. Aufgehen ist nicht nur ein Aufblitzen, nicht nur ein „Ursprungspunkt". Es ist ein Erblühen, ein Sich-Auslegen in zunehmende Differenzierung.

Dazu Hans Kessler: Wird Welt als „Sein zum Ende und zum Tode hin" begriffen, so ist Auferstehung eine neue Wirklichkeit. Sie bedeutet „ 'Sein vom Tode her' (Chr. Link) von jenseits des Todes her."[252] Dann wird der Gang der Welt nicht mehr gesehen als ein Gang zum Ende hin, sondern als ein Wachsen, ein Sich-Entfalten, das gerade auch da beginnt und seine Kraft erhält, wo der Tod seinen Ort hat im Gang der Geschichte. Genau das meint das Moment der Genese im hier gemeinten Geschehen. Da beginnt nämlich das Wachsen und damit das Leben, das Sich-Entfalten aus einer Art Nullpunkt, aus einem Untergang heraus. Der Untergang wird zum Beginn einer Genese ins Dasein, ins Leben.

---

252 Kessler, Sucht den Lebenden nicht bei den Toten, 283.

Dabei geht die von Ostererfahrung her verstandene Genese über das hinaus, was Welt von sich selbst erwartet. Das bedeutet, daß Wirkliches im Gang der Genese wahrhaft entsteht, daß es also eine echte Genese und nicht bloß eine Entwicklung der schon vorhandenen Möglichkeiten ist. Diese Genese ist eine „Überraschung" für die Beobachtenden. Sie läßt im Bild gesprochen Blüten erstehen aus unscheinbaren Knospen. „Die Auferweckung des Gekreuzigten und seine heutige Wirksamkeit im Geist bleiben eine Wirklichkeit, der widersprochen wird, weil sie der bestehenden Welt widerspricht und dieser mehr zuspricht, als sie von sich aus aufzuweisen hat."[253] Diese Genese, die Aufgehen aus dem Untergang meint, ist ein Ausgriff in die noch ungelebten Möglichkeiten. Sie ist ein Geschehen der Freiheit, der schöpferischen Freiheit Gottes, des Menschen, ja alles Wirklichen. So sieht Edward Schillebeeckx christlichen Auferstehungsglauben als einen Protest gegen alle Vergewaltigung menschlicher persönlicher Freiheit, weil dieser Glaube auf den letzten Sinn jeder Freiheit setzt im Gesamtsinn des Kosmos.[254] Mit dem Moment der Genese steht das christliche Ursprungsgeschehen ein für die Ausgestaltung der Freiheiten aller Individuen, aller lebenden Wesen, ja der ganzen Wirklichkeit. Das noch nicht Vorgeplante entstehen, das noch nicht Denkbare wachsen zu lassen, ist die Überzeugung dieser Rede von Genese, wie sie sich aus der Ostererfahrung, dem Aufgehen aus dem Untergang, erhebt.

Auf diesem Hintergrund legt sich das Moment der Genese als Kategorie aus, die sich in die Welt des Christlichen hinein als das erkennen läßt, was Heilsgeschichte meint. Das ist dann jene Sicht von Geschichte, in der der genetische Gang dieser Geschichte nicht nur umgriffen und getragen ist von dem Heilshandeln Gottes, sondern wo dieses heilvolle Gelingen von Leben dem Entstehungsgang der Geschichte selbst inhärent ist, ja mit der Genese von Sein, von Welt, von Universum identisch ist. Von Ostererfahrung und damit dem hier über Genese Gesagten her läßt sich Evolution, das Aufblühen, das Sich-Gestalten und Wachsen von Lebendigem selbst als ein heilvolles, ja als ein Heilsgeschehen sehen. Genese,

---

253 Kessler: Sucht den Lebenden nicht bei den Toten, 402.
254 Vgl. Schillebeeckx: Christus und die Christen, 783.

genetisches Werden erscheint in der Ostererfahrung als heilvolle Bewegung. Ihre heilvolle, lebenschenkende, ja göttliche Kraft wird hier offenbar. Ostererfahrung zeigt das. Wo Evolution auch als Rückschritt, als Verfall erlebt wird, da wird ihr von Ostererfahrung, vom Christlichen her genau diese optimistische und heilvolle Sicht entgegengehalten. Da bestätigt sich, daß Ostern der Welt mehr zutraut, sie über sich selbst hinausruft.

Diese Ausfaltung der Kategorie Genese folgt nur der inneren Logik der aus dem Punkt „Aufgehen aus dem Untergang" sich erhebenden Welt des Christlichen.

4.2.1.3 Wunder

Das Aufgehen aus dem Untergang erscheint angesichts des Untergangs als etwas vollkommen Neues. Durch keine Vorstellung ist das Aufgehen vorher auszumachen, vorwegzunehmen. Es entzieht sich vorgreifenden Gedanken und Spekulationen, ist unvordenklich, nicht im voraus zu bestimmen. Als wirkliches Aufgehen aus dem Nullpunkt, ist es unerwartet in seinem Auftreten. Das Aufgehen geschieht als Einbruch. Es ist ein Einbruch in die untergegangene Welt, in eine Wirklichkeit, die sich nur die Bewegung des Untergangs vorstellen kann. Das ist ein Schlag, der wie ein Blitz in das Nicht-Erwarten hineinfährt. Aufgehen aus dem Untergang geschieht jenseits aller Erwartung. So erscheint es als Wunder.

Von diesem Geschehen als Wunder zu reden, besagt auch, daß dieses Aufgehen nicht zu machen ist, daß es nicht nur unerwartet auftritt, sondern auch nicht bewirkbar. Es läßt sich weder provozieren noch hervorrufen, geschweige denn herstellen. Es kommt als selbsttuendes Geschehen, als Glück im tiefsten Sinn des Wortes. Es ereignet sich wunderbar und als Geschenk des Lebens selbst. Darin zeigt es etwas vom Wirklichen allgemein: Daß dieses Geschenkcharakter hat, daß Dasein, Leben nicht zu machen ist, sondern unvermittelt aufgeht, alle Erwartungen überspringt und aus eigener Kraft sich erhebt wie eine Gabe für die, die fähig sind zu solchem „Glück". Aufgehen aus dem Untergang bleibt eine Gabe und eine Überraschung. Das ergibt sich aus der Ernstnahme des Untergangs.

Hans Kessler weiß um diesen Geschenkcharakter von Ostererfahrung, wenn er davon spricht, daß diese verwandelnde Wirklichkeit nur gegeben ist, indem Menschen sich eben darauf einlassen.[255] Es bedarf der Wahrnehmung, daß es ein Geschenk ist, was sich da ereignet. Erst wenn damit ernstgemacht ist, indem es angenommen wird wie das Glück des Lebens selbst, ist Ostererfahrung begriffen: als Geschenk und als unvordenkliches Wunder.

Verlängert sich dieses Moment als Kategorie in das Christliche hinein, so läßt es sich mit dem umschreiben, was christliche Theologie Gnade nennt. In dem Wort von der Gnade liegt der Geschenkcharakter des Daseins, des Lebens, in dem sich letztlich der geglaubte Gott selbst mitteilt. So beschreibt Alexandre Ganoczy Gnade als „die freie, ungeschuldete Selbstmitteilung des dreieinigen Gottes in Jesus Christus durch den Heiligen Geist, welche die Selbstwerdung des Menschen als Person und Gemeinschaft, trotz Entfremdung und Sünde, durch geschichtliche Transzendenz ermöglicht, trägt und vollendet".[256] Es liegt auch darin, daß dieses Geschenk, diese erfahrbare Mitteilung, nicht vorhersehbar ist, als Überraschung kommt und angesichts der Alltagswirklichkeit als Einbruch und damit als Wunder erscheinen muß. Nur so ist es wahrhaft Geschenk. In der Welt des Christlichen erweist sich Gnade als Selbstmitteilung Gottes eben ungeschuldet, nicht durch Ursache und Wirkung zu erfassen oder zu vermitteln, nicht durch religiöse Leistung zu vereinnahmen. Sie ist, so Ganoczy weiter, umfassender als aller Widerspruch gegen sie, als alle Sünde. Sie ist immer schon das, was Welt umgreift und weiter noch umgreifen wird.[257]

Eine so umfassende Sicht von Gnade verweist deutlich auf die fundamentale Bedeutung des Geschenkcharakters allen Lebens in christlicher Sicht. Wirklichkeit, auch ihr letzter Grund und ihr Geheimnis, erhebt sich als Geschenk, als Glück, als Wunder.

---

255 Vgl. Kessler: Sucht den Lebenden nicht bei den Toten, 272 f.
256 Ganoczy: Gnadenlehre, 352.
257 Vgl. ebd., 353 f.

4.2.1.4 Verwandlung

Aufgehen aus dem Untergang bedeutet nicht nur eine Neu-Schöpfung, den Sprung in das Neue, das Unvordenkliche. Es bedeutet auch eine Verwandlung des Alten, dessen, was da unterging; es bedeutet eine Transformation. Beide Perspektiven gehören zu dem einen Geschehen: Aufgehen aus dem Untergang. Beide ergänzen sich. Sie sind zwei grundverschiedene, aber komplementäre Zugänge zu der einen Sache. Beide gilt es zu verstehen, um die ganze Tiefe des Geschehens zu erfassen. Verwandlung ist die Kehrseite dessen, was unter Schöpfung beschrieben wurde, dem Aufspringen, dem ursprünglichen Erstehen ohne alle Vorgaben aus dem Nullpunkt heraus. Verwandlung greift zurück auf Altes, transformiert. Altes wird verwandelt. So gerade entsteht Neues. Das ist die Kraft der Verwandlung.

Aufgehen aus dem Untergang. Schöpfung und Verwandlung als die beiden Seiten einer Medaille. Altes geht unter, versinkt im Abgrund, wird zunichte: Untergang. Aus diesem Untergang erhebt sich als neue Schöpfung ein Aufgehen, erblüht Leben neu, unvordenklich, ohne Vorgabe: Schöpfung. So aber wird der Untergang zu einem Ort möglichen Aufgehens. Der Untergang ist im Aufgehen, in der neuen Schöpfung als eben dieser Ort präsent. Damit ist aber auch alles in diesem Aufgehen präsent, was in dem Untergang sein Ende nahm. Im Modus des Untergegangenen, des Versunkenen, ja des Vernichtetseins ist das Alte im Untergang gegenwärtig und damit auch im Aufgehen aus diesem, jenem Aufgehen, das den Untergang in seine Bewegung als Ort des Ur-Sprungs einbirgt. Gerade im Untergang ist das Alte hineingerettet in das Aufgehen. So ist es bewahrt, aber eben verwandelt. Transformation durch den Nullpunkt hindurch. Das meint Verwandlung.

Transformation des Menschen insbesondere ist im letzten nichts anderes als das, was das Christliche Erlösung nennt, wo der Mensch befreit wird aus alten Verstrickungen, aus Sünde und Not, auf daß er neu sich erhebt, verwandelt wird zu sich selbst hin, seinem eigentlichen Sinn hin. Dies gilt nicht nur dem Menschen, sondern der ganzen Schöpfung. Verwandlung erscheint hier als das Moment, das die christliche Kategorie der Erlösung hintergründet.

4.2.1.5 Transparenz

Wo Aufgehen aus dem Untergang als Verwandlung deutlich wird, da gilt dann auch, daß das Neue eben eine Verwandlung des Alten ist, auf dieses hin durchsichtig bleibt, stets an dieses erinnert, erinnern will. Das meint Transparenz. Das Alte ist im Neuen eben als total anderes aber doch präsent, indem dieses Neue durchsichtig, transparent bleibt auf das Alte hin, auf den Untergang und auf alles, was da unterging. So ist das Alte gerettet in das Aufgehen des Neuen hinein. Transparenz bedeutet durch den Untergang hindurch Durchsicht zum Alten hin, aber eben nicht als etwas Bleibendem, sondern als etwas Wiedergeborenem, Neugeschaffenem. Darin gerade ist das Alte gerettet, weil auch in seiner Endlichkeit und damit Gültigkeit, weil Endgültigkeit, ernstgenommen und nicht qualvoll über sein eigenes Maß hinaus verlängert. So ist Altes gerettet, im Neuen präsent, dieses transparent auf das gerettete Alte hin.

Mit Blick auf die ungerecht Getöteten in der Geschichte der Menschheit bekommt für Hans Kessler die Rettung aus dem Tod, die Ostererfahrung meint, eine letzte Schärfe und Deutlichkeit. Er sieht die Frage nach der verlorenen Hoffnung der Elenden im Letzten als eine Frage nach Gott, dem totenauferweckenden Gott. Erst durch ein Ereignis der Rettung, wie es Auferweckung darstellt, ist universale Solidarität mit allen Elenden und Toten lebbar.[258] Von daher müßte der Osterglaube bedeuten, an die letzte Nicht-Vergeblichkeit allen Einsatzes für das Recht und das Heil auch gegen die Mächte der Zerstörung zu glauben.[259] Wenn Menschen in ihrem Untergang, auch dem grausamen Untergang von Elend, Folter, Mord und Entrechtung, gerettet sind, so ist das gerade nicht eine Vertröstung auf ein besseres, anderes Leben. Es ist dies der fundamentale Aufstand gegen alle

---

258 Vgl. Kessler: Sucht den Lebenden nicht bei den Toten, 37 f.
259 Vgl. ebd., 313 f.

diese Entrechtungen, weil diese Menschen gerettet sind, gerettet sein sollen. In dieser Rettung ist die Entrechtung, der Mord, die Unterdrückung verurteilt als unerträglich. Genau daraus wird der Mensch ja gerettet. So sieht Leonardo Boff Auferstehung als Verurteilung der irdischen Ordnungs- und Rechstsysteme, die Menschen bis in den Tod unterdrücken, die Jesus ans Kreuz brachten. Auferstehung verurteilt auch die widergöttliche, tödliche Macht des religiösen Fanatismus, der unmenschlichen Religiosität, die Jesus ermordeten.[260] Diese Verurteilung des Unmenschlichen und Bösen in der Welt nimmt Maß am Menschen, am Leben der Geschöpfe. Sie ruft auf zum Handeln gegen die Mächte der Zerstörung, zur Politik für das Lebensrecht aller. Dieses Lebensrecht ist kein geistiges Prinzip. Es meint vielmehr den Menschen in seiner Ganzheit und damit Leiblichkeit. Paulus spricht bei der Auferweckung von dem „$\tilde{\sigma\omega\mu\alpha}$ $\pi\nu\varepsilon\upsilon\mu\alpha\tau\iota\kappa\acute{o}\nu$", dem vom Geist durchatmeten Leib, dem Geistleib als Ganzheit (vgl. 1 Kor 15,44). So gilt die Politik, das Handeln, das daraus erwächst, dem Menschen, den Geschöpfen: ihrer Ganzheit, in allen ihren Bedürfnissen und Lebensrechten! Gerade aus der von Ostererfahrung verkündeten Rettung der Entrechteten und Elenden entspringt dieses Handeln, weil darin sich die Solidarität der auferweckenden Macht, im Christlichen Gott genannt, mit den Elenden anzeigt. Das Leben der Menschen ist so kostbar, daß es gerettet wird durch den Untergang hindurch in das neue Aufgehen hinein. Das gelebte Leben ist gerade nicht vergessen, sondern bleibend im Neuen gegenwärtig. Das Aufgehen erhebt sich ja nur als ein Aufgehen aus dem Untergang genau dieses einmaligen und unverwechselbaren Lebens. Darin wird dieses gültig, als gültig bestätigt. Das gelebte und gestorbene Leben ist im Aufgehen präsent, dieses ist stets durchsichtig auf das „Alte" hin. Das meint Transparenz. Transparenz ist Rettung, Rettung aus dem Untergang.

Das Moment der Transparenz in die Welt des Christlichen hinein ausgelegt heißt dann soviel wie: Rettung des Menschen mit seiner einmaligen Geschichte, Rettung

---

260 Vgl. Boff: Jesus Christus, der Befreier, 293 f.

des Menschen aus allen Untergängen und Vernichtungen, Solidarisierung des auferweckenden Gottes mit eben diesen Menschen, Verurteilung allen unmenschlichen und Geschöpfe zerstörenden Handelns, Aufruf zur Politik zugunsten des Lebens, des Menschen, des Heils aller Wesen.

4.2.1.6 Wertschätzung

Hinter dem Geschehen „Aufgehen aus dem Untergang" steht eine Option, eine Art Entscheidung, daß nämlich das Leben aus dem Untergang heraus aufgehen, leben soll, daß es besser ist zu leben als im Tod zu verharren. Das bedeutet eine Wertschätzung des Daseins. Das ist dann auch eine Wertschätzung der Menschen im Falle von Ostererfahrung, denen dieses Aufgehen, diese Auferweckung gilt. In der Phänomenologie der Ostererfahrung war das schon zu sehen. Aufgehen aus dem Untergang hat in sich eine Wertschätzung des Lebens, der Menschen, für die dieses Geschehen sich ereignet. Wertschätzung eines Menschen ist im letzten Liebe. Wirkte die politische Konsequenz aus dem vorangehenden Moment „Transparenz" eher abstrakt begründet, so bekommt sie hier eine ganz andere Wärme. Liebe erweist sich als Movens, als Option des Aufgehens aus dem Untergang. Von dieser Liebe, die die Menschen wertschätzt, ist dann all das, was oben über den Einsatz für die Menschen, die Solidarität mit den Unterdrückten und den Aufstand gegen das Unrecht und Elend gesagt wurde, wiederlesbar und tiefer begründbar. Wenn Wertschätzung des Menschen, ja des Lebendigen überhaupt als Moment des christlichen Ursprungsgeschehens, das wir hier auslegen, erscheint, so bekommt die ganze sich daraus erhebende Welt des Christlichen eine gefühlsmäßige und existenzielle Tiefe, die sich mit den Schmerzen, den Sehnsüchten, den Freuden und dem Glück des Menschenherzens aufs innigste verbindet.

Von Ostererfahrung her sieht so Hans Kessler Auferstehungsglauben gegründet auf dem Boden der Liebe, die gerade nicht für sich selbst Auferstehung sucht, sondern die den anderen Geliebten, die andere Geliebte nicht im Tode versinken lassen kann.²⁶¹ Von diesem Moment her die Kategorie der Liebe zu verstehen, die als universale und intime Macht das Christliche so wesentlich ausmacht, d.h. von diesem Ursprung her und von den Worten und Taten Jesu von Nazareth her ausmachen sollte, ist nicht schwer. Die Liebe, die sich als Kategorie der Welt des Christlichen aus der Wertschätzung auslegt, ist gemäß dem Ursprungsgeschehen „Aufgehen aus dem Untergang" eine optionale Liebe. Sie hat einen Einsatz, einen Wert, den sie verfolgt, für den sie aktiv wird. Sie liebt stets aus dem Untergang, aus dem Tod heraus, sie erweckt zum Leben. Nur so ist sie Liebe, die zurückgebunden bleibt an dieses Geschehen, in dem sie als Wertschätzung erscheint, die zugunsten der Lebendigen auf den Plan tritt. Diese Liebe hat etwas Aufbrechendes. Sie bricht Grabkammern auf, gebärdet sich stets wirksam und österlich.²⁶²

4.2.1.7 Erfüllung

Aufgehen aus dem Untergang: Wo das als Rettung des Menschen aus der Not, dem Tod, ja als Verwandlung des Menschen hin zu seiner Eigentlichkeit erscheint, ist dieses Geschehen eine Erfüllung der vielen Sehnsüchte, Erwartungen und Hoffnungen der Menschheit, die aus der erfahrenen Not und dem Elend, aber auch aus der Ahnung um die mögliche Größe und den Reichtum des Lebens geboren wurden und werden. Das Moment Erfüllung läßt die Schwingungen des Menschenherzens in dem zunächst eher kühl wirkenden „Aufgehen aus dem Untergang" hörbar werden.

Ohne das Ausgreifen auf die Gültigkeit seines Lebens vermag der Mensch nur schwer zu leben. So sagt Teilhard de Chardin, daß wir Menschen, um menschlich zu handeln, einen offenen Raum nach vorne benötigen, daß nämlich die Früchte der Mühe bleiben, unvergänglich, irreversibel und unsterblich sind.²⁶³ In diese

---

261 Vgl. Kessler: Sucht den Lebenden nicht bei den Toten, 35.
262 Christliche Theologie hat diese wirkende österliche Liebe analog personal gesehen, wo sie den Heiligen Geist als Wirkenden des Ostergeschehens nennt. Vgl. z.B. Röm 8,11.
263 Teilhard de Chardin: Mein Glaube, 133.

Erwartung des Menschen trifft nach Karl Rahner die Auferstehungsbotschaft. Sie fällt auf den Boden der transzendentalen Erfahrung, das heißt, sie entspricht dem Innersten des Menschen, der sich dort, wo er ganz vor sich kommt mit seiner Freiheit, als gültig erfahren muß, ohne diese Gültigkeit aus sich heraus sichern zu können. Er bleibt darin gerade verwiesen auf ein Anderes (Gott).[264] In diesem Verwiesensein liegt die eigentümliche Spannung von „Erfüllung". Sie erwächst im Modus der Sehnsucht, der Erwartung, der Ahnung und der Hoffnung aus den tiefsten und auch oft schwersten Erfahrungen des Menschen, aus Grenzerfahrungen, aus Erfahrungen von Not und Einsamkeit, Tod und Verlust. So ist sie ganz dem Menschen nahe, ja sein Eigenstes, seine Hinspannung auf erfülltes Leben. Zugleich aber ist eben diese „Erfüllung" dann als Erfüllung gerade nicht zu machen. Sie ist Geschenk des Geschehens selbst, des Aufgehens aus den vielen Untergängen.

Wie der Mensch beseligt mit der Kraft dieses Anderen zu werden vermag, eigentlich werden kann, so wie er es erwartet, wie alle Sehnsucht nach Glück und Leben erfüllt wird, davon erzählen im Christlichen die Bilder, die um das Wort Himmel kreisen, die die Eschatologie beschreibt. Vielleicht ist die christliche Rede von der Eschatologie der Versuch, diese Spannung zeitlich zu lösen: Es ist schon Heil angebrochen, aber Erfüllung als Ganze ist noch nicht wirklich geworden. Auf jeden Fall erhellt sich das Moment der Erfüllung als Hintergrund für solche theologischen Reflexionen.

4.2.1.8 Vertrauen

In dem Aufgehen aus dem Untergang liegt für die, die sich real diesem Geschehen anheimgeben, ein Wagnis. Der Untergang ist ein Abbruch des Bisherigen. Auch die Hoffnungen verschwinden da. Es ist eben ein Nullpunkt. Daß aus ihm heraus ein Aufgehen sich ereignet, ist ein Vertrauen, ein Vertrauen, das fast dem Untergang selbst, oder besser, dem ganzen Geschehen von Aufgehen aus dem

---

[264] Vgl. Rahner: Grundkurs des Glaubens, 264-279.

Untergang entgegengebracht wird. Darauf zu setzen heißt quasi alles auf eine Karte zu setzen, denn das neue Leben kann nicht eingefordert werden. Das ist ein Glaube an das Leben selbst, an jenes Geschehen und die Macht, die darin wirkt, welche wir hier umkreisen.

Das meint Karl Rahner, wenn er der Auffassung ist, daß Osterberichte ohne Geistererfahrung, das heißt Vertrauen auf die Sinnhaftigkeit des Daseins, unannehmbar bleiben.[265] Ostererfahrung anzunehmen, sich von dem hier gemeinten Geschehen existenziell tragen zu lassen, bedeutet auf genau diese Bewegung zu vertrauen, die Aufgehen aus dem Tod, dem Nullpunkt beschreibt, in der sich der Sinn und eben nicht das globale Scheitern des Lebens kundtut. Mit diesem Vertrauen geht eine Befreiung des Menschen einher: die Befreiung von der Vorstellung, dem Zwang, alles selbst bewerkstelligen zu müssen.[266] Das Leben erscheint so wieder als zwar unbezahlbar, nicht zu erarbeiten, aber auch als tragendes Zukommen, als Fülle, die mit emporträgt im dramatischen Wirbel des Geschehens.

Christliches nennt dieses Sich-Werfen auf den Sinn des Daseins, daß es trägt und nicht zuschanden werden läßt, Glaube an Gott. In diesem Sich-Festmachen an der nach der Einsicht der Ostererfahrung in dem Geschehen des Aufgangs wirkenden Macht, die als Gott bezeichnet wird, liegt das Vertrauen auf das gute Ziel von Geschichte auch wider alle Zerstörung. Es ist dies der Glaube, der auf die Treue Gottes setzt, auch wo die Bewegung des Glaubens verunmöglicht erscheint: im Abgrund des Todes selbst. Glaube ist die christliche Kategorie, die sich aus dem Moment Vertrauen erhebt.

---

265 Vgl. Rahner u.a.: Auferstehung Jesu, 418.
266 Vgl. Kessler: Sucht den Lebenden nicht bei den Toten, 403.

4.2.1.9 Be-Deutung

Es braucht schon fast nicht mehr erwähnt zu werden: Dieses Geschehen hat durch sich selbst, durch das, was es für den Menschen bedeutet, eben Be-Deutung nicht nur für Einzelne, sondern für den Menschen überhaupt. Es gestaltet Menschsein neu bzw. es zeigt, wie Menschsein ist, was bisher eben nicht so gesehen wurde. Darin liegt seine Bedeutung. Sie ergibt sich allein schon daraus, daß die Grenzerfahrungen wie Tod, Elend, Rettung aus dem Scheitern und die zentralen Fragen nach dem Sinn und der Gültigkeit des Lebens in diesem Geschehen gestaltet werden. Das ist Be-Deutung. Dieses Geschehen deutet Welt, deutet Leben und Tod neu. Be-Deutung. Davon gilt es Kunde zu geben, um dieser Bedeutung zu entsprechen. Das war schon von Ostererfahrung her zu lernen.

Noch einmal Hans Kessler mit seinem bedeutenden Buch über die Auferstehung: Im Glauben an die Auferstehung geht es um die Zukunft dieser Welt als ganzer. Das meint auch alles Vergangene und Gegenwärtige mit, das es da zu bestehen gilt.[267] Aus dieser Sicht drängt für ihn die Dynamik von Ostern auf Gemeinschaft mit allen, ja der gesamten Schöpfung hin.[268] Darin ist die Bedeutung von Ostererfahrung ins Wort gebracht. Die Kunde von diesem Geschehen ist nun aber von Kessler sehr praktisch gesehen, wenn er sagt, daß die Hinkehr zum Gott, der die Toten, die Verlorenen auferweckt, die Hinkehr zu den Verlorenen, den Armen und Leidenden verlangt. Der Glaube an die Auferstehung bleibt sonst unglaubwürdig.[269] Die lebensnahe Erfahrung von Ostern fordert, um ihre Bedeutung kundzutun, auch lebensnahes Handeln, Hinwendung zu jenen, denen diese Botschaft als Rettung besonders gilt.

Die Be-Deutung als Moment wird nur dann zur christlichen Kategorie, die diesem Moment treu bleibt, wenn die Be-Deutung nicht nur gesehen, gesagt, sondern vor allem in politisch wirksamem Tun realisiert wird. Dort erst kann von Osterverkündigung und von „Mission" die Rede sein, wenn diese christlich sein

---

267 Vgl. ebd., 40.
268 Vgl. ebd., 369.
269 Vgl. ebd., 404.

will.

4.2.1.10 Inkarnation

Aufgehen aus dem Untergang. Das Geschehen ereignet sich im Kraftfeld einer Macht, die als Geheimnis wirkt. Diese Macht ist es, die in das Geschehen hineinfährt, es gleichsam aus sich selbst hervortreibt. Sie geht in den Untergang, wird selbst eine Null (nur so ist dieser Untergang nicht bagatellisiert) und wird so zum Aufgehen.[270] Sie geht nicht nur in den Untergang, den Tod hinein, sie solidarisiert sich darin auch mit den Menschen im Tod, im Untergang. Das sind letztlich alle. Die Solidarisierung wird hier am untersten Punkt deutlich. Nichts scheint davon ausgenommen. Die Macht des Übergangs belebt gleichsam von innen her die Toten, fährt mit der Macht dieses Geschehens in die Menschen und erscheint im Aufgehen als Gott der Auferweckung, als Leben. Hier gibt es kein Wirken von außen. Das wäre Entfremdung. Nur im Hineingehen in das Geschehen selbst vermag diese Macht des Übergangs das Aufgehen zu wirken und zu sein. Das meint hier Inkarnation: Die Macht des Übergangs wird Fleisch, wird Fleisch des Menschen, der Geschöpfe, wird totes Fleisch, solidarisch mit allen fleischlich Toten und Zerfetzten. Dort beginnt Auferweckung. Dann geschieht Aufgehen. So erst wird sie zur Macht des Übergangs.

---

270 Von einer Theologie des Todes her erscheint der Tod als ein lebenslanger Prozeß. So geschieht im Tod individuell neue Schöpfung. Es geht um Neu-Schöpfung, nicht um „creatio ex nihilo", sondern um „creatio ex aliquo" (so Alexandre Ganoczy im Entwurf einer Theologie des Todes in seiner Vorlesung vom WS 93/94 in Würzburg). Ähnliches sagt Johannes B. Lotz in seinem Entwurf zu einer Theologie des Todes: „Der Mensch stirbt, nicht nur sein Leib, und der Mensch überdauert den Tod, nicht nur seine Seele." Der Tod bringt nicht Trennung, sondern Erlösung des Leibes, das heißt des ganzen Menschen. „Daß der Leib zuinnerst solcher Wandlung fähig ist, darin besteht das Unerhörte der christlichen Botschaft." Lotz: Zur Theologie des Todes, 52 f. Auch hier ist Tod ein Ort der Umwandlung, ja sogar der Einigung von Leib und Seele. Untergang zeigt sich in dieser Sichtweise des Todes als Ort der Verwandlung.
Ich habe oben unter dem Punkt „Verwandlung" gezeigt, wie ich den Zusammenhang von Schöpfung ohne Vorgaben und Verwandlung des Alten als zwei Aspekte des einen Geschehens sehe. Das sei im Weiteren vorausgesetzt. Wo hier vom Tod als Nullpunkt, als radikalem Untergang die Rede ist, soll dieser Nullpunkt stets als Ort der Umwandlung mitgedacht werden, als ein „Nullpunkt", in dem das „Alte", die Toten, die alte Welt präsent sind im Modus des Untergangs, aus dem sich ja dann - diese verwandelnd, diese transformierend - der Aufgang erhebt.

Rahner beschreibt diese Einigung von Gott und Welt als ein transzendentales Geschehen: „Die Welt empfängt so sehr Gott, den Unendlichen und das unsagbare Geheimnis, daß er selbst ihr innerstes Leben wird. Der konzentrierte, je einmalige Selbstbesitz des Kosmos in den einzelnen geistigen Personen, in ihrer Transzendenz auf den absoluten Grund ihrer Wirklichkeit, geschieht in der unmittelbaren Innewerdung des absoluten Grundes selbst im Begründeten."[271] Inkarnation vertieft sich hier zu einem Erscheinen des Grundes in den Geschöpfen, und zwar zunächst in der Weise ihres Verwiesenseins auf diesen transzendentalen Grund hin. Der christliche, geschichtliche Gedanke der Inkarnation ist dann die Bestätigung und Erfüllung dieser transzendentalen „Inkarnationserfahrung". Für beides zusammen gilt das von Rahner Gesagte. Das Innewerden des absoluten Grundes im Begründeten ist die Sinnspitze des Inkarnationsgedankens, dessen unbeholfene und gefährdete Bildebene überwindend. Rahner bringt dieses Innewerden nochmal auf den Punkt: „Der Unterschied zwischen Gott und Welt ist derart, daß das eine den Unterschied des anderen zu sich selber noch einmal setzt und ist und darum gerade in der Unterscheidung die größte Einheit zustande bringt. Denn wenn der Unterschied selbst noch einmal von Gott herkommt, selber nochmals - wenn wir so sagen dürfen - mit Gott identisch ist, dann ist der Unterschied zwischen Gott und Welt ganz anders aufzufassen als derjenige zwischen kategorialen Wirklichkeiten."[272] Hier ist Gott nicht mehr ein Fremdes, das sich inkarniert. Das Innewerden ist radikal gedacht. Gott erscheint als das Einigungsgeschehen selbst, indem er als der Unterschied von Gott und Welt deutlich wird.

Diese Einsicht bestätigt den Gedanken, der von dem Geschehen, um das es hier geht, herkommt, daß nämlich die Macht des Übergangs, in der Ostererfahrung Gott genannt, nicht einfach das Aufgehen wirkt, sondern selbst dieses Geschehen ist, in dem Einigung geschieht. Da zeigt sich der Unterschied zwischen den Auferweckten und dem Auferweckenden als ein Innewerden der Macht des

---

271 Rahner: Die Christologie innerhalb einer evolutiven Weltanschauung, 199.
272 Rahner: Grundkurs des Glaubens, 71.

Übergangs in den Auferweckten.

Die ersten Ausführungen zu dem Moment „Inkarnation" entsprechen genau dieser Fortführung. Die Macht des Übergangs wirkt nicht als ein Anderes, das sich dann auch erst Raum schaffen muß in der Geschichte. Die Macht des Übergangs wird selbst zum Untergang, solidarisiert sich in diesen hinein und hebt so das Geschehen von innen her. So erweist sie sich selbst als dieses Geschehen, als das Geschehen, in dem die Auferweckten ganz neu geschaffen und verwandelt leben aus der Kraft dieses Aufgehens. In der Verwandlung des Untergangs in den Aufgang wandelt die Macht des Übergangs, die in der Ostererfahrung Gott genannt wird, die Trennung von aufzuerweckenden Menschen und sich selbst als auferweckender Macht. Diese Trennung, diese Differenz wird gewandelt zu einem Innewerden. Im Aufgehen aus dem Untergang macht sich die Macht des Übergangs zum neuen Leben derer, die allein aus dem Aufgehen nun leben. Im Aufgehen fährt der Gott der Auferweckung so in die Auferweckten hinein, daß diese das Geschehen des Aufgangs, das sie trägt und belebt, als die Präsenz ihres Gottes in sich selbst erfahren.

Dieses Moment als Hintergründung für den christlichen Inkarnationsgedanken zu verstehen, liegt auf der Hand. Inkarnation bedeutet ja in der Welt des Christlichen genau das, daß Gott selbst in der Gestalt des Sohnes die Menschen, die geschöpfliche Welt dort aufsucht, wo sie ihre Geschichte haben: im ganzen, unverkürzten Menschsein bis zum Tod. In der Ostererfahrung zeigt sich die Spitze davon: An dem Ort, in der Situation, wo der Begründete, der Mensch seiner eigenen Grundlosigkeit am meisten inne wird, wo er die Grenze des Todes überschreitet, wo er sich als geworfenes Geschöpf zutiefst erfahren kann, genau dort leuchtet in Ostererfahrung der Grund selbst in diesem ganz und gar begründungsbedürftigen, toten Menschen auf. Im Innewerden der eigenen Begründetheit und Grundlosigkeit wird dem Menschen hier der Grund selbst inne: Von Ostern her erscheint der gekreuzigte, tote und dann auferweckte Mensch Jesus von Nazareth, das begründungsbedürftige Geschöpf, als der Christus, der Sohn, der Offenbarer. Der Tiefe dieses Geschehens ist aber nur dann Rechnung getragen, wenn die Vorstellung von der Inkarnation vertieft wird hin zu dieser Einigung von Gott und Welt, die sich als ein Innewerden des Grundes im Begründeten in der Weise des mit Gott identischen Geschehens beschreiben läßt.

4.2.1.11 Macht

Aufgehen aus dem Untergang. Das Geschehen selbst ist ein machtvolles; es entreißt den Menschen dem Untergang, dem Tod und drängt hin zu einem neuen Leben, läßt aufgehen zu neuer Entfaltung und Blüte des Toten und Vergangenen. Darin tut sich eine Mächtigkeit kund, die als Macht des Übergangs bezeichnet wurde. Diese Macht wirkt genau im Abgrund, im Nullpunkt des Untergangs, des Todes. Sie ist die Macht, die das Unglaubliche vollbringt, daß aus dem Nullpunkt etwas Neues erwächst. So handelt sie hinein in die Geschichte des Wirklichen, des Menschen. Sie ist darin schöpferische Macht, die neuschafft, aus dem Nullpunkt heraus Schöpfung erscheinen läßt, Genese anstößt und ermächtigt. Sie ist die Macht, die Altes verwandelt, Tote auferweckt, aus dem Untergang herausführt und Lebendiges transformiert. Sie ist Macht, die Wunderbares wirkt, die aus dem Untergang heraus, aus dem Abgrund der Nichtigkeit Aufgehen, Auferweckung, neues Leben sich erheben läßt als Geschenk, als unerwartete Gabe, als Glück und als Wunder. Darin besteht ihre Macht, genau im Abgrund zu wirken, wo es nichts zu wirken gibt, soll dieser Abgrund des Todes als wirklich erachtet werden. In der Ostererfahrung wird diese Macht Gott genannt.

Geschichte wird hier von innen her durch die Macht des Übergangs (Gott genannt) neugestaltet, verwandelt. Insofern ist dieser Gott dann „geschichtsüberlegen", als er sich dort als Gott erweist, wo Geschichte im Nullpunkt versiegt. Dort wird Geschichte neu begründet, gehoben und so sprengend verwandelt. Hans Kessler umreißt das Handeln Gottes an Ostern als „nicht durch menschliche Aktivität vermitteltes, radikal innovatorisches Auferweckungs- und

Vollendungshandeln Gottes."[273] Darin, so Kessler weiter, sind die Aussagen über das Handeln Gottes an Ostern primär neue Aussagen über Gott.[274] Auf die Spitze gebracht liest sich das dann so: Ein Gott, der nicht auf Golgatha, im Grab nochmals handeln kann, ist nicht als Gott gedacht.[275] Das bedeutet, daß Gott allererst als solcher erscheint in diesem Wirken, von dem Ostererfahrung Zeugnis ablegt. Gott erscheint gleichsam als Macht des Übergangs erst im Wirken aus dem Abgrund heraus, als die Macht, die im Nullpunkt den Übergang wirkt.

Einen anderen Zugang zu dieser Macht hat die feministische Theologin Carter Heyward. Sie sieht die „Macht in Beziehung" stärker als den Tod. Der Tod hat nur soviel Raum, wie wir ihm lassen, wie unser nicht-glauben ihm läßt. Macht in Beziehung ist lebendig über den Tod hinaus.[276] Diese „Macht in Beziehung" beschreibt Carter Heyward so: „Gottes Wesen erfahren wir in der Beständigkeit, mit der Gott zwischen uns Brücken baut. (...) Göttliches Wesen treibt uns, sehnt sich nach uns, bewegt sich in uns und durch uns und mit uns, indem wir uns selbst als Menschen erkennen und lieben lernen, die von Grund auf in Beziehung stehen und nicht allein sind."[277] Diese Einsichten zeigen Gott als die Macht, die im Abgrund handelt, rettend und schöpferisch, die sich in diesem Wirken genau erst als Gott erweist, die in Beziehung steht zu den Menschen, die sie herausführt aus dem Untergang, ja die selbst Beziehung ist.

Gott als handelnde Macht des Übergangs, das denkt das Christliche, wenn es von dem geschichtsmächtigen Gott redet und mit dem Alten Testament weiß, daß dieser Gott der Geschichte der Welt nicht fern gegenübersteht, sondern in ihr wirkt, in ihr erscheint. Von daher ist Gott als „Macht in Beziehung" deutlich, da er die Beziehung zu den Menschen im Untergang nicht abreißen läßt, sondern selbst in diesen Untergang hineingeht, sich darin als die Macht in Beziehung erweist, die auch dort noch ermächtigt, und zwar gerade in Solidarität mit der radikalen

---

273 Kessler: Sucht den Lebenden nicht bei den Toten, 296.
274 Vgl. ebd., 284.
275 Vgl. ebd., 302.
276 Vgl. Heyward: Und sie rührte sein Kleid an, 100.
277 Ebd., 30 f.

Ohnmacht des Todes. So wird er zur Macht des Übergangs.

Als Macht in Beziehung ist Gott dort gedacht, wo Christliches von der alles verbindenden Macht des Heiligen Geistes redet, die die Menschen und Gott in einen gemeinsamen Atem zieht. Genau dieser Geist ist es ja, von dem gesagt wird, daß er die Toten lebendig macht, daß er in Ostern handelt (vgl. Röm 8,11). Dieser Geist erweist sich als Macht der Beziehung, die diese Bezogenheit auch im Angesicht des Todes nicht abreißen läßt, vielmehr verwandelnd durch diesen hindurch zu neuem Aufgehen ermächtigt.

Vom Moment der Macht aus, eben als Macht des Übergangs, erscheint der Gott der Auferweckung als Handelnder, als Wirkender. Dieses Wirken ist nun aber nicht ein Be-Handeln von außen; es ist ein Wirken aus der Geschichte selbst heraus, aus dem Geschehen von Untergang und Aufgang, eben als Macht dieses Übergangs. Macht, die in der Geschichte inkarniert wirkt: so erscheint von diesem Moment her Gott der Auferweckung.

Blicken wir zurück auf den oben genannten Moment „Wertschätzung" und das zur Liebe als Movens von Rettung Gesagte, so muß die Macht des Übergangs gesehen werden als eine solche, die im Übergang wirkt, die rettet, weil sie den Menschen wertschätzt. Im letzten erscheint das Wirken dieser Macht motiviert durch Liebe, in die hinein Wertschätzung sich auslegt. Eine liebende Macht, die im Übergang rettend wirkt, läßt sich als analog personal beschreiben. Hier leuchtet ein Antlitz im Spiegel menschlicher Einsicht in das Personale auf. Gott der Auferweckung erscheint als liebend wirkende Macht des Übergangs, als Person im Sinne von Analogie. Ich rede dabei von Analogie, weil der Personbegriff vom Menschen gewonnen ist. Übertragen auf die Macht des Übergangs, die in der Ostererfahrung als Gott erscheint, muß das Maß der Unähnlichkeit größer sein als das Maß der Ähnlichkeit. Das meint hier Analogie. Es bleibt lediglich ein Hinweis, mehr nicht.

4.2.1.12 Geheimnis

Die Macht, die im Untergang wirkt, solidarisiert sich in diesen Abgrund hinein, erscheint im Wirken allererst aus dem Nullpunkt heraus, Auferweckung aus sich entlassend. Diese Macht bleibt dem Blick entzogen. Gerade als solche, die alles aus dem Abgrund der Nichtigkeit heraus begründet, bleibt sie selbst verborgen und als Begründende Geheimnis. In den Kategorien des Begründeten erscheint sie nicht. Nur so ist sie begründend. Sie erscheint nur im Modus der begründenden Abwesenheit, das heißt, als Geheimnis.

Zwar nennt die Ostererfahrung dieses Geheimnis Gott, aber sie weiß zugleich um Gott eben als Geheimnis, als das unfassbar Ergreifende. Auch sei daran erinnert, daß in dem der phänomenologischen Erhellung der Ostererfahrung zugrundegelegten Text 1 Kor 15,3b-5 Gott nicht genannt wird, sondern nur als handelndes Passiv erscheint. Karl Rahner weiß sich in seinem theologischen Denken in besonderer Weise genau dem Geheimnis verpflichtet: „Gott kann als unsagbare, unumgreifbare Voraussetzung, als Grund und Abgrund, als unsagbares Geheimnis in seiner Welt nicht antreffbar sein, er scheint in die Welt, mit der wir umgehen, nicht einrücken zu können, weil er ja dadurch gerade das würde, was er nicht ist: ein einzelnes, neben dem es anderes gibt, das er nicht ist."[278] Erst wenn Gott wirklich als Entzug und darin als Begründendes, als Macht, die eben im Abgrund alles aus dem Nullpunkt heraus ins Aufgehen zu begründen vermag, gedacht wird, wird Gott als Gott deutlich. Nur als Geheimnis kommt dieses nahe. So Rahner an anderer Stelle: „Die Bewegung des Geistes und der Freiheit, der Horizont dieser Bewegung ist grenzenlos. Jeder Gegenstand unseres Bewußtseins, der uns in unserer Mitwelt und Umwelt, sich von sich aus meldend, begegnet, ist nur eine Etappe, ein immer neuer Ausgangspunkt dieser Bewegung, die ins Unendliche und Namenlose geht. Was in unserem Alltags- und Wissenschaftsbewußtsein gegeben ist, ist nur eine kleine Insel (...) in einem grenzenlosen Meer des namenlosen Geheimnisses, das wächst und deutlicher wird, je mehr und je genauer wir im einzelnen erkennen und wollen. Und wenn wir diesem, wie leer erscheinenden Horizont unseres Bewußtseins eine Grenze setzen wollen, hätten wir ihn gerade

---

278 Rahner: Grundkurs des Glaubens, 89.

durch diese Grenze schon wieder überschritten. Mitten in unserem Alltagsbewußtsein sind wir die auf namenlose, unumgreifbare Unendlichkeit hin Beseligten oder Verdammten (...). Die Begriffe und die Worte, die wir nachträglich von dieser Unendlichkeit, in die wir dauernd verwiesen sind, machen, sind nicht die ursprüngliche Weise solcher Erfahrung des namenlosen Geheimnisses, das die Insel unseres Alltagsbewußtseins umgibt, sondern die kleinen Zeichen und Idole, die wir errichten und errichten müssen, damit sie uns immer aufs neue erinnern an die ursprüngliche, unthematische, schweigend sich gebende und gebend sich verschweigende Erfahrung der Unheimlichkeit des Geheimnisses, in dem wir bei aller Helle des alltäglichen Bewußtseins wie in einer Nacht und weiselosen Wüste beheimatet sind; die uns erinnern an den Abgrund, in dem wir unauslotbar gründen."[279] Tiefer und schöner ist das hier Gemeinte kaum mehr zu sagen. Das Moment, das hier Geheimnis genannt wird, will stets daran erinnern, daß alles Wissen von dem, was mit dem Namen Gott angezielt ist, im Entzug seiner selbst gründet, und daß Christliches, wann immer es als Religion bewußt werden will, von seinem Ursprung her - aber dann auch von überall her, wo es von Gott redet oder sein Wirken voraussetzt - verwiesen ist in dieses Geheimnis, das aus dem Abgrund und als Abgrund erscheint und nur so zu erfahren ist, eben im Modus des Geheimnisses. Alles christliche Reden und Wissen von diesem Geheimnis ist gegründet im Verlust aller Begriffe, aller Theologie. Das ist die Tiefe der Religion, alles Begreifbare zurückgebunden zu wissen an den Entzug, die Leere des Abgrundes, der nur als Geheimnis jene Macht ist, die Ostererfahrung Gott nennt.

4.2.1.13 Identität

Die Macht des Übergangs, die im Aufgehen aus dem Untergang wirkt, erscheint nur aus dem Abgrund der Nichtigkeit heraus. Ihre Macht besteht darin, aus dem Untergang heraus das Wunder, die Schöpfung entstehen zu lassen, das Aufgehen,

---

279 Rahner: Erfahrung des Heiligen Geistes, 234 f.

das neue Leben. Die Macht des Übergangs empfängt ihre Mächtigkeit gleichsam aus dem Abgrund, aus dem Nullpunkt. Dort erst erscheint sie als die Macht des Übergangs, dort erst wird sie zu eben dieser Macht. Ihre Macht hat sie aus der Nichtigkeit, aus der Ohnmacht. Macht und Ohnmacht fallen hier zusammen, nicht in der Weise einer undifferenzierten Vereinheitlichung, sondern in einer höchst spannungsvollen, differenzierten Weise von Identität, die auf der radikalen Unterscheidung aufbaut. Die Unterscheidung besteht darin, das Versinken im Tod als Resignation mit der Ernstnahme des Todes als Nullpunkt und damit als Ort möglichen Neubeginns zu konfrontieren. Die Macht des Übergangs ist Geheimnis, und als solches ist sie die Identität von Macht und Ohnmacht. Das bedeutet eine Umwertung aller Vorstellungen von Ordnung und Macht in der Welt, eine Revolution auch der Gottesvorstellungen. Aus dieser Identität ergibt sich eine bis auf die Spitze getriebene Immanenz: Die Macht zu wirken erscheint gerade in der Ohnmacht, erhält ihre Kraft von dieser und ist in spannungsvoller Differenz mit ihr identisch; Gott erscheint im Menschen, wird erst durch ihn, erhebt sich aus dessen endlichem Leben und nur so; das Ganze, das universale Leben ist nur, indem die einzelnen Menschen leben, indem sie atmen und sterben und scheitern und auferstehen zu neuem Beginn.

Eine Umwertung der Gottesvorstellungen beschreibt Jürgen Moltmann, wenn er sagt: „Wenn 'Atheismus' in der Erkenntnis der universalen Bedeutung des Karfreitags seine Radikalität hat, so ist der Gott der Auferstehung in der Tat so etwas, wie ein 'a-theistischer' Gott."[280] Von Ostererfahrung her diesen sicher provozierenden Gedanken der Identität, wie sie hier verstanden wird, ins Christliche hinein zu erinnern, könnte nicht nur aus den Tiefen und dem Ursprung des Christlichen das neue „Gottesbild" der Auferweckung bewußt machen, das nur zaghaft in der Geschichte des Christentums im Raum der Mystik gewagt wurde ernstzunehmen. Identität von Macht und Ohnmacht als christliche Kategorie auszulegen, könnte auch auf fundamentaler, religiöser, ja philosophischer Ebene

---

280 Moltmann: Theologie der Hoffnung, 155.

ein Ende der Gewalt, auch der Über- und Unterordnungen in Machtsystemen, welcher Art auch immer, einleiten. In dieser so verstandenen Identität wird etwas von dem deutlich, was das Christliche stets mit der Liebe verkündet hat, die die Macht und die Überordnung aufhebt zugunsten einer Ohnmacht, in der allein sie nackt, dann aber höchst machtvoll wirkt, eben als Liebe. Auch ist der Gedanke der Kenosis Gottes, der Entäußerung, daß Gott sich seines Wesens entleert und Geschöpf wird, hier radikal ernstgenommen, allerdings vom anderen Ende des Weges her. Nicht steigt Gott herab vom Thron, sondern er erhebt sich aus dem Abgrund der Ohnmacht. Das ist ein Unterschied! Zum letzten noch könnten von diesem Gedanken her die Einsichten in das, was Inkarnation, Vergöttlichung des Menschen, Heiligung der Schöpfung heißt, vertieft und begründet werden. Aus den Tiefen der Welt, aus dem Abgrund von Ohnmacht und Nichtigkeit wird die Heiligung geboren, erscheint das Geheimnis, das den Menschen nur göttlich und „Gott" nur menschlich auf die Lebensbühne treten läßt.

4.2.1.14 Übergang

Die Macht des Übergangs ist nicht nur Geheimnis, das gerade im Entzug wirkt, das seine Macht aus dem Abgrund gewinnt, dessen Macht mit der Ohnmacht der Nichtigkeit identisch ist. Die Macht des Übergangs ist nichts anderes als dieser Übergang selbst. Am Ende der phänomenologischen Erhellung von Ostererfahrung im Abschnitt „Evidenz" klang das schon an. Das Geschehen „Aufgehen aus dem Untergang", dieses Geschehen ist die Macht, die hier wirkt; dieses Geschehen ist Geheimnis. Nur wenn nämlich die Macht des Übergangs sich in den Abgrund hinein nichtet, ist dieser wirklich als Untergang deutlich. Darin wird sie selbst zunichte. Wann immer noch sie ein anderes ist, eine Macht, die von außen dazukommt und dann das Geschehen wirkt, wird sie entweder im Untergang vernichtet, und es bleibt dann beim Untergang, oder sie hebt durch ihre Präsenz im Untergang diesen als Nullpunkt schon wieder auf. Dann ist aber ein schöpferisches Neuaufgehen nicht möglich und der Untergang schon verkürzt; die furchtbaren Todeserfahrungen der Menschen wären darin nicht ernstgenommen, das Geschehen hier stünde im erfahrungsentleerten Raum eines Ideals. Das zu verstehen ist wichtig! Wenn die Macht des Übergangs nun aber nicht hinzukommt zu dem Geschehen, es aber dennoch wirkt, so erscheint dieses Geschehen selbst als diese Macht. Aufgehen aus dem Untergang ist ein selbsttuendes Geschehen, in dem der Nullpunkt gerade ganz ernstgenommen ist, ein Geschehen, das aus sich selbst den Aufgang hervorbringt. Darin besteht die Macht dieses Geschehens, das ist die Macht des Übergangs. Darin auch ist sie Geheimnis: entzogen als Geschehen, das eben nicht fassbar ist und präsent als Geschehen, das im Aufgehen Wirkliches aus sich schöpferisch entläßt und begründet.

Dieses Geschehen nennt Ostererfahrung „Gott". Dieser Gott der Auferweckung entzieht sich so von Ostererfahrung her nochmal in den Modus des Geheimnisses. Aber gerade so ist er als Begründer, als Gott deutlich.

Karl Rahner schreibt: „Die Unmittelbarkeit zu Gott kann, wenn sie überhaupt nicht von vornherein ein absoluter Widerspruch sein soll, nicht davon abhängen, daß das Nicht-Göttliche schlechterdings verschwindet, wenn Gott nahekommt. Gott braucht als er selber nicht dadurch Platz zu finden, daß ein anderes, das er nicht ist, den Platz räumt."[281] Alles Wirkliche findet seinen Ort, Gott nicht; Gott erscheint als die Verortung alles Einzelnen. Gott selbst ist das Geschehen, daß alles wird, daß alles aufgeht. So findet alles seinen Platz und gründet in „Gottunmittelbarkeit", und Gott erscheint so erst als Gott, als „Begründendes", als Geschehen: Aufgehen aus dem Untergang. Das lehrt Ostererfahrung, lehrt jenes Geschehen, das als Ursprung des Christlichen bezeichnet wurde.

Gerade jetzt, wo dieser Gott sich als Geschehen entzieht, kann sich das Christliche in genau diesem Geheimnis, das Gott genannt wird, gegründet sehen. Denn das Geschehen, das als Ursprung des Christlichen deutlich werden sollte, ist genau jenes Geschehen, als das hier „der Gott der Auferweckung", „der Gott des Christlichen" sich zu erkennen gibt. Nie von außen, nur von diesem Innenblick aus und erst in dieser Tiefe darf Christliches das von sich sagen.

---

281 Rahner: Grundkurs des Glaubens, 91.

4.2.2 Das Christliche als Religion

Aus dem von Ostererfahrung umkreisten Geschehen, „Ursprung" genannt, dem „Aufgehen aus dem Untergang", legen sich die Momente dieses Geschehens als Kategorien eines Gesamtzusammenhangs aus, als Kategorien einer Welt, der Welt des Christlichen, die sich daraus erhebt. In den Grundzügen kann das sichtbar werden. Eine solche Welt ist ein, wie Rombach es nennen würde, hermetisches Phänomen;[282] eine solche Welt ist eine Ganzheit, die als Ganzes aufgeht und ein Innen und Außen konstituiert, wie es hier von Ostererfahrung, vom Christlichen gezeigt werden konnte. Diese Welt des Christlichen hat nun aus sich selbst einen besonderen Anspruch. Sie tritt als Religion auf. Dies ist nicht eine Einordnung des Christlichen in ein vorgegebenes System. Vielmehr erhellt sich aus dem Christlichen selbst, was für dieses „Religion" bedeutet. „Alle Religionen sind hermetische Phänomene, aber nicht alle hermetischen Phänomene verstehen sich als Religion."[283] Religion von Rombach her als hermetisches Phänomen zu sehen bedeutet, Religion, und in unserem Fall eben die christliche Religion in ihrer Selbstinterpretation, in ihrer Eigengesetzlichkeit zu verstehen. Die konkrete Religion gilt es zu fragen, warum und wie sie sich als Religion versteht. Das heißt, Religionen als hermetische Phänomene und damit als Welten zu begreifen. Über Welt wurde im zweiten Kapitel schon hinreichendes gesagt, das sei hier vorausgesetzt.

Wie sieht Christliches sich selbst als Religion? Wie präzisiert sich die Welthaftigkeit des Christlichen zur Religion? Den Fragen soll dieser Abschnitt gelten.

Wenn der Blick auf das fällt, was das Christliche vielleicht am augenscheinlichsten als Welt erscheinen läßt, so ist da die eigene Sicht des Christlichen zu erkennen.

---

282 Eigentlich ist für Rombach jedes Phänomen hermetisch, das heißt ein Weltentwurf, ein Sinnzusammenhang, der aus sich selbst heraus sich konstituiert in Wechselwirkung aller Einzelmomente. Solche Phänomene sind nur im Schlag zu betreten, zu sehen. Sie gehen als Ganzes auf und unter. Über diese Eigenschaften von Phänomenen wurde oben schon gehandelt im zweiten Kapitel.
283 Rombach: Der kommende Gott, 40.

Die eigene Sicht des Christlichen besteht darin, eine Vorstellung von der Wirklichkeit zu entwerfen, eine Art Totalinterpretation. Christliches erscheint in dem Maße als Welt, wie es selbst Welt im allgemeinen Sinne, wie es Wirkliches schlechthin interpretiert, deutet, in einem neuen Licht erscheinen läßt. Nicht erscheint das Christliche in der Welt als ein Phänomen - so ist es von außen. Die Wirklichkeit erscheint neu und anders im Christlichen selbst, insofern der Innenraum des Christlichen betreten und die Innensicht ernstgenommen wird. Das ist, wie im zweiten Kapitel zu verstehen war, die Eigenschaft von Phänomenen, daß sie eben nicht in der Welt erscheinen, sondern die Welt in ihnen. So sind sie „Welt". Dabei zu begreifen, daß diese Totalsicht von Wirklichem eben nur eine unter vielen anderen ist, das ist die Kunst der sogenannten „Hermetik", die Kunst, das Wirkliche als einen Dialog vieler Welten zu verstehen.

Christliches hat, wie oben zu sehen war, eine eigene Sicht von Schöpfung, vom geschichtlichen Gang der Welt. Es mißt sich aus sich selbst eine Be-Deutung für alle zu, wird zur Totalinterpretation von Wirklichem, läßt dieses von Ostererfahrung her, von seinem eigenen Ursprung her, vom „Aufgehen aus dem Untergang" her in einem neuen Licht erscheinen. Indem es das tut, erscheint es selbst allererst. Indem Christliches seine Weltsicht auslegt und entfaltet, wird es selbst als Welt sichtbar. In dieser dem Christlichen eigenen Weltsicht ist alles zurückgebunden an einen Punkt, ein Geschehen, eben an das, was hier Ursprungsgeschehen genannt wurde. In der Rückbindung an diesen Ursprung, von dem aus sich die Totalinterpretation von Wirklichem erhebt, will Christliches sich in einem ersten Zugang als Religion sehen. Wirkliches insgesamt zu deuten, die eigene Sicht vom Woher und Wohin der Geschichte zu entwickeln und dies alles zu tun durch die Rückbindung an einen Ursprung, der die Berührung des Numinosen ist, wie noch zu sehen sein wird, von diesem Berührungspunkt aus eine Gesamtsicht von Welt zu entfalten, das ist ein erster Zugang dazu, wie Christliches sich selbst als Religion sieht.

Damit diese Weltsicht des Christlichen greifen kann, damit sie den Menschen wirklich nahe kommt, und eben weil sie das will, geht es im Christlichen um den

Menschen, den einzelnen, konkreten Menschen. Das bedeutet ein Eingehen auf die Situationen der Menschen, auf ihre Nöte und Ängste, ihre Freuden und Hoffnungen, ihr ganzes konkretes Leben. Dazu gehört in vorrangigem Maß der Weg zu den Benachteiligten, den Unterdrückten, den Entrechteten, den Armen, den Vergessenen, den Toten. Ihnen muß diese „Weltsicht" des Christlichen dann aber in der Gestalt einer kündenden Handlung, einer Option, einer Politik gelten, anders diese „Weltsicht" an den Menschen vorbeigeht. Ebenso gilt es, die Hoffnungen und Ängste der Menschen ernstzunehmen, ihre Sehnsucht nach gelebtem und erfülltem Menschsein, ihre Angst vor endgültigem Scheitern, Tod und Zerstörung. Von der Ostererfahrung her war zu lernen, daß das Christliche genau in diesem Handeln seinen Ursprung hat, in dem optionalen Handeln, das sich in der Auferweckung zeigt als der Übergang vom Tod zum neuen Leben, aus Angst und Not zu Weite und Erfüllung. Gerade von der Ostererfahrung her wird dem Menschen Gültigkeit, Rettung und ganzheitliches Heil zugesprochen, so war zu sehen. In dieser Grundbewegung, in dieser „Politik" erweist sich das Christliche nicht nur als Weltsicht, die dem Menschen nahekommt, es zeigt darin auch seine grundlegende Wendung zum Menschen, um den es geht als einzelne(n), und für alle. Diese Wendung zum Menschen, diese Option ist letztlich als „Heil" zu bezeichnen. Christliches will das Heil, das unverkürzte Ganzsein des Menschen, ja der Geschöpfe überhaupt. Dieser Wille ist dem Christlichen so kostbar, daß er heilig genannt werden muß. Er ist getragen von jener heiligen Macht, die das Christliche Liebe nennt. Die Politik zugunsten des Menschen läßt das Heilige in der Welt des Christlichen aufleuchten. Darin sieht es selbst sich als Religion: Den Menschen nicht allein zu lassen in seinem Elend, sondern ihm nachzugehen mit heilvoller Kunde und heilvollem Handeln, ihn zurückzuführen zu den Quellen des wahren und ganzen Lebens und das in der Macht und dem Atem der Liebe zu tun, die darin dann wahrhaft als göttlich erscheint, das ist Religion, wie sie sich vom Christlichen selbst her zeigt.

In dem, was als Heil des Menschen erscheint, geht es nun aber nicht um rein menschliche Aktivitäten, um das, was sich machen läßt. Ostererfahrung lehrt, daß

Rettung, daß der Weg zu erfülltem Leben und Dasein rückgebunden ist an jene Macht, die als Macht des Übergangs im Untergang den neuen Aufgang zu wirken vermag. Das ist jene Macht, die im Christlichen Gott genannt wird. Im Vertrauen auf diese Macht, die als Geschenk kommt, als Glück und als Gnade, wird das Numinose berührt, das Geheimnis. Die Macht des Übergangs bleibt nämlich im Entzug, sie wirkt im Entzogenen, im Abgrund des Untergangs, um von daher neues Leben im Aufgehen zu begründen. Nur als Geheimnis ist sie machtvoll im Untergang, wie oben zu sehen war. So weiß sich Christliches in allem, was sich auch an Konkretem, Einsicht, Denken und Handeln daraus ergibt, in seinem Ursprung zurückverwiesen in jenen Abgrund des unfaßbaren Geheimnisses, das als liebende Macht des rettenden Übergangs in Ostererfahrung sich der christlichen Welt als tragender Grund zuschreibt. Dieses Verwiesensein stets in sich präsent zu halten, ist vielleicht der deutlichste Zugang dazu, daß das Christliche sich als Religion versteht. In der Rückbindung an das Geheimnis wird Christliches vom Numinosen durchzittert und belebt. Als Religion, die um den unfaßbaren, sie begründenden Abgrund weiß und von ihm her lebt, vermag das Christliche in seiner Weltsicht die Menschen, das Wirkliche zu erinnern und damit in Berührung zu bringen mit der Macht des Lebens selbst, dem heilvollen Aufgehen, das nicht zu machen, nicht zu erarbeiten, nicht zu erbeten ist, das sich vielmehr selbst in Erscheinung kommen läßt als Heil und als Liebe, als Leben und als Gott, indem es sich in den Abgrund des Geheimnisses hinein verschweigt.

Die Macht des Übergangs ist nun aber keine fremde Macht, nichts, das von außen in die Welt des Menschen, der Geschöpfe hineinwirkt. Sie erscheint gerade erst im Modus des Geheimnisses. Sie wirkt gerade im Untergang des Menschen, im Tod, in den hinein sie sich solidarisiert, ja aus dem heraus sie im Auferwecken des Menschen allererst selbst aufgeht, auf den Plan tritt. Von einer Identität von Macht und Ohnmacht des Geheimnisses des Übergangs wurde oben gesprochen. Aus den Niederungen und Untergängen des Menschen, der Geschöpfe erhebt sich die göttliche Macht; aus dem Tod heraus kommt der Gott der Auferweckung zur Erscheinung. Das lehrt Ostererfahrung, das ist Ursprung christlicher Welt. Diese

Macht fährt gleichsam in das Untergegangene hinein, um dieses im Aufgehen neu vom Aufgang allein her leben zu lassen. Das meint Inkarnation in diesem Sinne. Die Auferweckten leben in der Kraft des Auferweckenden und sind darin ganz sie selbst. Der auferweckende Gott braucht sich keinen Platz zu schaffen, um zu erscheinen. Er fällt nicht unter die Kategorien der einzelnen Seienden. In allem erscheint er und fügt von außen besehen doch nichts hinzu. Wo das gesehen wird, da findet ein Perspektivenwechsel statt, der darin besteht, daß alles seine Gestalt behält, seinen Gang geht und doch alles total anders, ganz neu erscheint. Wo das Geheimnis erscheint, erscheint es eben als Geheimnis. Darin liegt seine Macht. So ist alles von ihm getragen, lebt alles aus der Macht seines Aufgehens. Aber es bleibt eben als Geheimnis Begründung und Lebenskraft von allem. Jenseits des Entzugs erscheint es nicht, sondern nur in seinem Wirken, das daran erinnert wie Inseln an die Weite des Meeres.

Wo Christliches diese Durchdringung, diese „Inkarnation" kündet, erinnert es Welt nicht nur an das Geheimnis des Urgrundes, des „Un-Grundes", sondern auch und noch mehr an die Präsenz, die Einwohnung dieser Macht in allem Wirklichen, das von ihr getragen ist. Wo das gesehen wird, wird plötzlich alles durchsichtig, transparent, vielleicht nur für einen einzigen Augenblick der Einsicht, der Schau, ohne jedoch seine konkrete Gestalt zu verlieren, sondern vielmehr im Hauch des gründenden Geheimnisses präziser hervorzutreten. Das ist die Weltsicht, die zutiefst Religion heißt. Hier erscheint das „Heilige" und das „Profane", das Geschöpfliche und die schöpferische Macht nicht mehr getrennt. Rückgebunden im Sinne der Religio, der Rückbindung an das Ganze, an den Sinn und Urgrund des Daseins, an den göttlichen Ursprung, wird die Welt neu verstehbar. „Welt" und „Gott" erweisen sich als untrennbar; Rückbindung ist hier Einigung, ja Einsicht in das gemeinsame Geschehen des Aufgehens, in dem Gott sich ganz als Gott, als schöpferische Macht, und Geschöpfliches sich ganz als Geschöpfliches erweist, als Dasein in geschenktem Leben. Aber gerade darin erhebt sich das eine am anderen, und zutiefst eben als nicht Verschiedenes, mehr, als Nicht-Anderes. Mit Bezug auf Meister Eckhart schreibt Heinrich Rombach: 'Gottesgeburt in der Seele' sagt, „daß Gott nicht als Schöpfer über allem steht und er der Herrscher und Richter der Welt ist, sondern daß er nur solche Werke schaffen kann, die ihn selbst voll und ganz enthalten, auch seine Freiheit, auch sein Schöpfertum, so daß er selbst im Wesen oder in der Seele eines jeden Dinges geschieht, d.h. wiedergeboren wird. Der Lebenssinn des Menschen ist daher die Gottesgeburt in der Seele, die sich dann ereignet, wenn sich der Mensch in der ganzen Tiefe seiner Wirklichkeit erfaßt und damit als eine göttliche Gestaltung findet und bildet. In diesem Augenblick schlägt das Leben des Einzelnen mit dem Leben des Ganzen und des Seins zusammen und der ungeteilte Gott tritt aus dem scheinbaren Teilchen hervor. Gott kann nur leben in diesem lebendigen Hervorgang aus dem Einzelnen, da er sonst dem Einzelnen und dem Weltganzen nur gegenüberstehen würde, also nur ein anderes als alles andere wäre. Er ist aber nicht ein anderes, sondern das Nichtandere (non-aliud), wie ihn der Kusaner nennt."[284] Von Schöpfung her ist hier dasselbe gesagt, was wir von Ostererfahrung, der Neuschöpfung aus dem Untergang, einsehen konnten. Diese Gedanken führen zu der tiefsten Weise von Religion, von Rückbezogensein als Innewerdung des Numinosen. Es mag die Mitte und das Wesen der Religion sein, so wie sie aus dem Christlichen verstehbar wird.

Christliches deutet sich selbst von sich her als Religion. Das sollte mit dem Gesagten dargestellt werden. Die Gedanken, die sich dabei ergaben, weisen auch schon in ihre Fortführung im folgenden Kapitel hinein. Sie zeigen nicht nur Christliches als Welt, als Religion in seiner Selbstentfaltung und Selbstdeutung, sie berühren auch schon jene dritte Dimension, die Christliches als Religion nochmal hintergründet. Ging es hier um Religion, so geht es da um eine Tiefentheologie.

Schauen wir kurz zurück: Von dem in Ostererfahrung sichtbar gewordenen Geschehen her, dieser Mitte, die als „genetischer Punkt", als Ursprung des Christlichen bezeichnet wurde, legte sich das Christliche aus in seine verschiedenen Momente, die als Kategorien in die Welt des Christlichen hinein

---

284 Rombach: Philosophische Zeitkritik heute, 11 f.

entfaltet werden konnten. Aus dem Ursprungsgeschehen konnte eine Welt in ihren Grundstrukturen aufgehen, die Welt des Christlichen. Das war zugleich eine skizzenhafte Relektüre christlicher Grundeinsichten, der christlichen Theologie. Bei allem Wagnischarakter dieses spekulativen Versuchs zeigte sich am Ende dieses Weges etwas von Stimmigkeit, und das ist mir wesentlich.

Von da aus war es möglich, Christliches nicht nur als aufgehende Welt zu sehen, sondern auch als Religion, und zwar so, wie Religion sich von ihrem Inhalt her, hier eben dem Christlichen, selbst definiert.

Den Aspekt des Ursprungs von Ostererfahrung hat Hans Kessler in seinem Werk über Auferstehung gesehen. Er folgert: Wenn Ostern der Nerv des Christlichen ist, so ist Entfaltung von Ostern ein Sichtbarmachen der Grundstruktur des Christlichen. Ostern ist für ihn „Theologie im Fragment".[285] Nichts anderes ist hier geschehen. Ostererfahrung als starkes Bild wurde auf seine Sinnpräsenz hin befragt, die als das Geschehen „Aufgehen aus dem Untergang" aufschien. Von da aus legte sich Christliches als Welt aus in seiner Grundstruktur. Das bestätigt Ostererfahrung als starkes, sinntragendes Bild der Welt des Christlichen und das Geschehen „Aufgehen aus dem Untergang" als möglichen geschichtlichen und inhaltlichen Ursprung des Christlichen als Religion.

4.3 Übergang

In der Selbstentfaltung des Christlichen als Welt und der Selbstdeutung als Religion wird deutlich, daß das Christliche seinen Ursprung hat in einem Geschehen, Aufgehen aus dem Untergang genannt, das es gegründet zeigt in einer sich entziehenden und gerade so begründenden Macht. Die Macht des Übergangs, die als Geheimnis wirkt und erscheint, sich entzieht und genau so gegenwärtig ist in allem Wirklichen, spannt Christliches über die Dimension des „Sehens" hinaus. Da gibt es nichts mehr zu „sehen", da ist Entzug, Geheimnis. Von dort aus ist Christliches verwiesen in eine andere Dimension, in der es zu gründen scheint.

---

285 Kessler: Sucht den Lebenden nicht bei den Toten, 266.

Die Macht des Übergangs vom Untergang zum Aufgehen, die sich als Geheimnis entzieht und gerade so begründet, die aus dem Abgrund der Nichtigkeit heraus ermächtigt erscheint und die selbst als das Geschehen des Aufgehens aus dem Untergang deutlich wird, eröffnet aus der Mitte des Christlichen heraus eine neue Dimension.

Im ersten Kapitel: „Fragen" war die Rede davon, daß theologisches Fragen sich stets verwiesen weiß in den sich entziehenden „Un-Grund" hinein, dessen es fragend innewird, indem er sich ins Unfassbare entzieht, ja der Entzug schlechthin ist. Das Innewerden dieser Wirklichkeit wurde mit „Tiefentheologie" umschrieben. Diese wurde als dritte Ebene des dreistufigen Modells von theologischem Fragen, Religion und Tiefentheologie deutlich. Am Ende der Selbstentfaltung des Christlichen wird dieser Entzug spürbar. Er verweist darauf, daß eine neue Dimension berührt wird, eben jene Dimension, die im Bereich des Fragens als dritte Ebene, als „Tiefentheologie" erschien. Wir stehen am Übergang zu einer neuen Dimension.

Dimensionen sind in gewisser Weise wie Welten. Sie unterscheiden sich nicht nur grundlegend voneinander, sondern sie setzen den Unterschied auch nochmal verschieden, sehen jeweils die Unterschiedenheit voneinander verschieden.

So erschienen in der ersten Dimenison „Fragen" drei Ebenen: Theologisches Fragen, Religion, Tiefentheologie. Ebenen sind Elemente eines stufigen Denkmodells, wobei der Inhalt verschieden, die Zugangsweise, die Art des Denkens aber überall gleich ist.

In der zweiten Dimension „Sehen" erschienen diese drei Ebenene als Dimensionen. Das bedeutet, daß auch der Zugang, die Weise des Denkens, ein anderer ist. Die erste Dimension wurde „Fragen" genannt, die zweite „Sehen", entsprechend ihrem je eigenen Zugang.

Im Übergang zur dritten Dimension erscheint diese nun schon in der vorausgegangenen. Sie leuchtet im „Sehen" des Christlichen schon auf. Das nenne ich Durchsicht oder Transparenz. Die dritte Dimension, die ich immer wieder auch noch als Dimension bezeichne, ist eigentlich etwas anderes als eine Dimension. Ich nenne sie eine Transparenz. Das bedeutet, daß das damit Gemeinte in allen vorausgegangenen Dimensionen präsent ist, eben durchscheint, aufleuchtet, daß es die anderen Dimensionen hintergründet und auch begründet. Transparenz ist etwas anderes als Dimension. Dimension ist das Aufgehen eines neues Horizontes, einer neuen Wirklichkeitssicht und damit auch Wirklichkeit. Von Dimension zu Dimension führt ein Sprung, sagen wir im Sinne des „Sehens" eine Erleuchtung, die im Schlag Evidenz vermittelt. Transparenz hingegen leuchtet in den anderen Ebenen und Dimensionen immer schon auf, wenn auch unerkennbar, als Entzug, der gerade so darin präsent ist, im Modus des Geheimnisses, des begründenden Entzugs. Die anderen Dimensionen und Ebenen sind von Transparenz her begründet. Das ist ihre entzogene Präsenz in allem im Modus des entzogenen Grundes, des „Un-Grundes" könnte hier wieder gesagt werden. Transparenz leuchtet in den anderen Dimensionen auf als deren Tiefe und Eigentlichkeit.

So erscheint diese Transparenz vor allem gegen Ende der zweiten Dimension „Sehen" (des Christlichen als Religion) in dieser selbst, verweist aber zugleich in die diese zweite Dimension hintergründende Tiefe. Diese Tiefe ist die dritte Dimension, die Transparenz, die in der ersten Dimension, dem „Fragen", als „Tiefentheologie" erschien. Der Übergang zur neuen Dimension ereignet sich aus der Mitte des Christlichen selbst heraus, aus seinem Ursprung.

Jede Dimension hat ihre eigene Zugangsweise, ihre eigene Wirklichkeitssicht, wurde gesagt. So kommt „Fragen" zunächst von außen an das Wirkliche heran, arbeitet sich dann erst hinein. „Sehen" in dem hier verstandenen Sinne springt in das Innen, als neues Sehen, sieht, im letzten in schlagender Evidenz. Es ist Sehen von innen her. Die dritte Dimension, die Transparenz, hat keinen „Zu-Gang" zur Wirklichkeit. Das ergibt sich aus Folgendem:

Der Weg vom „Fragen" zum „Sehen" führte von einem äußeren Zugang zu einem mehr von innen her geleisteten Zugang, eben dem Sehen von innen her. In Fortsetzung dieser Bewegung muß die nun dritte Dimension in ihrem „Zugang" eine noch größere Nähe zu dem, was es zu erfassen gilt, aufweisen. Die dritte Dimension, die Transparenz, schien in dem Kreisen um die Grundgeste des

Christlichen am deutlichsten auf. Genau das „Aufgehen aus dem Untergang" ließ die Transparenz, die neue Dimension aufleuchten. In diesem Geschehen selbst wird sie spürbar. So ist der naheliegendste Zugang zu dieser neuen Dimension eben dieses Geschehen, das „Aufgehen" selbst. Darin erscheint sie.

Dimensionen sind das Aufgehen einer neuen Weise, Wirkliches zu begreifen. Das heißt genauer: Wirkliches selbst geht allererst neu auf, worin sich dann dieses Begreifen konstituiert. Die dritte Dimension leuchtet nun auf gerade in dem „Aufgehen aus dem Untergang". Genau besehen ist das jenes Geschehen, das auch als die Eröffnung einer neuen Dimension zu bezeichnen ist. Auch eine neue Dimension geht nach dem hier dargelegten Verständnis auf, geht neu auf, als neue Wirklichkeitssicht, als neue Wirklichkeit, wie eine „Welt". Das aber bedeutet in gewisser Weise den Untergang der alten Dimension in der Weise, daß für die neue Dimension zunächst einmal die alte aus dem Blick gerät, weg ist. Alles erscheint eben in dieser neuen Dimension neu, auch der Unterschied zur alten. Wo diese dann doch wieder gesehen wird, ist das etwas ganz anderes. Das Sehen der alten Dimension in der neuen ist neu allererst im Aufgehen der neuen Dimension aufgegangen. Also auch hier: Aufgehen aus dem Untergang.

Von Ostererfahrung und der Selbstentfaltung des Christlichen her ist genau dieses Geschehen die - sagen wir - Chiffre für die neue Dimension, die Transparenz. Sie heißt gleichsam „Aufgehen". So ist es also diese Dimension, die das Eröffnen aller Dimensionen ist, die deren Aufgehen ist, denn sie ist ja das „Aufgehen". Dazu gibt es nicht noch einmal einen Zugang. Das „Aufgehen" einer Dimension, nachvollzogen im „Fragen", aufleuchtend im „Sehen" ist ja deren Zugang. „Aufgehen" bedarf nicht des nachgehenden Fragens, auch nicht des erfassenden Sehens; es ist selbst das Geschehen, das Geschehen zu begreifen, die Wirklichkeit der neuen Dimension zu erreichen, ihrer innezuwerden. Transparenz, die sog. dritte Dimension, die hier beginnt, ist als „Aufgehen" ihr eigener Zugang, ist das „Aufgehen" ihrer selbst und aller Dimensionen. Hier wird nochmal deutlich, was Transparenz meint. Als Aufgehen der Dimensionen ist die Transparenz in ihnen allen präsent. Deren Aufgehen ist auf diese „neue Dimension", die Transparenz, hin durchsichtig, findet in ihr Eigentlichkeit, Tiefe und Grund. Sie selbst ist das

Aufgehen aller Dimensionen. Der Übergang (verstanden als Geschehen des Aufgehens aus dem Untergang) zum nun Kommenden ist mit diesem identisch!

5. Kapitel: „Aufgehen"

Dieses Kapitel versucht eine neue Dimension, wie schon angekündigt, zu zeigen. Ich nenne diese Dimension eine Transparenz. Sie läßt sich vielleicht am ehesten beschreiben mit dem Wort „Aufgehen", das ich in Anführungszeichen setze, um anzudeuten, daß es sich hier nur um einen Versuch der Benennung, nicht um eine Definition handelt. Von dieser Dimension gibt es keine Definitionen. Die Begriffe haben schon lange geendet.[286]

Die dritte Dimension, die Transparenz, um die es hier geht, soll in diesem Kapitel berührt werden, eine Ahnung davon soll vermittelt werden; mehr ist wahrscheinlich nicht zu leisten. Zum anderen geht es darum, die Transparenz als solche zu verstehen, das heißt, den Kreis zu schließen zu all den Gedanken und Einsichten dieser Arbeit hin, in denen diese dritte Dimension schon aufschien, präsent war oder angezielt wurde, eben als Transparenz, als Durchscheinen, als Gegenwart, die sich entzieht und begründet.

5.1 In den Hintergrund der Religion: „Aufgehen" als theologisches, kosmologisches und ontologisches Geschehen

5.1.1 Von der Macht des Übergangs zum „genetischen Nicht-Anderen"

Ich möchte bei dem anknüpfen, was die letzten Einsichten im vorangegangenen

---

286 Im Vergleich zu den vorangegangenen Kapiteln über die zweite Dimension, das Christliche, wirkt die Darstellung dieser dritten eher kurz. Das entspricht ihrem Charakter, daß diese schwer zu sagen ist, sich dem Zugriff entzieht. „Aufgehen" als Tiefendimension ist dem definierenden Wort gegenüber verschlossen, muß es sein, um als Tiefendimension erscheinen zu können. So kann sie auch hier nur angedeutet, umschrieben werden. Das Schweigen, das Nicht-Gesagte gibt in diesem und auch dem folgenden Kapitel Kunde von dem, was hier in Worten versucht wird zu ahnen.
Wo Literatur angeführt wird, ist diese als vergleichende oder weiterführende Entsprechung zu dem Gesagten zu verstehen, das sich ja aus dem bisherigen phänomenologischen Gang erhebt und nicht aus verschiedenen Textbelegen konstruiert wurde. Die Tiefendimension, wie sie hier sichtbar wird, wurde gesehen und wird gesehen, taucht sie auch unter vielen verschiedenen Namen, durch die unterschiedlichsten Zugänge hindurch auf. Das sollen die angemerkten Textstellen verdeutlichen.

Kapitel waren. Dort ging es um die Selbstentfaltung des Christlichen nicht nur als Welt, sondern auch als Religion in eigener Deutung. Das Christliche als Religion: Da erwies sich die „Macht des Übergangs" als der innere Punkt, an den stets zurückgebunden werden konnte; es zeigte sich das Geschehen „Aufgehen aus dem Untergang" als die Mitte, Tiefe und Eigentlichkeit des Christlichen, von dem aus es zur Weltdeutung gelangte, zu dem hin aber auch alles rückorientiert werden konnte im Sinne der Religio, der Rückbindung an die Sinnfülle des Numinosen, das als wirkender Gott in Ostererfahrung erscheint.

Die Macht des Übergangs zeigt sich als entzogene Macht, die im Untergang den Aufgang wirkt, indem sie selbst nur in diesem Geschehen erscheint, sich als Geheimnis verschweigt hinein in die eigene Tiefe. Wirkt sie im Untergang das Aufgehen, so geht sie als Macht des Übergangs, die eben das Aufgehen schafft, genau aus diesem Geschehen erst auf, erhebt sie selbst sich als wirkende Macht aus dem Untergang. Aufs engste verbunden zeigt sich diese Macht mit den Aufgehenden, den Auferweckten, den Geschöpfen. Ja, mehr noch: Im Aufgehen werden die Geschöpfe dieser Macht, der schöpferischen Kraft inne. Inkarnation wird hier vorangetrieben zu dem Gedanken der Identität von „Gott" und „Welt", aber so, daß beide nicht irgendwie vermischt werden oder als ein Wesen zusammenrücken, sondern so, daß „Gott" im Aufgehen der „Welt" aus dem Untergang selbst allererst aufgeht als die Macht der Auferweckung, die Macht des Übergangs. Aus einem gemeinsamen Geschehen gehen schöpferische Macht und geschöpfliche Welt miteinander auf. Dabei ist einzusehen, daß der Unterschied von „schöpferisch" und „geschöpflich" so nicht mehr haltbar ist in seiner Strenge, denn das Geschöpfliche ist ja mitschöpferisch, indem es im Geschehen der Neuschöpfung hier das Schöpferische als eben Schöpferisches mitschafft. Das Schöpferische seinerseits empfängt auch vom Geschöpflichen sein Schöpfersein, so wie der Künstler erst am Werk und von diesem her zum Künstler, zur Künstlerin wird.[287] Die Macht des Übergangs erhebt sich aus dem Geschehen

---

287 An dieser Stelle sei verwiesen auf das Buch von Alexandre Ganoczy: Der schöpferische Mensch und die Schöpfung Gottes. Dort wird die innere Problematik des menschlichen Freiheitsanspruchs aufgezeigt, der sich als schöpferisches Tun artikuliert. In

„Aufgehen aus dem Untergang" eben erst als diese Macht, die sie wird an dem, was sie da aufgehen läßt.

Wo diese Einsichten ernst genommen werden, da geht „Welt" neu auf, geht Wirkliches neu auf, und da geht „Gott" neu auf, da geht das „Geschöpfliche" und das „Schöpferische" neu auf und zwar aneinander in einem gemeinsamen Geschehen, dem „Aufgehen aus dem Untergang". Dieses Geschehen selbst erweist sich als das alles Hintergründende. In ihm werden nicht Verschiedene verbunden, wird nicht zuvor Getrenntes zusammengefügt; so könnte es sich anhören, wenn da die Rede von „Welt" und „Gott", von „Geschöpflichem" und „Schöpferischem" ist. Das Zusammenfügen von Getrenntem ist abkünftig. Ursprünglich, im wahrsten Sinne des Wortes, also ur-sprünglich, ist die gemeinsame Genese aus einem Geschehen, aus dem Geschehen des „Aufgehens".

An dieser Stelle möchte ich einen Gedanken einbringen, der das bisher Gesagte zu ergänzen und weiter zu treiben vermag, einen Gedanken, in dem von einer ursprünglichen Nicht-Trennung die Rede ist. Es ist das der Gedanke des sogenannten non-aliud, des Nicht-Anderen, wie er von Nikolaus von Kues entwickelt wurde. Ich beziehe mich bei der Darlegung dieses Ansatzes auf den gleichnamigen Traktat von ihm.

Nikolaus von Kues beginnt damit, zu zeigen, daß es die Definition ist, die uns wissen läßt. Sie sei „Aussage oder Wesenssinn". Die Definition selbst aber stamme vom Definieren. Er kommt zur Einsicht, „daß eine Definition, die alles definiert,

---

responsorischer Arbeit wird gezeigt, wie diese Bewegung des Menschen allererst in der dialogischen Schöpfungsgestaltung von Gott und Mensch (im Sinne des Bundes) zu sich kommt, ja wahrhaft befreit wird, weil der Mensch so vom neuzeitlich zu bestimmenden Leistungsdruck und von gewalttätigen Systemen menschlichen Schaffens (zerstörerische Zivilisation, totalitäre Staaten etc.) zu neuer/alter Schöpfungskraft findet, die den Einklang mit der Schöpfung Gottes wahrt und ausdrückt. Vgl. ebd., besonders die Seiten 144 ff und 163-180.

Das Schöpferische des Menschen kommt auch sehr gut bei Matthew Fox zum Ausdruck: „ Denn was ist Gott, wenn nicht das Schöpferische? Wenn wir in der Genesis als Ebenbild Gottes bezeichnet werden, so bezieht sich das auf die Schöpfergottheit. Da wir Ebenbilder Gottes sind, besteht unser Hineinwachsen in dieses Bild, das 'Verwandeltwerden von Herrlichkeit zu Herrlichkeit' wie Paulus sagt, darin, daß wir immer herrlicher zu Gebärern und Schöpferinnen werden wie Gott. Wir müssen die Wahrheit über uns als Mitwirkende Gottes annehmen." Fox: Der große Segen, 210 f.

nichts anderes ist als das Definierte". Für ihn ist das „Nicht-Andere" die Definition, die sich selbst und alles definiert. „Das Nicht-Andere ist nichts anderes als das Nicht-Andere." Weiter heißt es, „daß das Nicht-Andere, da es von nichts Anderem definiert werden kann, sich selbst definiert."[288] So ist z.B. der Himmel dadurch definiert, daß er „nichts anderes als der Himmel" ist. Auch das „Andere" ist „nichts anderes als das Andere".[289] Es ist die Definition, die sich selbst und alles auf ihr je eigenes Wesen hin beschreibt.

„Das Nicht-Andere ist weder ein Anderes noch ein Anderes vom Anderen noch ist es im Anderen ein Anderes; und das aus keinem anderen Grund als dem, daß das Nicht-Andere in keiner Weise ein Anderes sein kann; als würde ihm gleichsam so wie einem Anderen etwas fehlen. Das Andere nämlich, das in der Abhängigkeit von einem Anderen ein Anderes ist, entbehrt gerade das, auf Grund dessen es ein Anderes ist. Das Nicht-Andere aber entbehrt, eben weil es keinem gegenüber ein Anderes ist, nichts noch kann außer ihm etwas sein."[290] Nikolaus von Kues denkt hier nicht genetisch von einem gemeinsamen Ursprungsgeschehen her. Aber der Gedanke der dann auch fundamentalen, ja ursprünglich zu nennenden „Identität" ist bei ihm in hervorragender Weise präzisiert. Dies bedeutet nun aber nicht nur Einheit, sondern zugleich höchste Differenzierung aller Seienden. „Denn da beim Zurückweichen des Nicht-Anderen alles, was ist und nicht ist, notwendigerweise schwindet, erkennt man deutlich, daß in ihm alles vorgängig es selber ist und es selbst in allem alles... Es schafft den Himmel nicht aus einem Anderen, sondern durch den Himmel, der in ihm er selbst ist."[291] In dem Nicht-Anderen findet also alles nicht nur Herkunft, sondern auch höchste Präzisierung und Selbstheit. Es selbst erscheint stets nur als Unfassbares: „Ihn also erblicke ich als den Unfaßbaren selbst, da er im Erfaßbaren unfaßbar widerstrahlt."[292]. Das Nicht-Andere selbst ist in den einzelnen Seienden eben dieses Seiende, da es ja das Nicht-Andere ist, ohne sich dabei zu verlieren; nein, gerade so erst ist es das Nicht-Andere, das Geheimnis

---

[288] Nikolaus v. Kues: De non-aliud, 447.
[289] Ebd., 449.
[290] Ebd., 465.
[291] Ebd., 467.
[292] Ebd., 477.

von Einheit und Differenz in einem: „...das Nicht-Andere, wie es in der Erde Erde ist, und ähnlich gilt es von allem."²⁹³ Noch deutlicher wird diese Präzisierung an folgender Stelle: „So verdankt die Erde ihr Erde-Sein dem Von-der-Erde-nicht-Anderen und dasselbe gilt für alle Dinge. Auf diese Weise sehe ich alles vorgängig im Ursprung, der das Nicht-Andere ist... Denn jedes Ding wird dann am genauesten erfaßt, wenn man es als das Nicht-Andere erblickt."²⁹⁴ Für den Kusaner sind das theologische Einsichten. So schreibt er gegen Ende des Textes: „Sobald ich erkenne, daß es wahr ist, daß niemand Gott gesehen hat, sehe ich Gott wahrhaft über allem Sichtbaren, als das Nicht-Andere von allem Sichtbaren."²⁹⁵ Gott ist für ihn dieses Nicht-Andere. Somit ist er das Umgreifende, das nicht nochmal umgriffen werden kann, auch nicht durch eine Definition, eine Theologie. Als das Umgreifende ist das Nicht-Andere aber nur zu denken, wenn es selbst noch einmal der Unterschied von Umgreifendem und Einzelnem ist. Das leistet die Rede vom Nicht-Anderen. Es ist die tiefste Identität, die Eigentlichkeit aller Seienden, aller Wesen, des Kosmos. In allem ist es dieses selbst eben als das Nicht-Andere. Aber als das Nicht-Andere ist es genau in dieser Identität mit den Einzelnen das sich entziehende und alles aus sich entlassende begründende Ganze. Nikolaus von Kues denkt hier nicht genetisch. Er denkt das Nicht-Andere aber als Ursprung, als Begründung von allem. So denkt er die Identität von Identität und Differenz.

Die Immanenz des Nicht-Anderen, die hier als die tiefste Selbstidentität aller Seienden deutlich wird, erweist sich so als die eine Seite, deren andere unaufhebbar die Transzendenz Gottes ist. Als das Nicht-Andere die Nicht-Andersheit aller Wesen und gerade so zutiefst immanent zu sein, das ist nur möglich, wenn dieses Nicht-Andere, gerade als radikal immanent, in allem als Nicht-Anderes, sich der Fixierung auf ein Seiendes - und sei es auch noch das größte, wie etwa Welt, All oder „Gott" - enthält. Genau so ist es immanent und

---

293 Ebd., 538 „...non-aliud, ut est in terra terra, et pari de omnibus modo." Ich übersetze hier aus dem lateinischen Urtext, da die Übersetzung an dieser Stelle fehlerhaft ist.
294 Ebd., 541.
295 Ebd., 547.

deshalb entzogen, bleibt es Geheimnis - in die eigene unendliche Weite verortet -, haucht es die Wesen an als radikale Transzendenz.[296]

Im Licht dieser Einsichten wird vielleicht deutlicher, worum es bei dem Ursprungsgeschehen, dem „Aufgehen" geht. Das „Aufgehen aus dem Untergang", so wie es oben beschrieben wurde, entläßt ja die „Aufgehenden" (in Ostererfahrung die Auferweckten) hin zu ihrer Eigentlichkeit, ihrem Selbstsein. Das ist das Anliegen. Dazu wirkt die Macht des Übergangs im Abgrund des Untergangs Rettung. Dieses Aufgehen hin zur Eigenheit, zum Selbstsein ist aber gegründet in einem Geschehen, das deutlich wurde als ein solches, in dem schöpferische Macht und Geschöpfe gemeinsam, wenn auch je verschieden, aufgehen. Vom Aufgangsgeschehen her ereignet sich zugleich höchste Differenzierung in die Eigenheit hinein und ursprüngliche Einheit im Sinne eines gemeinsamen Aufgehens. Was für den Kusaner das Nicht-Andere als unbegründbarer Grund ist, der alles begründet, in allem als dessen tiefste Identität erscheint und gerade so über alles hinaus es umgreift, das ist für uns hier dieses Geschehen des „Aufgehens", das sich selbst jedem Zugriff entzieht, nur im „Aufgehen" selbst eben aufgeht, in Erscheinung tritt, Einzelnes zu dessen Eigentlichkeit hin entläßt und begründet und in allem als das eine gemeinsame Geschehen des „Aufgehens" als ur-sprung-hafte Einheit präsent ist.

Wo die Macht des Übergangs als wirkende Macht der Auferweckung erscheint, befinden wir uns im Innenraum der christlichen Religion.
Wo die Macht des Übergangs selbst im Geschehen des „Aufgehens aus dem Untergang" allererst als solche aufgeht und darin die tiefste, weil ursprüngliche Einigung von Schöpferischem und Geschöpflichem deutlich wird, weil beides aus einem gemeinsamen Geschehen heraus aufgeht, da stehen wir vor der Tiefe der Religion, so wie sie das Christliche aus sich selbst heraus deutet, und wir stehen zugleich an der Schwelle zum Übergang in die neue Dimension.

---

296 Zum Thema Immanenz - Transzendenz - Perichorese vgl. auch Ganoczy: Such nach Gott auf den Wegen der Natur, 200-204.

Wo die Macht des Übergangs selbst als das Geschehen des „Aufgehens aus dem Untergang" deutlich wird, wo also das „Aufgehen" als das alles begründende und sich unbegründbar ins Geheimnis seiner selbst verschweigende Geschehen spürbar wird, da sind wir in der dritten Dimension, der Transparenz, jenem „Raum", in den hinein aus der Mitte und dem Ursprung der christlichen Religion verwiesen wurde, der das Christliche als Religion hintergreift, übersteigt und so gerade erst begründet.

„Aufgehen", dieses Geschehen, das sich aus Ostererfahrung heraus zeigt, das sich als Mitte und Ursprung des Christlichen als Welt und als Religion erweist, führt in der Kraft der ihm eigenen Tiefe über das alles hinaus in die Hintergründung dessen. Es ist das Geschehen, das als Geheimnis unumgreifbar alles aus sich entläßt. Auch die Rede davon ist nur ein verkürzter Versuch, diesem Geschehen zu begegnen.[297] Es ist der „Raum", aus dem heraus Christliches als Religion in Erscheinung tritt. Hier ist keine Trennung; hier ist größte Einheit und höchste Präzision der Einzelnen identisch. Es ist das Nicht-Andere als Geschehen, das „genetische Nicht-Andere": „Aufgehen".

---

297 So heißt es im Tao te king des Laotse entsprechend: „Der Sinn, der sich aussprechen läßt, ist nicht der ewige Sinn. Der Name, der sich nennen läßt, ist nicht der ewige Name." Laotse: Tao te king. Das Buch vom Sinn und Leben. Erster Teil: Der Sinn. Text 1, 41.
   Parallel zu verstehen schreibt Alois Haas mit Bezug auf die Mystik Meister Eckharts, daß Gottfindung weiselos, als Verneinung aller Kategorien sich ereignet. Vgl. Haas: Wege und Grenzen der mystischen Erfahrung nach der deutschen Mystik, 32 f. Auch weist Haas darauf hin, daß „mystischen Texten das intensive Paradox der Erfahrung in Nicht-Erfahrung" geläufig ist. Ebd., 28. Der Weg, den gerade Mystik und Weisheit aller Religionen zu dieser Tiefendimension beschritten haben, ist der weiselose Weg, geprägt vom Verlassen aller bisherigen Vorstellungen, durchlichtet von der Nacht des Geheimnisses und seines Entzugs. So auch Dietmar Mieth in seiner Einführung zur Mystik Meister Eckharts: „Es geht ferner darum, eine neue Dimension des Daseins zu sehen und dort zu sein, wo Gott selbst abgeschieden und arm ist. Diese Dimension ist nur zu 'haben', wenn alle Besitzstrukturen menschlichen Daseins, gipfelnd im Selbstbesitz, durchbrochen werden, wenn man sich von allem Worumwillen in Wollen und Wirken löst, das Reich der selbstgesetzten Zwecke verläßt und alles so empfängt, daß die Fraglosigkeit göttlichen Daseins selbst das Leben durchprägt." Mieth: Meister Eckhart, 45. Vielleicht kommt die gemeinte Grundhaltung am ehesten in dem ins Wort, wo Mieth, auf das blickend, was „Gelassenheit" bei Eckhart bedeutet, schreibt: „In Gott wird das Leben 'einfach', weil es bei sich selber ist. Auf dieses Dasein kommt es an. Man muß daher nichts 'verlassen', man muß 'gelassen' sein." Ebd., 46. Gelassenheit läßt gleichsam das „Aufgehen" zur Erscheinung kommen von sich selbst her.

5.1.2 Sein ist nicht „Sein"...

„Aufgehen" geht als das Geschehen auf, das sich in Ostererfahrung zeigt, in der Auferweckung aus den Toten. Es erscheint als die Mitte, als der genetische Punkt, der von den Bildern der Ostererfahrung, von diesen erinnert, umstanden wird. Es erweist sich als Ur-Sprung des Christlichen, aus dem heraus dieses sich selbst entfaltet als Welt und von dem her es sich selbst zu deuten vermag als Religion. Es ist das Geschehen, das aus der Mitte und dem eigentlichen Anliegen, der Grundintention des Christlichen heraus über dieses hinausweist in eine andere Dimension, die dritte Dimension, die als Transparenz im Christlichen präsent ist, dieses begründend. Es weist hinein in das Geheimnis seiner selbst, in den Entzug und die daraus sich erhebende begründende Kraft dieses Geschehens.

Das Geschehen, das hier zu spüren ist, wurde auf unserem Weg über Ostererfahrung, Auferweckung, über die Frage nach dem Christlichen deutlich. In seiner begründenden Macht aber bleibt es nicht dabei stehen, die Grundlegung dieser Bereiche zu sein. In ihnen kommt es zur Erscheinung. Als begründendes Geschehen zeigt es sich unendlich, ist es Geheimnis, das begründet, selbst aber nicht zu hintergründen ist, so konnte eingesehen werden. Wirkliches als Ganzes muß aus diesem Geschehen hervorgehen, sonst ist es nicht als das gedacht, als welches es sich hier zeigt.

„Aufgehen" begründet Wirkliches, ist Urgeschehen von Schöpfung, von Genese, von Geschichte überhaupt. „Aufgehen" ist Grundlegung der Welt, des Kosmos, des Seins schlechthin. Welt als ganze geht auf, das Universum legt sich aus in seine vielfältigen Differenzierungen, Leben geht auf, erblüht, erscheint im Wachsen, indem es sich öffnet in zahllose Arten und Formen, die zunehmend komplexer, geistiger werden bis hin zum Menschen. Der Mensch geht auf in seiner Geschichte, in Entwicklung, in Kulturen, in der Suche nach Sinn und Glück; immer mehr öffnet er sich hinein in die Weite des Wirklichen, das seine eigene Weite ist, die in seinem Aufgehen mitentsteht.[298] „Aufgehen" - es ist die Macht,

---

[298] Eine großartige Schau dieses Geschehens ist unter dem Paradigma der Evolution - die allerdings selbst etwas sehr anderes ist als das, was hier „Aufgehen" meint! - bei Teilhard de Chardin zu finden. Es sei auf seinen Aufsatz „Mein Glaube" verwiesen, wo er seine

die in allem lebt, was eben ist, indem es aufgeht. Als dieses Geschehen ist es im Sinne des genetisch weiterzudenkenden Nicht-Anderen in allem dessen Selbstwerdung, dessen Weg zur Eigenheit und Eigentlichkeit; und genau darin ist es das Geschehen, das alles begründet, aus sich entläßt als gemeinsames Ursprungsgeschehen, das so das Ganze, das Eine ist, das sich jedem Zugriff entzieht, alles umgreift. So ist es nicht nur theologisches Geschehen, das im Christlichen selbst als die Macht des Übergangs, als der rettende Gott erscheint. Es ist - und das gilt erst in dieser Dimension hier - zugleich die Selbstbewegung des Universums, ja jedes einzelnen Seienden zu sich selbst hin und zu seiner Stelle und Gestalt im Ganzen.[299] Es ist darin das Geschehen, das nicht seinerseits Sein voraussetzt, sondern aus sich entläßt. Es erweist Sein als „Aufgehen", als zu sich kommende Genese, als Sich-Gestalten, als Geschehen.[300]

Sicht vom evolvierenden Universum darlegt, wobei die Evolution bis hinein in die „Noosphäre", die Geistdimension des Personalen, die Religionen und die Mystik gedacht wird. Vgl. ebd., 116-158. Teilhard de Chardin denkt ein naturwissenschaftliches Paradigma, die Evolution, weiter. Das, was hier „Aufgehen" bedeutet, ist dagegen ein phänomenologisch erhelltes Fundamentalgeschehen von ontologischer Tiefe. Es gibt Entsprechungen dieses Geschehens zu Teilhards Evolutionssicht, wo dieses sich zeigt im Aufgehen von Leben, von Welten, von Universum, von Kulturen. Die Differenz aber ist wesentlich die des Ontischen und des Ontologischen, auch wenn „Aufgehen" diese Differenz dann - allerdings erst in der ihm zukommenden „eigenen" Tiefendimension - aufhebt.

299 Als Einzelnes die Stelle im Ganzen zu finden bedeutet, den Sinn des Ganzen zu präsentieren. Dazu sei Ganoczy angeführt, der Bezug nimmt auf Thomas v. Aquin: „...Beschaffenheit, Veranlagung, eine Reihe ureigener Grundzüge;...die daraus entspringenden Funktionen, Tätigkeiten, Bewegtheiten. Da aber diese, bereits vom Ursprung her, immer zielgerichtet sind, gibt es keine ziel- und sinnlose Natur. Alle Natur besitzt ihren Platz in der umfassenden Ordnung der Dinge, trägt zur Bewegtheit des Weltalls das Ihre bei, ist auch, je nach Maß und Gesetz, unentbehrlich für die große Harmonie der Dinge." Ganoczy: Theologie der Natur, 18 f. Nur wo das Einzelne seine Gestalt finden und leben kann und so und nur so sich ins Ganze hinein wirklicht, ist Freiheit durchgearbeitet vom Atom bis zum All, ist Leben in seinen vielen Formen und Ordnungen möglich, geht Welt wahrhaft auf. Vgl. dazu auch Rombach: Strukturontologie, 351 f.

300 In seinem Buch „Die Selbstorganisation des Universums" sieht Erich Jantsch das Ganze des sich selbst gestaltenden Universums als Sinn, als eine dem Einzelnen so entzogene, aber dieses im Ganzen verortende und zugleich sich aus der Konstellation der Einzelnen herausarbeitende Größe, die am Ende als Geist, als göttliches Prinzip erscheint: „Leben, vor allem auch menschliches Leben, erscheint nun als jener Prozeß der Selbstverwirklichung, (...) deren innerer koodinativer Aspekt (...) in einem stetig anschwellenden, voller werdenden Akkord des Bewußtseins (sich) ausdrückt. In der Selbsttranszendenz, der Erschließung neuer Ebenen von Selbstorganisation - neuer geistiger Ebenen -, orchestriert sich Bewußtsein immer reicher. Im Unendlichen fällt es mit dem Göttlichen zusammen. Das Göttliche aber manifestiert sich dann weder in personaler noch sonstwie geprägter

Heinrich Rombach kommt zu einer recht ähnlichen Einsicht auf dem Weg seiner phänomenologischen Analyse der Wahrnehmung. Ich zitiere hier noch einmal eine schon bekannte Stelle, die nun aber in einem anderen Licht deutlich wird: „Nicht 'Bestand' ist der Grundsinn von Sein, sondern 'Rettung'... Welt ist vielmehr das eine und einzige 'Seiende', das 'ist', indem es um seinen Aufgang ringt. Die Welt ist der Aufgang überhaupt, die Blume des Seins. In diesem Aufgang 'ringt' alles mit; er kann nur gelingen, wenn alles gelingt, wenn alles dazu beiträgt - und sich, das eben ist die Weltgrundforderung, in die Gesamtstruktur zurücknimmt und die Gesamtempfindung des Aufgangs - Aufgangsempfindung ist 'Freude' - mitempfin-

---

Form, sondern in der evolutionären Gesamtdynamik einer vielschichtigen Realität. Statt vom Numinosen können wir daher von Sinn sprechen. Jeder von uns wäre demnach (...) Geist schlechthin - und hätte teil an der Evolution des Gesamtgeistes und damit am göttlichen Prinzip, am Sinn." Ebd., 411 f. Unklarheiten dieses Textes werden erhellt durch folgende Stelle, in der Jantsch sich auf Hans Jonas bezieht. Aufgrund seiner Sicht vom selbsttätigen Kosmos sagt er, „...daß Gott sich in einer Abfolge von Evolution immer wieder selbst aufgibt, sich in ihr transformiert mit allen Risiken, die Ungestimmtheit und freier Wille im Spiel evolutionärer Prozesse mit sich bringen. Gott ist also nicht absolut, sondern er evolviert selbst - er ist die Evolution." Ebd., 412. Gott selbst als Geschehen zu verstehen, als das Geschehen, das in allem als der große und letzte Sinn wirkend sich zeigt und das nur kann, weil er zugleich auch allem Einzelnen transzendent ist, das ist dem sehr nahe, was hier von dem Urgeschehen, dem „Aufgehen" deutlich wurde. Wenn Jantsch dann aber fortfährt, „Gott sei zwar nicht Schöpfer, wohl aber der Geist des Universums", dann ist diese Folgerung zu kritisieren. Ebd., 412. Insofern der Geist als der Sinn des sich selbst bewegenden organisierenden Universums gesehen wird, ist dieser durchaus Schöpfer, natürlich nicht in einem theistischen, von außen kommenden Sinne, aber Schöpfer als in allem präsenter und alles verortender Sinn des Kosmos und so gerade Schöpfer: Schöpfer in der Weise der Schöpfung als Selbstorganisation be- und hintergründenden Macht.

Jantsch zeigt in einem weiteren Schritt das, was er den Sinn nennt, als Ausgriff in den Religionen des Menschen, als Ausgriff, der die „vollkommene", die eine Gestalt des Ganzen, des Universums anzielt: „Die Singularität aber, die Gottes-'Struktur', ist nicht Form oder Quantität, sondern das Unentfaltete, die Gesamtheit undifferenzierter Qualitäten. Sie ist reines Potential." Die verschiedenen „Prozeßphilosophien" haben dem unterschiedliche Namen gegeben. Für alle aber gilt: „In jeder umfassenden Prozeßphilosophie wurzelt damit die Gottesidee noch tiefer als im Energiestrom der Evolution - sie verankert sich im Ursprung selbst, aus dem uns eine Sehnsucht nach Frieden wie eine ferne Erinnerung anrührt und zu dem wir uns selbst in der Re-ligio zurückführen können." Diese Tiefe bezeichnet Jantsch als die „Ebene der Stille, in der sich unentfaltete Evolution ballt." Sie ist Ebene der Mystik. Ebd., 413. Diese Tiefe ist seine „Tiefentheologie", in der das erhellte und existenzielle Suchen des Menschen die Bewegung des schöpferischen Universums aufnimmt, verdichtet und ausgreifend in Glaube und Hoffnung an den Sinn und die hintergründende Tiefe des Ganzen verweist. Religion zeigt sich hier als Ausdruck dieser existenziellen Bewegung. Das entspricht dem von mir hier als Tiefentheologie bezeichneten Tiefengeschehen, aus dem sich die Religion, hier das Christliche, adäquat erhebt.

det. Der Grundsinn des Seins ist Freude."³⁰¹ Hier geht es um Welt, die aufgeht, um Welt im Sinne Rombachs, die als eine von vielen Welten, die die „eine Welt" ablösen, doch darin einzig ist. An anderer Stelle nennt Rombach diese genetische Urbewegung, die Sein zutiefst ist, „Leben": „Es gibt kein bloßes 'Sein'... Leben ist das Einzige, das Höchste, das Unvergängliche."³⁰² Leben selbst ist diese genetische Bewegung von „Aufgehen", von „Aufgehen aus dem Untergang". Leben ist hier natürlich nicht mehr nur biologisch gedacht - das ist mit eingeschlossen; es ist ontologisch gedacht. Leben ist eine, ja erscheint hier als die Seinsgeste. Nicht ist Leben als Form von Sein, sondern Sein ist nur als Leben. Nur was aufgeht, ist; nur das ist, was in diesem Sinne lebt. Heinrich Rombach hat dieser genetischen, lebendigen Rede vom Sein ein ganzes Buch „gewidmet", seine „Strukturontologie". Dort ist zwar nicht andauernd vom Aufgehen die Rede, dem Gedanken nach aber geht es zumindest im Bereich dessen, was er Strukturgenese nennt, genau um das genetische Wirklichsein, das Aufgehen von Wirklichem. „In umgekehrter Blickrichtung zeigt sich das Eine, wenn es als Struktur gedacht wird, nicht als ein immenses Individuum, das, man weiß nicht wie, Vielheit aus sich entläßt, sondern als die sich auf Konkretion anweisende Genese, die nicht anders sein kann als in Steigerung, in Epochen. So im Geschehen aus sich selbst genötigt, reißt sie die Bewegung in die ungeheure Spannung der Mannigfaltigkeit auseinander, die im mit sich selbst experimentierenden Prozeß auf Sinngeburt aus ist und diese mitten im Gelingen als Abhebung zum Ereignis bringt."³⁰³ Dieses Eine wird für uns hier deutlich als das Geschehen „Aufgehen", das das Leben in allem bedeutet, was so in ontologischem Sinne „ist".

„Aufgehen", das ist nicht nur die Tiefendimension, die alles Vorangegangene hintergründet, selbst sich entzieht in die Unendlichkeit des eigenen Geheimnisses. „Aufgehen", das ist auch die Dimension, die als Transparenz bezeichnet wurde, die also in den anderen Dimensionen durchscheinend präsent ist, in ihnen erscheint. „Aufgehen" erscheint als „Das Leben" in allen Dingen, in allen Wesen.³⁰⁴ Dieses

---

301 Rombach: Phänomenologie des gegenwärtigen Bewußtseins, 279.
302 Rombach: Der kommende Gott, 60.
303 Rombach: Strukturontologie, 357 f.
304 So schreibt Rombach dazu: „Wirklich 'leben' tun wir nur dann, wenn wir dieses Höchste,

„Aufgehen" ist das Geschehen, das immer wieder aus dem Untergang herauffführt, diesen miteinschließt und gerade so ewig ist. Es ist aber nicht die stete Wiederholung des Gewesenen; es macht Geschichte, Genese; es ist die Genese des ganzen Wirklichen, die als Aufgehen sich ereignet. In der unbegrenzbaren je neuen Entfaltung des Wirklichen liegt die Ewigkeit des Lebens, so lehrt uns dieses Geschehen. Wie das im einzelnen differenziert wird, liegt auf anderen Dimensionen. So kann es dem einzelnen Wesen Vertrauen in das Dasein vermitteln, das Vertrauen, daß das Leben trägt, denn dieses ist das universale, ontologische „Aufgehen". Diese tröstliche, ja optimistische Sicht vom Wirklichen meint wohl auch Rombach, wenn er bei seiner Analyse der Situation sehr nahe bei dem von uns hier Gemeinten schreibt: „Das so vom letzten unnennbaren Licht hereinfallende Leuchten, das noch im Anfänglichsten und Geringsten aufscheint, kann als Freude bezeichnet werden, die alles Lebendige belebt und der eigentliche Sinn des Lebens ist."[305] Und weiter heißt es: „Alle Einzelkulturen, Einzelwelten, Einzelreligionen und Einzelphilosophien sind gerechtfertigt, aber nur sofern sie diese Öffnung vollbringen und nicht sich selbst, sondern das Licht vortragen, das hinter ihnen steht und in ihnen aufleuchten will."[306] Sehr schön wird gerade im letzten Zitat das deutlich, was ich hier mit Transparenz meine. In der Durchgängigkeit durch die verschiedenen Dimensionen ist es das „Aufgehen", dieses äußerste und umfassende Geschehen, das dem Einzelnen Leben und Selbstwerdung, ja Rettung und Gültigkeit ist, wie in der Ostererfahrung zu sehen war, das ferner das Christliche als Religion hintergründet und so gerade berechtigt, insofern dieses sich von seiner Mitte, seinem Ursprung her in das Geheimnis des „Aufgehens" verwiesen begreift. So ist das Geschehen des „Aufgehens" begründend für die anderen Dimensionen. Im letzten Teil dieses Kapitels wird das noch klarer werden.

Unvergängliche und Kräftigste (sc.: das Leben) in uns selbst erleben... Eine Bewegung, die durchaus nicht selbstverständlich ist und die wir daher mit gutem Grund die innere Religion alles Wirklichen nennen." So in: Der kommende Gott, 60.
305 Rombach: Strukturanthropologie, 314.
306 Ebd., 316 f.

5.2 Bestätigung des gegangenen Weges: Phänomenologische Grundeinsichten im Angesicht der Tiefendimension

Die Einsicht in die Tiefendimension, die soeben in einem ersten Zugang beschrieben wurde, hat deutliche Ähnlichkeiten mit Grundeinsichten der Phänomenologie, so wie sie von Heinrich Rombach her im zweiten Kapitel dargestellt wurde und bei dieser Arbeit als Weg diente. Ich möchte dazu zunächst in einem ersten Abschnitt zwei wesentliche Entsprechungen der Phänomenologie herausgreifen, um in einem weiteren Abschnitt darzustellen, wie Rombach selbst von der Tiefendimension, um die es hier geht, in ganz eigener Weise spricht.

5.2.1 Erscheinen und Konkreativität

Phänomenologie lebt von der Einsicht, daß die Dinge sich von sich selbst her zeigen, ja daß sie eben als Phänomene erscheinen. Darin liegt eine Selbstklärung der Phänomene, die ihrer eigenen Helle innewerden, ihre eigene „Phänomenologie" entwickeln. Indem Phänomene zu ihrer eigenen Sinnklarheit vordringen, sich gestalten, „sind" sie, werden sie Wirklichkeit. Sie sind, indem sie sich selbst sehen, indem sie in dieser eigenen Helle aufgehen, eben erscheinen.

Auch das, was sich im Gang des Gedankens dieser Arbeit als „Macht des Übergangs" zeigte, erscheint. Es erscheint als Geheimnis im Geschehen der Auferweckung aus den Toten, im Geschehen des Aufgehens aus dem Untergang. Die Macht des Übergangs, die sich in der Tiefendimension, der Transparenz, um die es hier geht, als das Geschehen selbst erweist, erscheint von sich selbst her. Sie ist Geheimnis gerade auch darin, daß sie sich nur von sich her zeigt, in Erscheinung tritt. Mehr noch: Das Geschehen „Aufgehen aus dem Untergang" tritt in Erscheinung als das, was es zutiefst ist: Es erscheint hier in der dritten Dimension allererst als das Geschehen, das identisch ist mit der Macht des Übergangs; es erscheint als das Ursprungsgeschehen, ja es erscheint in seiner ganzen inneren Tiefe, ontologischen Macht und begründenden Entzogenheit. So erscheint es, indem es geschieht, indem es sich selbst als mächtig erweist. Das geschieht deutlich von dem hier verfolgten Gedanken her in der Ostererfahrung. Dort zeigt es sich machtvoll und wirkend, dort ist ein Ort, es zu sehen.

Somit erweist sich das Geschehen, um das das Denken hier kreist, als Phänomen im eigentlichsten Sinne des Wortes. Das, was von Phänomenen durch die Phänomenologie gesagt wurde, und das Erscheinen des Ursprungsgeschehens als Tiefendimension, die das Christliche hintergründet, bestätigen sich gegenseitig. Im Erscheinen der Tiefendimension von sich selbst her erscheint auch nochmal der gegangene Weg, die Phänomenologie als gangbarer Weg. Das Erscheinen der Phänomene ist die Grundbewegung der Phänomenologie. Darin liegt, daß Phänomene sich gestalten, sich klären, sich heben. „Aufgehen" bezeichnet in anderer Weise dieses Erscheinen. „Aufgehen" erscheint als wirkende Macht in der Dimension des Christlichen als Religion. Es erscheint in der Tiefendimension als das begründende Geschehen. Es erscheint von sich selbst her, in Gestaltung und Selbstklärung. „Aufgehen" ist das Geschehen des Erscheinens selbst; es ist sein eigenes Erscheinen, denn Erscheinen ist „Aufgehen" in diesem Sinne.

Eine wichtige Einsicht der Phänomenologie Rombachs ist es, gerade in Auseinandersetzung mit der „Kehre" Martin Heideggers, daß nicht Sein den Menschen bestimmt und nicht Freiheit das Sein schafft, sondern daß Mensch und Welt sich aneinander gemeinsam schöpferisch gestalten. Dieses Geschehen ist als Konkreativität von ontologischer Bedeutung. Aneinander und nur als Zusammenhang, als lebendige Struktur erscheinen Mensch und Welt, erscheint Wirkliches in seiner Ganzheit, geht es je und je als Welt auf.[307]

---

[307] Rombach sieht die Konkreativität als die wahre, die eigentliche Wende, die schon geschieht, und die weiter geschehen muß, um leben zu können als viele Welten, in vielen Welten, in denen je und je gültig, jäh und jäh verschieden das Alleben präsent wird, erscheint. „Wir müssen heute an vielen Punkten umdenken, in der Religion, in der Philosophie, in der Soziologie... Die ganze Geschichte der Menschheit ist ein künstlerisches Produzieren, in dem alles, ja das All, mittätig ist. '...denn alles gefällt jetzt'. Dies besagt in der Sprache des Dichters, daß jede Lebenswelt des Menschen als eine Offenbarung des Absoluten, des Gottes, des Allebens aufgefaßt wird, nicht mehr als Abweichung und Verirrung. Früher hat nichts 'gefallen' außer der eigenen Lebenswelt, jede andere Lebensweise, jede andere Religion oder Philosophie wurde abgelehnt, mißfiel. Jetzt aber, wo das Schöpferische aufgeht, und zwar als kon-kreativ mit dem Absoluten, muß alles 'gefallen', nicht nur die Prudukte der menschlichen Geschichte, sondern auch die Produkte

Die Macht des Übergangs erscheint an denen, mit denen, die da auferweckt werden. Schöpferisches und Geschöpfliches gehen aneinander auf, heben sich gemeinsam ins „Aufgehen", ins Sein - je aber ihre Eigenheit im Ganzen bewahrend, ja präzisierend -, werden vom „Aufgehen" gleichsam gehoben. Als auferweckende Macht kann der Gott der Auferweckung nur erscheinen an den Auferweckten. Und das, was neu aufgeht, kann nur aufgehen durch eben diese Macht des Übergangs. Das ist Konkreativität. Hier geht es nicht um Synergismus, hier geht es um ein ontologisches Geschehen, in dem das Wirken und das Gewirktwerden nur miteinander sich gestalten zu der je eigenen Weise, das Ganze zu präsentieren. Wirkende Macht ist gerade hier ernstgenommen, ebenso wie „geschöpfliche Wirklichkeit". Und dennoch: Dann sind beide nochmal hintergriffen von jenem gemeinsamen Geschehen, das Rombach Konkreativität nennt und als ontologisches Grundgeschehen des Wirklichen sieht, von dem Geschehen des Aneinander-zur-Erscheinung-Kommens, vom „Aufgehen" selbst, das als „Ganzes" den gegenseitigen Gestaltungsprozeß ausmacht und sich in der Tiefendimension als die Macht des Übergangs erweist.

Diese Entsprechungen, wie sie hier beschrieben werden, sind keine Beweisführung. Sie zeigen, sie beweisen nicht. Sie zeigen, wie phänomenologische Grundeinsichten ihr Echo, ihr Spiegelbild finden in dem, was sich aus dem gegangenen Weg bisher ergeben hat. Indem Phänomenologie „formal" von Phänomenen so redet, wie sich hier „inhaltlich" das Ursprungsgeschehen des Christlichen selbst zeigt, schließt sich der Kreis an diesen Punkten schon einmal, und der phänomenologisch begangene Weg erweist seine Stimmigkeit für die, die sehen.

An dieser Stelle zeigt sich gut das Verhältnis von Theologie bzw. dem Christlichen und Phänomenologie, so wie sie als Methode von Rombachs phänomenologischer

---

der Natur, denn auch sie sind kon-kreativ, sind Offenbarungen. Eine Blume öffnet sich; in diesem Öffnen geschieht ein Inerscheinungtreten, das das Erscheinen der Natur im ganzen, des Allebens, des Absoluten ist. Darum der Zen-Buddhismus: 'Eine Blume blüht, und eine Welt geht auf.' So ist das." Rombach: Phänomenologie des sozialen Lebens, 321 f.

Konzeption genommen wurde. Wurde Phänomenologie als Methode, als Weg des Sehens eingeführt, um Theologie selbst zu klären, so führte der daraus sich ergebende Prozeß zu einer Schicht, in der Phänomenologie und christliche Theologie ihre Differenz hintersteigen, ja fundamentaler überwunden sehen, weil hier Ur-Sprung ist, nur noch das „reine Phänomen", das „Aufgehen" west, wo beide von verschiedenen Dimensionen aus von dem selben reden und so ineinander involviert erscheinen.

5.2.2 „Der kommende Gott"

Ich möchte noch zu dem Ort kommen, wo der Phänomenologe Rombach selbst aus seiner Sicht, aus seiner Forschung, von seinem Weg her das Tiefengeschehen, dem dieses Kapitel gewidmet ist, in besonderer Weise anrührt. Er tut das in seiner Rede vom „kommenden Gott".

Das Wort vom „Gott" ist dabei bildhafte Rede und ist es auch wieder nicht. Dieses Etwas springt auf, vollbringt das Ungeahnte, öffnet eine neue Welt, je und je, jäh und jäh, reißt mit, reißt nieder und ermächtigt. Darin erscheint es als „Gott". Rombach schreibt dazu als erste Annäherung: „Also nicht der Gott, der da sein wird, sondern der Gott, der nur im Kommen ist. Nicht der Gott mit Namen und Antlitz, mit Verkündigung und Lehre, mit Tempel und Verehrung, sondern der Gott des Augenblicks, der Überraschung, des Aufbruchs und des mitreißenden Geistes. Der Gott, der nichts vorwegnimmt, auch nicht sich selbst, also der, der noch kein Gesicht hat, sondern das Gesicht derjenigen Tat und derjenigen Tatsache annehmen wird, die sich aus dem Aufbruch entrollt."[308] Und weiter: „Gott, der in die Dinge und Menschen fährt, nicht über oder hinter ihnen steht, sondern aus ihnen - und als sie - hervorbricht."[309] Das gibt einen ersten Eindruck von dem, was mit dem kommenden Gott gemeint ist. Er ist das Geschehen des Augenblicks, der Tat selbst; er ist im Kommen nur zu spüren, erscheint nur im

---

308 Rombach: Der kommende Gott, 8.
309 Ebd., 9.

Hineinfahren. Er ist gleichsam die Begeisterung des Daseins selbst. Das „es geschieht", das meint der kommende Gott. Gott ist dieser Gott nur im Kommen. Das ist wichtig. Kommen, das ist Genese, ist Entstehen, ist Aufgehen. In diesem Kommen ist die hier beschriebene Macht mitreißend, wirksam, verwandelnd, begründet sie Leben, Sein als Lebendigkeit. So nur ist sie Gott.

Wohlgemerkt, wir befinden uns hier in der Tiefendimension, nicht in der Dimension der Theologie oder der Religion; dort wäre diese Rede vom kommenden Gott vielleicht schwer zu verkraften.[310]

---

310 Aber auch schon Sehende, die im Christlichen lebten und leben, haben von dieser Tiefendimension gesprochen. Deutlich wird die Differenz von der zweiten, der religiösen, zur dritten, der Tiefendimension bei Meister Eckhart. Er soll für viele stehen, wo ähnliches zu finden wäre. Eckhart bringt die Differenz durch die zwei Begriffe „Gott" und „Gottheit" ins Wort. Im folgenden soll er dazu gehört werden. (Ich beziehe mich auf die Eckhart-Ausgaben in der Übersetzung von Josef Quint.)
Gleichsam als Eingang zur Mystik betont Eckhart das Wirkenlassen Gottes, daß dieser von sich her wirke (erscheine): „Daß wir uns selbst genommen und in Gott versetzt werden, dies ist nicht schwer, denn Gott muß es selbst in uns bewirken; ist es doch ein göttliches Werk, der Mensch folge nur und widerstehe nicht, er erleide (es) und lasse Gott wirken." Meister Eckhart: Predigt 73 „Dilectus deo et hominibus,...", 553. Die Einigung beschreibt Eckhart so: „Wo nun die Seele ist, in der Gott sein Werk wirkt, da ist das Werk so groß, daß dieses Werk nichts anderes ist als die Liebe; die Liebe hinwiederum ist nichts anderes als Gott. Gott liebt sich selbst und seine Natur, sein Sein und seine Gottheit. In der Liebe (aber), in der Gott sich (selbst) liebt, darin liebt er (auch) alle Kreaturen - nicht als Kreaturen, sondern die Kreaturen als Gott." Meister Eckhart: Predigt 26 „Nolite timere eos,...", 271 f. Ganz parallel dazu: „Mit dem Schmecken, mit dem Gott sich schmeckt, damit schmeckt er alle Kreaturen - nicht als Kreaturen, sondern die Kreaturen als Gott. In dem Schmecken, in dem Gott sich schmeckt, in dem schmeckt er alle Dinge." Ebd., 272. Die Einheit von Geschöpfen und Gott ist sehr personal, geradezu innig beschrieben; es ist die Sprache des Mystikers, der letztgültige Aussagen machen will über die Welt, den Menschen und Gott. Es ist eine wirkende Einheit, ein mystisches Ineinander-Anwesen: Gott erscheint in der Welt als sein eigenes Wirken und Lieben. Aber zugleich erscheint die Welt (die Seele) in Gott, und dort erst dann als Gott, nicht mehr als Welt - aber dort erst, oder besser: so erst, im Rückstrahlen: „Gott ist in der Seele mit seiner Natur, mit seinem Sein und mit seiner Gottheit, und doch ist er nicht die Seele. Das Rückstrahlen der Seele, das ist in Gott Gott, und doch ist sie (= die Seele) das, was sie ist." Ebd., 273.
Auf diesem Hintergrund erhellt sich, wie Eckhart „Gott" und „Gottheit" differenziert: „Gott wird ('Gott'), wo alle Kreaturen Gott aussprechen: da wird 'Gott'. Als ich (noch) im Grunde, im Boden, im Strom und Quell der Gottheit stand, da fragte mich niemand, wohin ich wollte oder was ich täte: da war niemand, der mich gefragt hätte. Als ich (aber) ausfloß, da sprachen alle Kreaturen: 'Gott'!... So also reden alle Kreaturen von 'Gott'. Und warum reden sie nicht von der Gottheit? Alles das, was in der Gottheit ist, das ist Eins, und davon kann man nicht reden. Gott wirkt, die Gottheit wirkt nicht, sie hat auch nicht zu wirken... Gott und Gottheit sind unterschieden durch Wirken und Nichtwirken... Wenn ich in den Grund, in den Boden, in den Strom und in die Quelle der Gottheit komme, so fragt mich niemand, woher ich komme oder wo ich gewesen sei. Dort hat mich niemand vermißt, dort entwird 'Gott'." Ebd., 273. Gottheit ist für ihn die Tiefendimension, wo kein Wirken ist. Wo Gott sich mitteilt, wirkt, da ist es Gott, da wird Gott Gott. Wo der Weg zurückführt in

Der kommende Gott ist die Kraft, die Entfremdung überwindet, die dem Menschen das Geheimnis des Lebens als göttliches Geschehen innewerden läßt. Dieser Gott lebt im Hineinfahren in die Dinge, in die Menschen. Rombach spricht dabei von einer „Religion des Wirklichen": „Dies ist die Religion alles Wirklichen. Besser: dies ist das Wirkliche als Religion. Das Wirkliche als Religion, das bedeutet nicht ein Göttliches über allem, sondern eher ein Gott in allem... Aber nicht ein gleichbleibender Gott in allem Unterschiedenen, sondern die jeweilige Unterschiedenheit der Dinge in der Gestalt ihres Aufspringens aus sich selbst."[311] In unserem Sinne wäre das eine Art „Tiefenreligion", die die Religionen allererst aus sich entläßt bzw. in ihrer jeweiligen Eigenheit bestätigt.

Dieses Göttliche, das hier als die Kraft des Aufspringens der Dinge in ihrer Verschiedenheit beschrieben wird, ist ganz nahe dem, was von Nikolaus von Kues über das Nicht-Andere zu hören war. Es macht in allen Dingen eben deren eigenste Identität, deren Nicht-anders-Sein aus, ist also genau nicht das Gleichbleibende in den Dingen, sondern deren Verschiedenheit und Eigenheit und gerade so aber das, was alles gründet und trägt zur Verschiedenheit hin, in keinem von allem sich verliert, als Nicht-Anderes alles durchlebt. Zugleich wird hier die Nähe zu dem Geschehen deutlich, das „Aufgehen" genannt wird, in dem und durch das die Wirklichkeit als Vieles der einzelnen Wesen aufgeht, das in jedem Wesen dessen Aufgehen zu sich selbst hin ist, also ganz in der Unterschiedenheit der Einzelwesen „aufgeht" und genau darin als das alles begründende und sich dem

---

die unnennbare Geheimnishaftigkeit der Gottheit, verliert sich alles Wirken und Mitteilen, weil alles eins ist, da ent-wird Gott also. Eckhart denkt hier in zwei Dimensionen, wobei „Gott" die der Religion ausmacht, die „Gottheit" nur in der Mystik und als diese aufgeht. Aus dem oben Gesagten kann Eckhart folgern: „Gottes Natur, sein Sein und seine Gottheit hängen daran, daß er in der Seele wirken muß. Gesegnet, gesegnet sei Gott!" Ebd., 271. Entsprechend heißt es : „Ich aber sage, daß seine (= Gottes) Gottheit daran hängt, sich alledem mitteilen zu können, was seiner empfänglich ist; teilte er sich aber nicht mit, so wäre er nicht Gott." Meister Eckhart: Predigt 73, 552. Die Gottheit Gottes ist so nicht abgeschlossen gedacht, sondern auf das „Werden" Gottes hin, auf das Wirken und Mitteilen. Beides gehört zusammen eben als zwei Dimensionen. Die Differenz hört sich dann auf den Punkt gebracht so an: „Wieder will ich sagen, was ich (noch) nie gesagt habe: Gott und Gottheit sind so weit voneinander verschieden wie Himmel und Erde. Ich sage mehr noch: Der innere und der äußere Mensch sind so weit voneinander verschieden wie Himmel und Erde. Gott aber ist's um viele tausend Meilen mehr: Gott wird und entwird." Ebd., Meister Eckhart: Predigt 26, 272.

311 Ebd., 60.

Zugriff entziehende Geheimnis erscheint.

Im Umfeld des „kommenden Gottes" sieht Rombach eine „menschheitsgeschichtliche Kehre"[312]. Keine Religion, keine Weltsicht verliert dadurch ihre Gültigkeit. Sie alle sind Gestaltungen dieser tiefen Kraft, dieses „namen- und gestaltlosen Gottes"[313], der in einem ganz anderen Sinne Gott ist, als Gott in der Dimension der Religion Gott ist. So tritt er in keine Konkurrenz, er hebt nichts auf, er bestätigt vielmehr alle Religionen hin zu ihrer Gestalt, zu ihrer Eigentlichkeit und Einzigkeit. Das ist die Kraft des „kommenden Gottes". „Der 'kommende Gott' ist darum nicht ein 'anderer Gott' als der, den das Christentum lehrt, aber er ist 'anders' Gott als jener."[314] Dieses „anders" wird verstehbar durch den Unterschied zwischen der zweiten und der dritten Dimension. In diesem „anders" ist der Dimensionensprung genannt. Das eine ist die Religion, das andere ist die diese hintergründende Tiefendimension, der wir auf der Spur sind.[315]

Rombach sieht den kommenden Gott als möglichen Vermittler, als Gott des

---

312 Ebd., 10.
313 Ebd., 10.
314 Ebd., 24.
315 Von dieser Stelle aus möchte ich Rombach aus dem Gang unseres Gedankens präzisieren, korrigieren. Die deutlichere Differenzierung in verschiedene Dimsionen wäre zu wünschen, um die Rede vom „kommenden Gott" oder überhaupt von dem von ihm beschriebenen Fundamentalgeschehen, besser aufnehmen zu können. Ich versuche die Präzisierung zu leisten durch meinen Ansatz dimensionalen Denkens. Ist die Rede vom „Aufgehen", vom Ursprungsgeschehen wie auch vom „kommenden Gott" in der Dimension der Religion verwirrend, so erweist sie sich in der Tiefendimension als Hintergründung und Bestätigung des in der Religion Gesehenen.

Die Dimension der Religion weitet sich sodann zur Dimension all des gelebten Lebens, zu all dem, was innestehendes „Sehen", was Erfahren meint: Kulturen und Eigenwelten, die sich aus der Tiefendimension erhoben als Gestaltungen, ermächtigt durch diese, durch den „kommenden Gott". Das berührt dann auch die schon oben angemerkte Problematik des Leides, des Bösen, der Perversion, die bei Rombach zu kurz zu kommen scheint. Ist sie in der zweiten Dimension, dem konkreten Leben der Menschen in Religion, Kultur, Gesellschaft, Eigenleben genügend sichtbar gemacht, wird das Böse, die Not und das Leid der Menschen, ja aller Wesen nicht übersehen, ja wird, wie vom Christlichen intendiert, gerade dahinein Rettung verkündet, gelebt und entsprechend gehandelt, so kann dann die Tiefendimension als das „Aufgehen" gesehen werden, in dem von der Schattenseite des Lebens nicht mehr die Rede sein muß, weil hier Licht und Schatten untergriffen sind von einem fundamentaleren Raum als deren Trennung, deren Zerspaltung. Dort ist dann wahrhaft alles Sein „Aufgehen", lebt „das Leben".

Diese Sicht mag Rombach präzisieren vom Phänomen des Christlichen und vom hier vertretenen dimensionalen Ansatz her. Und umgekehrt mag auf das Christliche ein klärendes Licht fallen, das Böse, das Leid in diesem Zusammenhang neu zu begreifen zu versuchen: Gegenseitige Korrektur, Klärung aneinander, Strukturen.

Friedens zwischen den Religionen.[316] „Der 'kommende Gott' löst keinen anderen Gott ab; er verdrängt niemanden und er vernichtet nichts... Er läßt vielmehr jeden Gott und jeden Sinn in seine Jeweiligkeit aufgehen..." Er kann daher auch „als der Gott eines gemeinsamen Menschheitsglaubens angesehen werden, da er alle Religionen als 'gleichberechtigt' erweist, ... als gleicherweise einzigberechtigt..."[317]. Dies zu verstehen ist in Rombachs Augen im Bereich der Religion am ehesten der Mystik möglich: „Je näher sie (sc.: die Religionen) ihr Weg zum Ziel geführt hat, desto ähnlicher werden sie einander. Dort, wo sie im Ziel sind, sind sie identisch. Im Ziel sind sie in ihrer jeweiligen 'Mystik'."[318] Die Mystik kann in diesem Sinne als die luzide Schau der Religion in die Tiefendimension gesehen werden, in jene Tiefendimension, in der Rombach vom kommenden Gott reden kann als der Kraft und Bestätigung jeder Religion, in jene Tiefendimension, in der das Ursprungsgeschehen, das „Aufgehen", sich als ontologisches Geschehen erweist, als die Macht des Übergangs, die als der Gott der Auferweckung in der christlichen Religion erscheint.

In anderer Sprache redet Rombach von dem Tiefengeschehen, um das es uns hier geht, wenn er seine Sicht vom kommenden Gott darlegt. Hier fügt sich auch das gut ein, was oben über Erscheinen und Konkreativität gesagt wurde. In dem kommenden Gott wird versucht, die Kraft des gemeinsam schöpferischen Geschehens, ja das Geschehen selbst in bildhaft anmutender Rede ins Wort zu fassen, zu umschreiben, tiefer zu verstehen. Der kommende Gott ist das konkreative Geschehen. Und darin ist er das Erscheinen der Dinge, der Wesen, der Welten. Rombach kommt auf dem Weg seiner Phänomenologie zu der Sicht der Tiefendimension, die er in seiner Schrift „Der kommende Gott" beschreibt. Diese Tiefendimension ist das Geschehen des Erscheinens, des gegenseitigen Sich-Hervortreibens, des „Aufgehens". An diesem Punkt bestätigen sich nicht mehr Methode und Inhalt, Phänomenologie, so wie sie hier angewandt wurde, und

---

316 Vgl. ebd., 10.
317 Ebd., 61 f.
318 Ebd., 65.

christliche Religion. An diesem Punkt kommen Phänomenologie und der dimensionale Gang in die Tiefe und der Ursprung des Christlichen zueinander, eröffnet sich ein Raum gemeinsamer Einsicht, der wie eine Kugelgestalt von den verschiedensten Seiten angegangen werden kann, bei bis zu Ende beschrittenen Wegen diese mit der Begegnung in der Mitte, im selben Ursprung lohnt.

„Aufgehen" zeigt sich im Spiegel der Rede Rombachs vom kommenden Gott als das lebendige Geschehen, das alles in seiner Eigenheit bestätigt, so wie es von Ostererfahrung zu lernen war, daß Auferweckung die Auferweckten hin zu ihrer Eigentlichkeit befreit und ermächtigt. Wie der kommende Gott trägt das Geschehen des „Aufgehens" die Jeweiligkeit und Einzigkeit der Wesen, ihr Blühen, ihre Genese, ja erscheint es in diesem, als dieses. Es fährt in die Dinge hinein, reißt sie empor ins Dasein, bedeutet selbst das Leben und verliert sich in keiner Gestalt. Es ist die Bestätigung jeder Weltsicht, jeder Religion, in denen es in unterschiedlichster Gestaltung „erscheint". Vom „Aufgehen" her erhält alles sein Dasein, sein Leben, ist getragen in unergründlichem Ursprung, in heiligem Grund, der sich als lebendiges Geheimnis verschweigt und nur wirkend im Aufgehen, im Leben der Wesen erscheint.

5.3 Der Kreis schließt sich: „Aufgehen" als dimensionale Transparenz

Wenn wir von dem jetzigen Ort des gegangenen Weges zurückschauen, so beginnt der Kreis sich zu schließen. Damit ist gemeint, daß Ausgriffe des Gedankengangs sich erfüllen bzw. wieder aufgenommen werden können, weil es nun möglich ist, ihnen vom zu Ende gehenden Weg her zu begegnen und darin Klarheit zu finden, zu verstehen. Den Kreis in dieser Weise sich schließen zu lassen ist vor allem Aufgabe des letzten Kapitels dieser Arbeit. Aber schon in diesem Kapitel ist der Rückblick notwendig, wie ja auch schon in einzelnen Hinweisen geschehen. Der Rückblick auf den gegangenen Weg ergibt sich an dieser Stelle aus dem, was ich mit Transparenz meine. Die dritte Dimension wurde als Transparenz bezeichnet, da sie nicht nur eine neue Dimension, eine Hintergründung des zuvor Gesehenen bedeutet, sondern auch in den anderen Dimensionen präsent ist, in ihnen durchscheint. Um diese Eigenschaft der hier zu beschreibenden Dimension zu verstehen, ist es angebracht, in die zurückliegenden Dimensionen zu blicken, das heißt einen Rückblick auf den Weg zu werfen, der bisher durch diese Dimensionen hindurch, besser: von Dimension zu Dimension gegangen wurde.

Die dritte Dimension, die Transparenz, zeigt das Geschehen, das „Aufgehen" genannt wird, als das Grundgeschehen oder Ursprungsgeschehen nicht nur von theologischer, sondern auch von ontologischer Wertigkeit. Mit der Auseinandersetzung um dieses Geschehen wird eine Tiefe betreten, die fundamentaler ist als die Trennung von Theologie und Ontologie, von Kosmologie und Philosophie. So wird da zugleich von Gott, von der Welt, vom Kosmos, vom Sein schlechthin geredet.

Diese Tiefendimension wird unmittelbar erreicht durch die Selbstdeutung des Christlichen als Religion. „Aufgehen" erscheint zunächst als Hintergründung der christlichen Religion. Aus der eigenen Mitte heraus zeigt sich das Christliche hineinverwiesen in das Geschehen, das die Tiefendimension eröffnet und ausmacht. Das Christliche als Religion steht für die zweite Dimension, die Dimension der Religion, des existenziell erfahrenden und mitvollziehenden „Sehens". Wo das Christliche nach seiner Grundgestalt Ausschau hält, wo es sich auf die Suche nach seinem Ursprung macht, da erscheint die Tiefendimension. Diese, das „Aufgehen", erweist sich im Christlichen als Ursprungsgeschehen, als das „Aufgehen aus dem Untergang", als jenes Geschehen, das als genetischer Punkt umstanden wird von den Bildern der Ostererfahrung, die selbst als Kreis starker Bilder Einsicht in die Grundgestalt, das Eigentliche des Christlichen gibt. In der Ostererfahrung erscheint „Aufgehen aus dem Untergang" bewegt von der Macht des Übergangs, die sich als Geheimnis entzieht und genau so wirkend auf den Plan tritt und rettend, neuschöpferisch, liebend, göttlich handelt eben als der Gott der Auferweckung. Gott als Geheimnis und wirkende Nähe, als unbegründbare Begründung von allem verweist aus der Ostererfahrung heraus in die das Christliche hintergründende Tiefe, in die Tiefendimension. Sie erscheint im

Christlichen als eben dieser Hintergrund, der sich in das eigene Geheimnis hinein verschweigt und zugleich wirkt als Macht des Übergangs, ja zuletzt selbst als das Geschehen „Aufgehen aus dem Untergang".

Gehen wir nun nicht nur zur zweiten Dimension, der Dimension der Religion, hier des Christlichen, zurück, sondern blicken wir auch in die erste Dimension, die am Beginn des Weges steht, die Dimension des Fragens, so begegnen wir auch da dem Erscheinen der Tiefendimension, wenn auch in anderer Weise. „Fragen" erweist sich dort als Modus, dem Unendlichen zu begegnen. Fragen, menschliches Fragen weiß sich weitergetrieben, angezogen von der ihm innewohnenden Kraft, den letzten Sinn, den Grund des Daseins überhaupt zu ergründen, anzurühren, zu erfragen. Im Fragen erweist dieser sich selbst als sich stets entziehender „Un-Grund", der gerade durch seinen Entzug das Fragen als unendliche Bewegung des suchenden Menschen konstituiert und trägt. Das Fragen wird deutlich als Weise, dem Un-Grund zu begegnen, und dabei dessen alles hintergründender Unendlichkeit fragend innezuwerden. Im getriebenen Fragen erscheint der Un-Grund von sich selbst her, das Fragen des Menschen antwortlos wachhaltend. Als sich entziehender und so die Bewegung des Fragens tragender Un-Grund erscheint die Tiefendimension, das sich von sich selbst her zur Erscheinung bringende „Aufgehen", in der ersten Dimension, der Dimension des Fragens.

Fragen, das radikal verstanden wird, erweist sich im letzten als theologisches Fragen. Dieses wird als radikale, bis zum „Grund" getriebene Betrachtung von Wirklichkeit bzw. als fragende Betrachtung der radikalen Wirklichkeit - was dasselbe meint nur von der anderen Seite her - deutlich. Dies wurde im ersten Kapitel versucht zu zeigen. Theologie, die um diesen inneren Abgrund weiß, in dem sie als fragende unauslotbar gründet und von dem her sie als forschende wachgehalten wird, eine solche Theologie wurde als sapientiale Theologie bezeichnet, eine Theologie, die sich nicht nur von einem ihr fremden Wissenschaftsbegriff her definiert, sondern aus einer ihr eigenen, proprialen theologischen Weisheit. Theologisches Fragen weiß sich so gegründet in jenem Un-Grund, der in der Tiefendimension als das Ursprungsgeschehen „Aufgehen" verstehbar wird.

In den beiden vorangehenden Dimensionen „Fragen" und „Sehen" erscheint die Tiefendimension je eigen als hintergründendes Geheimnis, erscheint das „Aufgehen", sei es als „Un-Grund", sei es als „Macht des Übergangs". Die vorausgehenden Dimensionen sind durchscheinend auf das Tiefengeschehen hin, auf die Transparenz hin, die sich in ihnen zeigt als Begründung und als Abgrund. Damit ist aber nun das nicht ausgeschöpft, was Transparenz meint. Ich möchte dazu noch einen Schritt weiter gehen.

„Aufgehen", dieses Geschehen entläßt aus sich nicht nur Welten, die aufgehen, Leben, das entsteht und sich entfaltet, Sein, das erblüht, sich auslegt in die Vielzahl der einzelnen Wesen. „Aufgehen" begründet auch Dimensionen. Auch sie gehen auf, erheben sich aus einem Punkt, gestalten sich, eröffnen eine ganz neue und eigene Weise zu sein, zu leben, zu erkennen. Dimensionen gehen auf; darüber wurde schon gesprochen. Die Tiefendimension ist das Aufgehen aller Dimensionen, ist die Macht der Genese, die Macht des Aufgangs aus dem Untergang, denn stets geht eine alte Dimension unter, wo eine neue ersteht, und sei es auch nur aus der Sicht eben dieser neuen Dimension. Im Aufgehen der Dimension „Fragen", im Aufgehen der Dimension „Sehen" wirkt das „Aufgehen", wirkt die Tiefendimension. Diese erscheint, indem die anderen Dimensionen sich entfalten, sich auslegen, hell werden; sie ist deren Kraft der Genese, deren sich eröffnendes Leben. So ist sie darin gegenwärtig. Das meint Transparenz.

Weiter noch: Wenn der Gedanke, der in dieser Arbeit entwickelt wurde, wirklich aufging - und das ist mein Anliegen und meine große Hoffnung -, wenn er sich auslegte in seine Differenzierungen und in seiner inneren Stimmigkeit als Evidenz einleuchtet, dann wirkt auch hier die Tiefendimension als genetische Macht. Auch im Gang unseres Gedankens ist das Geschehen des „Aufgehens" präsent, indem der Gedanke eben selbst aufgeht, sich erhebt, erscheint. Auch hier zeigt sich die Tiefendimension als Transparenz. Dann aber gilt: Waren wir - meine Leserinnen und Leser und ich selbst als Verfasser - im „Fragen" theologisch denkende und reflektierende Menschen, die in angemessener Distanz von dem zu untersuchenden Gegenstand der Theologie sprechen konnten, waren wir im „Sehen" hineingerufen in den Innenraum von Ostererfahrung, diese von innen zu sehen und darin selbst zu neu Sehenden gewandelt zu werden, so sind wir nun im „Aufgehen" hineingenommen in dieses Geschehen selbst, in der Weise, daß es uns beim Gehen des gesamten Weges, den wir gingen, „aufging" und so innewurde, ja dann leuchtet das „Aufgehen" in unserem gedanklichen Gehen auf, wird unser Weg durchsichtig auf die Tiefendimension hin, die sich hier nochmal als Transparenz erweist. Indem uns der Gedanke aufgeht, hell wird, sich in Einsicht und Evidenz gibt, leben wir aus der Kraft des Tiefengeschehens. Im letzten begreifen wir vielleicht, daß wir in der dritten Dimension nicht mehr nur von außen Fragende, auch nicht von innen Sehende, sondern selbst Teil des Geschehens werden, Teil des großen „Aufgehens", das nichts anderes bedeutet als das Leben selbst in seinen unzähligen Ausprägungen und seinem hintergründenden Geheimnis.

Wenn es Ziel des Weges war, dieser Tiefendimension zu begegnen zur Klärung der Theologie, zur Hintergründung der christlichen Religion - was noch im letzten Kapitel Thema sein wird -, dann zeigt sich an dieser Stelle, daß das Ziel des Weges, „Aufgehen" als Ursprungsgeschehen, stets schon in allen Dimenisonen des Weges präsent war, indem es dort „inhaltlich" erschien als begründendes Geheimnis und indem es zugleich das Eröffnen der Dimensionen selbst war. Das Ziel selbst lockte gleichsam - auf dem ganzen Weg durchscheinend - zum Weitergehen und trug den Weg. Nun erweist sich sogar noch das Gehen des Weges, das Aufgehen des Gedankens als Präsenz des Ursprungsgeschehens, und wir selbst involviert in das Ziel, in das „Aufgehen". Daß dies nicht als logisch vertrackte Konstruktion, sondern als augenscheinliche Helle, als Stimmigkeit nochmal „aufgeht", evident wird, das bedeutet für mich, daß sich der Kreis schließt.

6. Kapitel: Menschen im Übergang

Das letzte Kapitel trägt den Haupttitel der ganzen Arbeit: Menschen im Übergang. Es geht darum, Rückschau und Zusammenschau zu halten, aber nicht in der Weise einer Zusammenfassung, einer Sammlung des bereits Gesagten; vielmehr sollen die Einsichten des Weges in ihrem Zusammenhang aufgehen, soll deutlich werden, was sich aus dem Kontext des Ganzen ergibt. In besonderer Weise knüpft dieses Kapitel an das fünfte Kapitel an, an das, was dort zu „Transparenz" gesagt wurde. Diese Durchgängigkeit durch die Dimensionen ist jetzt noch einmal wichtig.

Ich möchte ganz nach vorne zurückblicken, auf die ersten Zeilen der Arbeit, das heißt auf ihren Titel: „Menschen im Übergang. Eine phänomenologische Erhellung der Grundgeste des Christlichen."
Menschen im Übergang, das ist ein Bild, ein Bild für das Geschehen, was hier in der Arbeit als wesentlich deutlich werden konnte. Von Menschen ist die Rede, nicht um andere Wesen auszuschließen, denn auch um sie geht es ja dort, wo von Schöpfung, Kosmologie oder Ontologie die Rede ist; „Menschen" habe ich geschrieben, um uns Menschen als Lesende und als Schreibenden besonders ins Licht zu stellen, warum, das wird noch deutlich werden. „Menschen im Übergang" ist bildhafte Rede von dem Geschehen, um das es hier geht. Vom Untertitel wird dieses Geschehen, nach dem phänomenologisch gefragt wird, „Grundgeste des Christlichen" genannt. Sehen wir uns zunächst einmal an, was Grundgeste hier meint, wie die Rede von der Grundgeste, so wie sie im Titel der Arbeit erscheint, vielleicht die bildhafte Formulierung „Menschen im Übergang" erhellt, wie sie vor allem den gegangenen Weg dieser Arbeit zu einer Einsicht zusammenzufügen vermag.

Um nicht im leeren Raum über „Grundgeste" zu sprechen, soll ein Exkurs zum Thema „Geste" folgen

Geste ist zunächst einmal Bewegung und entsteht als Bewegung. Dabei ist sie anschaulich und einfach. Photina Rech beschreibt die Bewegung von Gesten als symbolisch: „Daß zwei Ströme ineinanderfließen, zwei Wege sich einen, zwei Hände sich ineinanderlegen, die Lider des einen Auges, die Lippen des einen Mundes sich schließen... diese und ähnliche Vorgänge bezeichneten die Alten durch das Verb symbállein oder das Substantiv symbole'."[319] Einen ähnlichen Zusammenhang von Bewegung (Geste) und Symbol sehen Lander/Zohner, wenn sie schreiben: „Meditierendes Bewegen und Tanzen ist im Grunde immer mit Symbolen verbunden, bewußt oder unbewußt." Und weiter: „Bewegung und Tanz sind die ältesten Ausdrucksformen des Menschen, die ältesten Gebetsformen. Sie eignen sich durch das Erfassen von Urbildern und Wahrheiten."[320] Diese Beschreibungen nähern sich dem, was Geste bedeuten kann: Sinntragende Bewegung, Ausdruck in der Bewegung. Es wird dies zugleich als älteste Ausdrucksform des Menschen gesehen. Es leuchtet ein. Bevor der Mensch schreiben und malen konnte, bewegte er sich. Es ist nicht abwegig anzunehmen, daß, wo der Mensch begann etwas auszudrücken, er dies zuerst mit Bewegungen tat. Wir kennen das ja von Tieren, die mit Bewegungen sehr viel Kommunikation treiben.

Es gilt da aber zu differenzieren. Nicht jede Bewegung ist eine Geste. Darauf weist Dorothea Forstner hin. Geste begleitet eine Rede oder ersetzt sie. Die Vollendung dessen besteht nach Forstner darin, daß der Körper die Seele durchscheinen läßt in jeder Bewegung.[321] Der Mensch wird dann ganz Geste, Ausdruck seiner selbst. Aber dennoch, wo Bewegung des Menschen ist, ist auch irgendwie Sprache, ist Ausdruck, auch wenn kein Adressat da ist, der das wahrnimmt, auch und vielleicht gerade, wenn es nicht bewußt ist. Der Pantomime Samy Molcho betont in seinem

---

319 Rech: Inbild des Kosmos. Band 1, 14.
320 Lander/ Zohner: Meditatives Tanzen, 25.
321 Forstner: Die Welt der christlichen Symbole, 24.

Buch über Körpersprache, daß der Körper unfähig sei, nicht zu kommunizieren.[322] Geste führt zur Bewegung des menschlichen Körpers, von der her sie entspringt. Sie wird von dort her einsehbar, wo der Mensch sich zuerst wahrnimmt: als Körper. Geste zeigt auch dies, daß Körper und Seele untrennbar sind, daß innen und außen zusammengehören.[323] Auch auf diese Weise ist Geste symbolisch. Maria-Gabriele Wosien, Dozentin für meditativen Tanz, beschreibt das so :"Leib ist das Bindeglied zwischen der Außen- und der Innenwelt, und im Tanz, als dynamisches Bild des Auf-dem-Weg-Seins, ist er der Ort der Gottesbegegnung."[324] Tanz als ausdrückende Bewegung, als Spiel der Gebärden, als Geste wird hier „dynamisches Bild" genannt, Bild in Bewegung. Leib und Geste werden eins, vermitteln zwischen Innen und Außen. So wird das Ganze erfahrbar, hier Gott genannt. So erscheint der menschliche Leib in seinem Ausdrücken als „Ursymbol".[325] Als Leib drückt der Mensch sich aus, sagt er sich in der Bewegung, im Tanz, in der Geste. Darin kommt Welt zusammen, Innen und Außen, Körper und Seele, der/die Einzelne mit dem Ganzen.

Samy Molcho weiß aus seiner langen Erfahrung mit Körpersprache zu berichten, daß Körpersprache deutlicher ist als Worte. Der Körper ist nicht so leicht zu verstellen wie die Rede.[326] Der Körper spricht unmittelbarer. Körpersprache sei unsere Primärsprache, sagt Molcho. „In manchen sprach-losen 'Augenblicken' spüren wir das ja auch: Da sagt ein Blick, eine Wendung des Kopfes, eine ergreifende Geste, eine ab-wehrende Gebärde mehr als tausend Worte."[327] Gesten führen tiefer als Worte, sie prägen sich leichter ein, wo Worte schon verblassen.[328] Ihre Einfachheit ist Stärke. Sie entwachsen dem Menschen aus dem Körpersein. Daher haben sie ihren unmittelbaren und urtümlichen Charakter. Dazu kommt, daß nach Wosien Gesten sich nicht so stark gewandelt und differenziert haben wie die

---

322 Molcho: Körpersprache, 16.
323 Vgl. ebd., 20.
324 Wosien: Tanz als Gebet, 17.
325 Splett: Liebe zum Wort, 18.
326 Molcho: Körpersprache, 10.
327 Ebd., 9.
328 Vgl. Konijn: Aufstieg zur Lebenstiefe, 16.

Sprachen der Völker. Sie sind in ihrem Ausdruck allgemeiner verständlich.[329] Wo Gesten tiefer reichen als Worte, da berühren sie Dimensionen, die mit Worten nicht mehr sagbar sind. Wosien kommt zu der Einsicht, daß viele wesentliche religiöse Erfahrungen zum Beispiel sich erst „über die rituelle Bewegung erschließen".[330]

Diese Eigenschaft von Gesten, mehr zu sagen als Worte, es einfacher, körperhaft zu sagen, und dabei auch andere Dimensionen zu berühren, führt zu einer Neuentdeckung von Gesten besonders immer wieder durch junge Menschen. So zeigt Franz-Josef Nocke, daß heute eine neue Suche und Praxis von Gesten in der Liturgie und auch sonst im Leben (z.B. bei Demonstrationen) gerade bei jungen Menschen zu finden ist.[331]

Gesten sind zunächst einmal ohne praktischen Zweck, auch wenn sie von der Geschichte des Menschen her sich sicher auch aus praktischen Bewegungen und Verhaltensweisen entwickelt haben. Als „zweckfreies Spiel" sind sie Zeichen für eine Wirklichkeit, sind sie Ausdruck des Innen. Ja, sie bewirken neue Wirklichkeit (z.B. Freundschaft).[332] Gesten schaffen auch den Menschen, der sie vollzieht. Gehen z.B. konstituiert den Menschen geradezu. Wie ein Mensch geht, gestaltet ihn selbst.[333]

Der Mensch versteht die Macht und Tiefe von Gesten. Dort, wo Worte nicht mehr alles sagen können, wo sie vielleicht sogar verstummen müssen, findet der Mensch den Weg zur Geste. So in der Liebe zu einem anderen Menschen, im Tanz als rituellen und expressiven Selbstausdruck, in der Religion, wo der Mensch dem „Mehr" begegnet, vom Unsagbaren angehaucht wird. Romano Guardini hat die Sprache des Körpers in der Religion angesehen. Er spricht dabei von der Hand als dem Werkzeug der Seele, wo diese Gesten vollzieht.[334] Gesten sprechen da, wo andere Sprache verstummt. So kommt es, „daß die Hand auch dort ihre Sprache

---

329 Wosien: Tanz als Gebet, 17.
330 Ebd., 17.
331 Nocke: Wort und Geste, 16 ff.
332 Vgl. ebd., 25.
333 Vgl. Betz: Der Leib als sichtbare Seele, 180.
334 Guardini: Von Heiligen Zeichen, 11.

hat, wo die Seele so besonders viel sagt: vor Gott."[335] Guardini beschreibt die Geste des „Kreuzzeichens" als ein Sammeln. Es weiht den, der es macht, es ist Zeichen des Alls.[336] Jede große Geste weist in die Tiefe, in das Ganze, in „das All". So verwandelt sie den Menschen, „weiht" sie ihn. Über das Falten der Hände heißt es: Beim Falten der Hände flutet der Strom ins Innere, auf daß alles bleibe bei Gott. Es ist ein „Hüten des verborgenen Gottes".[337] Oder in der Sehnsucht öffnen sich die Hände, „damit der Seelenstrom frei fluten und die Seele voll empfangen könne, wonach sie dürstet".[338] In diesen Beschreibungen zeigt sich Geste in der Sicht Guardinis als Ausdruck und zugleich als Formung der Seelenenergie. Geste drückt aus und gestaltet die, die sie vollziehen.

Am deutlichsten wird dies bei den Mudras im Hinduismus und Buddhismus. Mudra ist sanskrit und bedeutet „Siegel/Zeichen". Es ist damit eine Körperhaltung, eine symbolische Geste gemeint. Im Hinduismus sind Mudras in der rituellen Gottesanbetung eine Hilfe zur Konzentration des Denkens auf Gott.[339] Der Buddhismus übernahm ein Repertoire von Handgesten, von Mudras aus dem Hinduismus „zur Darstellung geistiger Zustände".[340] Im Buddhismus fällt auf, daß jede Buddha-Figur in der Ikonographie mit einer typischen Handgeste dargestellt ist. Mudras sind zugleich natürliche Gesten und Lehren des Buddha. Sie sind auch Vorwegnahme der inneren Haltung durch eine äußere Geste zur Einübung in eben diese innere Haltung.[341] Hier kommunizieren innere und äußere Haltung miteinander. Beide werden als Geste beschreibbar. Innere Grundhaltungen des Menschen haben mit Gesten zu tun, ja sind Gesten. Es gibt eine Geste der Erleuchtung. Sie ist Einübung in diese. Auch dies ist Haltung, hat mit Geste zu tun. Einfachheit, wo Worte stummen. Auf dem Weg zur Selbsterkenntnis als Buddha gibt es diese Gesten als symbolische Arm-, Hand- und Fingergesten. Sie

---

335 Ebd., 12.
336 Ebd., 10.
337 Ebd., 12.
338 Ebd., 13.
339 Artikel „Mudra". In: Lexikon der östlichen Weisheitslehren, 248.
340 Lamotte: Der Buddha, seine Lehre und seine Gemeinde, 46.
341 Artikel „Mudra". In: Lexikon der östlichen Weisheitslehren, 248.

symbolisieren den Weg zur Einheit mit dem All.[342] Ähnlich wie beim rituellen oder meditativen Tanz, aber auf anderer Ebene, wird hier die Geste zur Gestaltung des Menschen, zum Eintritt in eine mystische und religiöse Einheit, zur Berührung mit dem All-Einen.

Wenn wir das Gesagte zusammenschauen, dann ergibt sich folgende Entwicklung: Geste entspringt aus der Körperlichkeit des Menschen, unmittelbar aus seiner Bewegung. Insofern ist sie immer etwas ganz Alltägliches, ist sie ehrliche Sprache des Körpers. Je mehr der Mensch von der Geste erfaßt wird, je mehr er sich selbst darin sagt, desto mehr wird sein Leib transparent auf das Gesagte hin, werden Leib und Geste eins, werden Innen und Außen eins. Geste wird zur Erfahrung von Ganzheit. Und so wirkt sie auch auf den Menschen zurück, der sie tut, prägt den/die, der/die sie ausdrückt. Geste vermag da zu sprechen, wo Worte verstummen, wo der Mensch Unsagbares sagen will oder wo er vor dem Unsagbaren steht. Geste tritt auf, wo der Mensch das „Mehr" berührt, in der Liebe, im tanzenden Ausdruck seiner selbst, in der Religion. So bringt sie Wirklichkeiten zusammen, schafft Einheit, ist symbolisch. Sie vermittelt hin zum Ganzen, bis hin zur Erleuchtung (in den Mudras).

---

342 Heinemann: „Tariki - Hongan und Iriki", 220.

Auf dem Hintergrund dieses Exkurses zur Geste wird diese deutlich als Bewegung, insbesondere menschliche Bewegung, als Selbstausdruck, ja als Einigung von Innen und Außen, von „Himmel und Erde", als Weg zur und Symbol der Einheit mit dem Ganzen, das alles aber in fließender, genetischer Gestalt, Gestaltwerdung, eben als Geste. Grund-Geste meint dann die gründende Kraft einer solchen Geste. Grundgeste meint ein Grundgeschehen, das die sich daraus erhebende Welt, was auch immer das sein mag, be-gründet. So will ich hier „Grundgeste" verstehen.

Geht der Blick nun auf das, was im Laufe dieser Arbeit erhellt wurde, so zeigt sich wohl als erstes die Geste der Ostererfahrung selbst. Nicht nur, daß Geste etwas zutiefst und unveräußerlich Leibliches ist und auch Ostererfahrung davon lebt, sondern auch und vor allem, daß in dem, was als liebende Wertschätzung des Menschen beschrieben wurde, ein rettendes Handeln - das Auferwecken aus dem Tod - wurzelt, das in menschlichen Bildern sehr wohl als heilende, rettende, liebende Geste des auferweckenden Gottes verstanden werden kann. Die Auferweckung selbst erscheint als warme Geste der wertschätzenden Liebe, die den Menschen gerade auch in seiner Leiblichkeit, wie die Osterberichte und auch die paulinische Formulierung vom „Geistleib" (vgl. 1 Kor 15,44) zeigen, ernstnimmt und achtet.

Aus der Erhellung der Ostererfahrung wird das Ursprungsgeschehen deutlich, „Aufgehen aus dem Untergang". In einem weiteren Schritt erscheint dann auch dieses Geschehen als Geste. Es ist eine Bewegung, eine lebendige Bewegung, eine Geste des Lebens. Es fügt Getrenntes zusammen, rettet und erweist die Macht des Übergangs als Gott des Abgrunds und der Liebe. Dieses Geschehen ist Ursprungsgeschehen, das aus sich den Bilderkreis der Ostererfahrung entläßt wie auch die Welt des Christlichen selbst. So begründet es. Deshalb nenne ich es Grund-Geste.

Wenn der Blick auf die Menschen geht, die in der Auferweckung gerettet werden, die in der Ostererfahrung zentral gemeint sind, die im Geschehen „Aufgehen aus dem Untergang" eben vom Untergang zum neuen Aufgehen und Leben geführt werden durch die Macht des Übergangs, so erhellt sich in einem ersten Zugang das Bildwort „Menschen im Übergang", das in anderer Weise die Grundgeste beschreibt, die sich hier als Grundgeste der Ostererfahrung, als Grundgeste des Christlichen zeigt. Die Menschen, denen Ostererfahrung als Rettung gilt, sind Menschen im Übergang. Sie werden geführt vom Tod zum Leben, von Altem zu Neuem. Das ist Übergang. Grundgeste des Christlichen, das meint dann das Geschehen „Aufgehen aus dem Untergang", und zwar so, daß es hier als Geste liebender Rettung deutlich wird. Zugleich begründet dieses Geschehen christliche Welt. So ist es Grund, ist es Grund-Geste.

Im Erforschen dieser Grundgeste des Christlichen sind wir als Lesende und als Schreibender den Weg durch die verschiedenen Dimensionen gegangen, vom „Fragen" zum „Sehen", vom „Sehen" zum „Aufgehen", also vom theologischen Fragen über die Phänomenologie zum inneren Sehen der Ostererfahrung als Bild der Welt des Christlichen, um diese wahrhaft zu sehen als Welt und als Religion, von dort weiter in die Tiefendimension, in das Geschehen, das „Aufgehen" genannt wurde. Bei diesem Weg durch die verschiedenen Dimensionen sollten diese sich gegenseitig erhellen. Es war zunächst ein Weg in die Tiefe, dann aber schloß sich ein Rückblick an, der die Dimensionen aufeinander hin durchsichtig erscheinen ließ.

Der Weg von Dimension zu Dimension ist ein Übergang, wo zunächst die alte Dimension untergeht, verblaßt, damit die neue aufgehen kann. Dieser Weg durch die Dimensionen ist auch ein Untergehen und Aufgehen, ist ein Übergang. Damit vollziehen wir als Menschen, die diesen gedanklichen Weg gehen, die Grundgeste (in analoger Weise), die wir hier als Grundgeste des Christlichen zu sehen bekamen. Die Einsicht selbst trieb uns weiter, den Weg zu gehen, führte uns zum Schritt in die nächste Dimension. Die Einsicht in die Grundgeste des Christlichen führte uns dazu, von Dimension zu Dimension zu wandern und so gedanklich, erkenntnismäßig in dieser Arbeit dieselbe Geste zu vollziehen, den Übergang von Dimension zu Dimension. Darin sind wir selbst die Menschen im Übergang. Der gegangene Weg ist nicht nur die Erhellung der Grundgeste des Christlichen, er ist auch selbst in gedanklicher Weise diese Geste. Die Art des Weges - Übergang von Dimension zu Dimension - erhellt sich jetzt zugleich als der „Inhalt" des Weges, die Grundgeste des Christlichen, die aus der Mitte der christlichen Religion aufleuchtet.

Die Bewegung in die Tiefe, zur Hintergründung des Christlichen, führt zu einem neuen Verstehen der christlichen Religion. Es zeigt sich: Christliches als Welt und als Religion ist hintergründet von einem Grundgeschehen, einer Art „Grundgeste des Lebens" selbst, die sich hier zeigt als „Aufgehen", als Tiefendimension. Das ist der Übergang zu einer neuen, tieferen Sicht des Christlichen. Christliches ist Ausgestaltung dieses Tiefengeschehens, dieses „Aufgehens", des Lebens selbst, jener Tiefe, die das Zugleich von Tiefe und Höhe ist, sich als Geheimnis verschweigt in die eigene Unendlichkeit hinein und gerade so in den vielen Gestaltungen des Daseins wirkend erscheint als Kraft der Genese, als schöpferische Macht, oder im Christlichen als Macht des Übergangs, als Gott der Auferweckung. Christliches steht so im Kreis vieler Ausgestaltungen des einen Geheimnisses und wird gerade darin seinem Wesen gerecht, das Geheimnis, das es Gott zu nennen wagt, nicht in Besitz zu nehmen, sondern sich stets verwiesen zu glauben an die schenkende Unendlichkeit jener Tiefendimension, die aus der Mitte des Christlichen heraus als „Aufgehen" erscheint.[343] So findet Christliches neu

---

[343] Dazu Matthew Fox: „So würden wir eine wahrhaft ökumenische Epoche einleiten, in der die globalen Probleme im Licht der Weisheit aller Religionen der Welt (...) gesehen würden. Denn wir teilen uns alle die Schöpfung miteinander. Wir teilen uns auch die Verantwortung für diese Schöfung. Darum sind wir alle berufen, die Schöpfung zu erneuern." Fox: Der große Segen, 344 f.
Ähnlich Raimon Panikkar, der eine neue Methode des Dialogs fordert, „ein Gespräch, das sich von einem dialektischen Dialog unterscheidet, weil es davon ausgeht, daß niemand für sich allein Zugang zum universalen Horizont menschlicher Erfahrung besitzt." Dabei darf kein Mensch und keine menschliche Überlieferung von dieser Aufgabe ausgeschlossen werden. Panikkar: Der neue religiöse Weg, 167.
Zusammenschauend schreibt Panikkar als Religionswissenschaftler und intensiver Kenner der verschiedenen Religionen: „Der Buddhismus steht für die unerschütterliche Verteidigung des letzten, absolut ungreifbaren und unfaßbaren Geheimnisses der Existenz. Das Geheimnis ist hier ein immanentes."
„Das zentrale christliche Anliegen erinnert jeden Buddhisten und jeden Humanisten daran, daß kein noch so großes Maß an eigener Leistung und gutem Willen genügt, der menschlichen Befindlichkeit angemessen zu begegnen. Es bedarf einer ständigen Offenheit für unerwartete und unvorhersehbare Ausbrüche und Aufbrüche der Wirklichkeit selber...

seine Gültigkeit, ist es in seiner Einzigkeit und seinem Anspruch berechtigt, weil im ausulotbaren Geheimnis begründet, das in Ostererfahrung als Ursprungsgeschehen des Christlichen sich kundtut.

Das ist ein Weg zu einer neuen, sicher manches infragestellenden, aber auch das Christliche als Welt und als Religion tiefer begründenden Sicht. In diesem Weg vollzieht sich ein Übergang, der Übergang von alten Vorstellungen zu neuen Einsichten, die umfassender sind, die Christliches in neuem Licht erscheinen lassen. Dabei gehen die alten Weltbilder wahrhaft unter, bleibt die alte Sicht auf der Strecke, denn für die, die den Weg in die Tiefe, in die umfassendere, begründende und hintergründende Sicht wagen, gibt es kein Zurück zur Oberfläche, ohne sich selbst und den gegangenen Weg zu verraten. Das wurde zu Anfang des ersten Kapitels bereits deutlich, als es darum ging, den Weg zu betreten, der hier gegangen werden sollte. Das ist das Wagnis des Übergangs. Wo eine alte Sicht des Christlichen untergeht und eine neue, tiefere aufgeht, da vollzieht sich an der christlichen Religion selbst das Grundgeschehen, die Grundgeste „Aufgehen aus dem Untergang". Christliches findet im wahrsten Sinne des Wortes zu sich, indem es durch die in seiner eigensten Mitte erscheinende Grundgeste gewandelt wird, geklärt wird zu sich selbst hin, zu seinem Eigenen hin, neu begründet und bestätigt.[344]

Wir hatten uns auf den Weg gemacht, Theologie zu klären durch die Wendung zu ihrem Gegenstand, dem Christlichen. In einem ersten Zugang erwies sich Theologie nur dann als Theologie, ja als sapientiale Theologie, wo sie sich des ihr Fragen konstituierenden und wachhaltenden Un-Grundes dankbar bewußt ist, der sich als Geheimnis dem Fragen entzieht und gerade so, dieses hervorbringend,

---

Das Geheimnis ist hier ein transzendentes."

„Der Humanismus schließlich erinnert jeden Buddhisten und jeden Christen nicht nur daran, daß die überlieferten Religionen ihre eigenen Aussagen oft mißachtet und vergessen haben, (...) sondern auch daran, daß die Humanisierung des Menschen den konkreten Menschen, den es zu humanisieren gilt, nicht aus dem Auge verlieren darf... Das Geheimnis liegt hier im Schnittpunkt von Immanenz und Transzendenz."

344 Mit Blick auf die Botschaft Jesu sagt Matthew Fox: Eine besondere Transformation, die Jesus durchführte, war die Wandlung der Religion selbst. Er war nicht damit zufrieden, wie das Religiöse zu seiner Zeit gehandhabt wurde." Ebd., 344.

darin von sich her wirkend erscheint. Dies war zu verstehen in der ersten Dimension, dem „Fragen". In der zweiten Dimension, dem „Sehen", fand dann genau die Wendung zu dem Gegenstand von Theologie statt. Christliches selbst wurde phänomenologisch erhellt. Von diesem „theologischen Gegenstand" selbst wurden wir verwiesen in die dritte, die Tiefendimension, in der genau das als Hintergründung der christlichen Religion deutlich wurde, was im theologischen Fragen als Un-Grund erschien.

Die Wendung zum Gegenstand von Theologie, dem Christlichen also, führt genau an jenen Punkt, in jene Dimension, die für das theologische Fragen als spezifisch theologisches wesentlich, ja wesensbestimmend, dessen Proprium ist. Theologie klärt sich durch Wendung zu ihrem Gegenstand, indem sie ihres Propriums, der Verwiesenheit in den sich entziehenden und gerade so begründenden Un-Grund, innewird. Von ihrem Gegenstand, dem Christlichen, bekommt Theologie ihr Eigenstes vor Augen gehalten, aber nun nicht mehr nur als eine innere Unmöglichkeit - so erschien es eher im Bereich des theologischen Fragens - sondern als eine tiefere und umfassendere Sicht des Christlichen, als eine Neuorientierung, als Erhellung. Eine Theologie, die den Weg durch die verschiedenen Dimensionen macht, die Wendung zu ihrem Gegenstand, dem Christlichen, den Verweis in die Tiefendimension, eine Theologie, die den Weg nicht nur in die Tiefe, sondern den Durchgang durch alle Dimensionen macht, die die Transparenz ernstnimmt und darin die gegenseitige Klärung der einzelnen Dimensionen versteht, so wie es hier in dieser Arbeit in einer ersten Skizze versucht wurde zu zeigen, eine solche Theologie wird sich ihrer wissenschaftlichen Eigenheit, ihres Propriums bewußt, bleibt demzufolge nicht an der Oberfläche, sondern lebt aus der Tiefe durch die Wendung zu ihrem Gegenstand, ja durchmißt die verschiedenen Dimensionen vertikal. Eine solche Theologie nenne ich Tiefentheologie. Ihre Tiefe bezeichnet nicht nur die Einsicht in die Tiefendimension. Sie bezeichnet darüber hinaus das Hindurchgehen durch die verschiedenen Dimensionen, wobei sie bei diesem Weg von der Tiefendimension ermächtigt wird, die sich ja als „Transparenz" erwies, als in allen Dimensionen anwesend, diese eröffnend, weil sie als „Aufgehen" das Aufgehen jeder Dimension ist.

In einer solchen Tiefentheologie ist nicht nur der Ansatz der sapientialen Theologie ernstgenommen, so wie er im ersten Kapitel skizziert wurde; es wird in ihr auch die Spur dessen aufgenommen, was im Bereich des theologischen Fragens schon als „Tiefentheologie" bezeichnet wurde, dieses suchende Fragen des Menschen nach dem Sinn, dem Geheimnis des Daseins, nach dem Urgrund des Kosmos und seiner Einheit. In der Tiefendimension, dem „Aufgehen", ist dieses Fragen des Menschen begründet. Wo Theologie die verschiedenen Dimensionen durchmißt bis hin zu dieser Tiefendimension, da ist das existenzielle Fragen des Menschenherzens wahrhaft aufgenommen, da ist sie wirklich Tiefen-Theologie.

Der Weg dazu war in dieser Arbeit, wie angekündigt, die Wendung zum theologischen Gegenstand, dem Christlichen. So konnte Theologie sich selbst klären. In der Wendung zu ihrem Gegenstand wird sie über diesen hinausgeführt und von einem diesen und sie selbst hintergründenden Geschehen her neu konstituiert, begründet und geklärt. Theologie, die wirklich Theologie sein will, die also ihr Proprium ernstnehmen will, auf den „Un-Grund" verwiesen, in ihm unergründlich begründet zu sein, muß Tiefentheologie sein. Sie muß ihre „Tiefe" dadurch erweisen, daß sie sich durch Wendung zu ihrem Gegenstand, hier dem Christlichen, von diesem zum darin erscheinenden Tiefengeschehen führen läßt, dieser Tiefendimension als ihres unergründlichen Grundes innewird, ferner dadurch, daß sie, entsprechend dem Tiefengeschehen, wie es sich hier als „Aufgehen" und damit als Aufgehen aller Dimensionen in Tranparenz gezeigt hat, alle Dimensionen vertikal durchmißt und sich bewußt macht, und zuletzt dadurch, daß sie gerade so dem fundamentalen Fragen des Menschen nach dem einenden Sinn des Kosmos entspricht, diesem Stimme verleiht, es als ihre Kraft erlebt. Eine so verstandene Tiefentheologie vollzieht selbst noch einmal die Geste, die sie beschreibt, die Grundgeste, von Dimension zu Dimension zu schreiten, Auf- und Untergehen zu sehen, im Übergang zu sich selbst zu finden. Ihre Tiefe, die nicht statisch gedacht ist, sondern als Durchmessen der verschiedenen Dimensionen, ist eine Bewegung, eine Art von Übergang in der Weise von „Transparenz". Aus der Tiefendimension, dem „Aufgehen", in der solche Theologie gegründet ist, erhält sie die Mächtigkeit, selbst die Geste des Übergangs zu vollziehen und so zu Tiefen-Theologie zu werden.

Und hier weitet sich der Blick. Es geht nicht mehr nur um Theologie, es geht um uns Menschen in einer Zeit des Umbruchs, wo Religionen in ihren alten Formen ihre Kraft und Glaubwürdigkeit verlieren, zugleich aber neben furchtbarem Zerfall, Gewalt und Sinnleere eine neue Wendung zum Religiösen, eine neue Sehnsucht nach Sinn und Ganzheit, nach der Berührung mit dem Geheimnis des Lebens in vielfältigen Formen heraufdämmert.[345] Da hinein ist diese Arbeit gestellt, in diesem Bewußtsein habe ich sie verfaßt. Da hinein ist Theologie heute gestellt, Theologie, die vom Christlichen redet, von seiner Grundgeste, von der Tiefendimension, in der sie das Suchen des Menschenherzens ernstnimmt, die so Tiefentheologie ist. Wo Menschen den gegangenen Weg mitvollziehen, den Weg der Selbstklärung von Theologie durch Wendung zu ihrem Gegenstand, den Weg von einem oberflächlichen Denken zu einer Tiefentheologie, so wie sie hier entworfen wurde, da begeben sie sich hinein in die Bewegung des Menschen, die heute wahrzunehmen ist, da sehen sie den Kairos an und antworten auf ihn. Da gehen alte Theologien unter, da dämmert ein neues theologisches Denken, eben Tiefen-Theologie. So werden sie selbst Menschen im Übergang, die sich vertrauensvoll auch dem Untergang alten Denkens anheimgeben, um neues Aufgehen zu erleben, um selbst neu aufzugehen. Diesen Übergang auch und gerade in der Theologie zu vollziehen ist dann ein österlicher Glaube. Das ist eine Theologie, die nicht nur von Ostern kündet, sondern die die Bewegung des

---

345 Zur Situation des heutigen Menschen schreibt Panikkar, daß der Mensch die Religion sehr wohl versteht, sich seiner menschlichen Befindlichkeit bewußt zu werden und diese zu verbessern. „Der heutige Mensch ist sich der Dringlichkeit und Schwierigkeit dieser Aufgabe in höchstem Maße bewußt." Dabei sind für ihn alle Religionen wesentlich für den Weg in die Zukunft, zur Humanisierung des Menschen. Panikkar: Der neue religiöse Weg, 159. Die heutige Aufgabe umreißt er so: „Es geht schließlich darum, die menschliche Befindlichkeit zu kennen und anzunehmen und gleichzeitig zu erkennen, daß es genau diese Befindlichkeit ist, in der die ständige Überwindung dessen, was der Mensch zum gegenwärtigen Zeitpunkt ist, schon bereit liegt." Ebd., 170. So ist das Heben „alter Schätze", die phänomenologische Erhellung dessen, was den Menschen heute von seiner Geschichte her ausmacht, wie hier für das Christliche geleistet, unentbehrlich auf dem Weg zu neuen Lösungen und Horizonten.

Aufgehens aus dem Untergang, die Grundgeste des Christlichen an sich selbst neu vollzieht. Damit ist sie zutiefst christliche Theologie, die aus der Grundgeste des Christlichen selbst noch einmal vertrauensvoll lebt. Darin erscheint die Grundgeste des Christlichen auch in dem Übergang theologischen Denkens hin zu dem, was ich hier Tiefentheologie nenne - es könnte auch ganz anders genannt werden. So lebt Theologie aus der Grundgeste, die sich aus dem Christlichen erhellt, die es begründet. Zugleich wird Theologie damit hineinvermählt in die vielfältigen Suchbewegungen und Einsichten, Sehnsüchte, Ängste und Hoffnungen des heutigen Menschen. Nur im Vollzug der Grundgeste des Christlichen bleibt Theologie christliche Theologie. Nur im Leben aus der eigenen Grundgeste kann Christliches sich selbst treu bleiben. Die Grundgeste des Christlichen ist zugleich Grundgeste für das Christliche, die es heute neu für die Menschen lebbar machen kann, indem es durchsichtig wird hin auf die es und alles hintergründende Tiefendimension, auf das „Aufgehen", das Leben selbst.[346] So sind wir selbst die Menschen, die aus dem Untergang alten Denkens zu neuem Aufgehen geführt werden von der Macht des Übergangs, die stets liebend und wertschätzend Leben trägt und im Übergang auch heute erscheint als Aufgehen und als Geheimnis, als entzogene Tiefe und als menschliche Geste.[347]

---

[346] Die Religion heute lebbar zu machen, ist dem christlichen Weisen, Theologen und Mönch Bede Griffiths wesentlich für die Bewahrung des Menschen und der Welt vor den Mächten der Zerstörung, die er weniger in bewußten Willensentscheidungen des Menschen sieht als in Kräften des Unbewußten, das ohne Sinn und Tranzendenzbezug einseitig wird, zerstört. So schreibt er: „Der einzige Weg der Rettung liegt in der Wiederentdeckung der zeitlosen Philosophie, der traditionellen Weisheit, die in allen alten Religionen und besonders in den großen Weltreligionen zu finden ist. Diese Religionen sind jedoch verknöchert und versteinert und bedürfen der Erneuerung, nicht nur in sich, sondern auch in ihrer Beziehung zueinander, so daß eine kosmische, universelle Religion hervorkommen kann, in der die Grundwerte der christlichen Religion in lebendiger Verbundenheit mit den anderen religiösen Traditionen der Welt bewahrt werden. Das ist eine Aufgabe für die kommenden Jahrhunderte, da die derzeitige Weltordnung zusammenbricht und eine neue Weltordnung aufsteigt aus der Asche des Alten." Griffiths: Die Neue Wirklichkeit, 350.

[347] In grundlegender und umfassender Weise sieht der Jesuit, Religionsphilosoph und Zen-Meister Hugo M. Enomyia-Lassalle diesen Übergang zu neuem Bewußtsein. Er nennt es in Anlehnung an Jean Gebser „integrales Bewußtsein": „Es geschieht einfach. Auch die Religionen müssen das respektieren. Sie müssen sich darauf ein- bzw. umstellen. Es geht heute nicht mehr um neue Lehren, sondern um neue Ausdrucksweisen derselben Wirklichkeit, entsprechend dem veränderten Bewußtsein. Wenn eine Religion das nicht vermag, kann sie nicht überleben, wenn sie auch mit wenigen Anhängern vielleicht noch eine Zeit lang weiter vegetiert." Enomyia-Lassalle: Wohin geht der Mensch?, 142.

Dabei sind wir selbst die Menschen im Übergang.

Wer den Übergang nicht will, bleibt im Untergang: „So gesehen muß der Mensch den Schritt zum neuen Bewußtsein tun, oder er ist dem Untergang geweiht." Ebd., 143. Dabei gilt aber, daß dieses neue Bewußtsein so jetzt noch nicht zu fassen ist; es erscheint erst, indem es aufgeht von sich her: „Gerade die Nichtdarstellbarkeit ist ein Kennzeichen für das neue Bewußtsein." Ebd., 147.

Lassalle beschreibt das näher: „Die Hauptkriterien für die neue Mutation sind: Ursprung, Gegenwart und die aperspektivische Welt. Mit Ursprung ist hier nicht einfachhin Anfang gemeint, sondern etwas, das nicht raum- und zeitgebunden ist. Ebenso bedeutet Gegenwart nicht einen Augenblick, der immer zwischen Vergangenheit und Zukunft liegt, sondern die ungeteilte Präsenz von Gestern, Heute und Morgen, die in einer bewußt vollzogenen Aktivierung zu jener 'Gegenwärtigung' führen kann, die den Ursprung einschließt. Hier wird Ursprung Gegenwart. Wie aus dem Gesagten hervorgehen dürfte, integriert die aperspektivische Welt die vorperspektivische, die unperspektivische und perspektivische Welt und wird eben dadurch von der ausschließlichen Gültigkeit dieser mitkonstituierenden Welten befreit." Ebd., 75. „Integrales Bewußtsein" als das neue Bewußtsein, in dem die „aperspektivische Welt" erscheint, aufgeht, schließt alle bisherigen Strukturen und Bewußtseinsformen des Menschen mit ein, ist aber keine Synthese daraus. Es ist „überrational und arational". „Alle Strukturen bilden also ein Ganzes. Erst wenn diese Ganzheit bewußt wird, ist jene Durchsichtigkeit möglich, die das integrale Bewußtsein auszeichnet." Ebd., 73. „Aperspektivische Welt" wird eröffnet durch die sogenannte „vierte Dimension". Von dieser gilt: „Die echte vierte Dimension ist nicht im eigentlichen Sinn Dimension wie die ersten drei, sondern im Sinn der Zeitfreiheit als akategoriales Element A-mension. Sie bewirkt zugleich Auflösung und Integrierung der drei Raumdimensionen. Sie löst die Meßbarkeiten und mißt gewissermaßen hindurch." Ebd., 83.

Gerade in dem letzten Zitat ist die Nähe zu dem, was hier von der Tiefendimension, dem „Aufgehen" gesagt wurde, unübersehbar. Transparenz wurde hier das Durch-Messen genannt. Auch sie ist nicht eigentlich Dimension. Mag dieses Durchgehen durch alle Dimensionen, wie es hier beschrieben wurde, diese vom „Aufgehen" in dessen Transparenz ermächtigte und aus diesem sich erhebende Grund-Geste eine Ahnung von dem sein, was bei Lassalle „integrales Bewußtsein" heißt? Dann wären die „Menschen im Übergang" schon im Übergang zu der kommenden Wirklichkeit, zur „aperspektivischen Welt", zum neuen Bewußtsein.

Schluß-Klang

Wir stehen am Ufer.
Vor uns liegt ein Wasser, der breite Strom.
Vom anderen Ufer wehen Nebel zu uns herüber.
Wir stehen am Ufer.
Es gibt eine Brücke.
Wohin sie führt sehen wir nicht.
Es wird dunkel; eine Epoche geht unter.
Religionen versinken, Altes bleibt in der Nacht.
Wir werden gehen, über die Brücke,
wir werden uns dem Weg hinüber anvertrauen.
Wir wissen nicht wohin, aber wir gehen den Weg.
Erste Zeichen künden vom Kommenden.
Keine Philosophie wird davon reden können.
Wort und Denken enden.
Wir Menschen stehen im Wandel.
Vielleicht wird am neuen Ufer alles Verlassene wieder auferstehen
- aber in gewandelter Gestalt.
Wer leben will, muß wandeln.
Auch diese Schrift bleibt liegen am alten Ufer.
Sie will künden vom Kommenden.
Nur dafür ist sie geschrieben.
Wenn wir die Brücke betreten, ist ihr Sinn erfüllt.
Wir selbst sind im Übergang,
und so nur sind wir heute Menschen.
Alles schenkt sich denen, die es wagen, zu leben,
denn alles, was zählt,
es ist das Leben selbst.

Literaturverzeichnis

Die Kürzel richten sich nach Schwertner, Siegfried: Abkürzungsverzeichnis (TRE), Berlin/New York 1976.
Darüber hinaus hat folgende Abkürzung Geltung:
NEB = Die Neue Echter Bibel. Kommentar zum Alten Testament/Neuen Testament mit der Einheitsübersetzung, Würzburg 1980 ff.

a) Ausgaben des Neuen Testaments

Das Neue Testament. Interlinearübersetzung Griechisch-Deutsch. Griechischer Text nach der Ausgabe von Nestle-Aland (26. Aufl.), übersetzt von Ernst Dietzfelbinger, 2., vom Übersetzer durchgesehene Aufl., Stuttgart 1987.

Münchener Neues Testament. Studienübersetzung. Hrsg. von Josef Hainz, Düsseldorf 1988.

Novum Testamentum Graece. Post Eberhard Nestle et Erwin Nestle communiter ediderunt Kurt Aland, Matthew Black e.a., 26., neu bearbeitete Aufl., Stuttgart 1979.

b) Allgemeine Hilfsmittel

Bauer, Walter (Aland, Kurt [Hrsg.] / Aland, Barbara [Hrsg.]): Griechisch-deutsches Wörterbuch zu den Schriften des Neuen Testaments und der frühchristlichen Literatur. 6., völlig neu bearbeitete Aufl., Berlin/New York 1988.

Kittel, Gerhard (Hrsg.) / Friedrich, Gerhard (Hrsg.): Theologisches Wörterbuch zum Neuen Testament (ThWNT). 10 Bde.,
Stuttgart 1933-1979.

Müller, Max (Hrsg.) / Halder, Alois (Hrsg.): Philosophisches Wörterbuch,
Freiburg/Basel/Wien 1988.

Samuels, Andrew / Shorter, Bani / Plaut, Fred: Wörterbuch Jungscher Psychologie. Aus dem Englischen übersetzt von Matthias von der Tann,
München 1991.

c) Lexikonartikel

Artikel „**Mudra**". In: Fischer-Schreiber, Ingrid / Erhard, Franz-Karl / Friedrichs, Kurt / Diener, Michael S.: Lexikon der östlichen Weisheitslehren. Buddhismus. Hinduismus. Taoismus. Zen,
Bern/München/Wien 1986, 248 f.

Michaelis, Wilhelm: Artikel „$\overset{\epsilon}{\delta}\rho\acute{\alpha}\omega$". In: Kittel, Gerhard (Hrsg.): ThWNT, Bd. 5,
Stuttgart 1954, 315-381.

Oepke, Albrecht: Artikel „$\overset{?}{\varepsilon}\gamma\varepsilon\acute{\iota}\rho\omega$". In: Kittel, Gerhard (Hrsg.): ThWNT, Bd. 2,
Stuttgart 1935, 332-337.

Rahner, Karl u.a.: Artikel: Auferstehung Jesu. In: Sakramentum Mundi. Theologisches Lexikon für die Praxis, Bd. 1,
Freiburg/Basel/Wien 1968, 403-426.

d) Sonstige Literatur

Adhar Mall, Ram /Hülsmann, Heinz: Die drei Geburtsorte der Philosophie. China - Indien - Europa,
Bonn 1989.

Balthasar, Hans Urs von: Mysterium Paschale. In: Feiner, Johannes (Hrsg.) / Löhrer, Magnus (Hrsg.): Mysterium Salutis, Bd. III/2,
Einsiedeln/Zürich/Köln 1969, 133-327.

Becker, Gerold: Die Ursymbole in den Religionen,
Graz/Wien/Köln 1987.

Belting, Hans: Bild und Kult. Eine Geschichte des Bildes vor dem Zeitalter der Kunst,
München 1990.

Betz, Otto: Der Leib als sichtbare Seele,
Stuttgart 1991.

Biemel, Walter: Heideggers Stellung zur Phänomenologie in der Marburger Zeit. In: Orth, Ernst Wolfgang u.a.: Husserl, Scheler, Heidegger in der Sicht neuer Quellen. Phänomenologische Forschungen, Bd. 6/7,
Freiburg 1978, 141-223.

Boff, Leonardo: Jesus Christus, der Befreier. Aus dem Portugiesischen übersetzt von Horst Goldstein und Karel Hermans,
Freiburg/Basel/Wien 1986.

Chapeaurouge, Donat de: Einführung in die Geschichte der christlichen Symbole. 2. verb. Aufl.,
Darmstadt 1987.

Cohn, Ruth C. / Farau, Alfred: Gelebte Geschichte der Psychotherapie. Zwei Perspektiven,
Stuttgart 1991.

Drewermann, Eugen: Ich steige hinab in die Barke der Sonne. Alt-Ägyptische Meditationen zu Tod und Auferstehung in Bezug auf Joh 20/21,
Olten 1989.

Meister **Eckhart**: Predigt 26 „Nolite timere eos, qui corpus occidunt, animam autem occidere non possunt. (Matth.10,28)". In: Ders.: Deutsche Predigten und Traktate. Hrsg. und übersetzt von Josef Quint,
Zürich 1979, 271-273.

Ders.: Predigt 73 „Dilectus deo et hominibus, cuius memoria in benedictione est." In: Ders.: Die deutschen und lateinischen Werke. Hrsg. und übersetzt von Josef Quint, Bd. 3,
Stuttgart 1976, 551-553.

Eliade, Mircea: Ewige Bilder und Sinnbilder. Vom unvergänglichen menschlichen Seelenraum,
Olten/Freiburg 1958.

Ders.: Das Heilige und das Profane. Vom Wesen des Religiösen. 3. Aufl.,
Frankfurt 1987.

Enomiya-Lassalle, Hugo M.: Wohin geht der Mensch? Mit einem Geleitwort des Niedersächsischen Ministerpräsidenten Ernst Albrecht und einem Vorwort von Carl Friedrich von Weizsäcker, hrsg. von Roland Ropers, 2., erweiterte Aufl.,
Freiburg 1988.

Fink, Eugen: Sein, Wahrheit, Welt. Vor-Fragen zum Problem des Phänomen-Begriffs,
Den Haag 1958.

Ders.: Spiel als Weltsymbol,
Stuttgart 1960.

Flusser, Vilém: Gesten. Versuch einer Phänomenologie,
Düsseldorf/Bensheim 1991.

Forstner, Dorothea: Die Welt der christlichen Symbole. 3. Aufl.,
Innsbruck/Wien/München 1977.

Fox, Matthew: Der große Segen. Umarmt von der Schöpfung. Eine spirituelle Reise auf vier Pfaden durch sechsundzwanzig Themen mit zwei Fragen. Aus dem Amerikanischen übersetzt von Jörg Wichmann,
München 1991.

Ganoczy, Alexandre: Der schöpferische Mensch und die Schöpfung Gottes,
Mainz 1976.

Ders.: Theologie der Natur,
Zürich/Einsiedeln/Köln 1982.

Ders.: Einführung in die Dogmatik,
Darmstadt 1983.

Ders.: Schöpfungslehre. 2., erweiterte Aufl.,
Düsseldorf 1987.

Ders.: Aus seiner Fülle haben wir alle empfangen. Grundriß der Gnadenlehre,
Düsseldorf 1989.

Ders.: Suche nach Gott auf den Wegen der Natur. Theologie, Mystik, Naturwissenschaften - ein kritischer Versuch,
Düsseldorf 1992.

Gnilka, Joachim: Das Evangelium nach Markus (EKK II/2),
Zürich/Einsiedeln/Köln 1979.

Griffiths, Bede: Die Neue Wirklichkeit. Westliche Wissenschaft, östliche Mystik und christlicher Glaube. Deutsche Übersetzung nach der englischen Originalausgabe von W. Collins,
Grafing 1990.

Guardini, Romano: Von Heiligen Zeichen,
Mainz 1963.

Haas, Alois: Wege und Grenzen der mystischen Erfahrung nach der deutschen Mystik. In: Mystische Erfahrung. Die Grenze menschlichen Erlebens. Mit Beiträgen von A.Rosenberg u.a.,
Freiburg/Basel/Wien 1976, 27-50.

Hark, Helmut: Der Traum als Gottes vergessene Sprache. Symbolpsychologische Deutung biblischer und heutiger Träume. 3. Aufl.,
Olten/Freiburg 1985.

Heidegger, Martin: Sein und Zeit,
Tübingen 1972.

Ders.: Phänomenologie und Theologie. In: Ders.: Wegmarken. Gesamtausgabe, Bd. 9,
Frankfurt 1976, 45-78.

Heinemann, Robert: „Tariki - Hongan und Iriki". Erlösung durch Glauben und Selbstbefreiung durch Einsicht im Buddhismus Japans. In: Bechert, Heinz (Hrsg.) / Gombrich, Richard (Hrsg.): Die Welt des Buddhismus,
München 1984.

Hess, Walter: „Zum Verständnis der Texte". In: Cézanne, Paul: Über die Kunst. Gespräche mit Gasquet. Briefe. Mit einem Essay und einer Bibliographie herausgegeben von Walter Hess,
Mittenwald 1980.

Heyward, Carter: Und sie rührte sein Kleid an. Eine feministische Theologie der Beziehung. 3. Aufl.,
Stuttgart 1989.

Holtz, Traugott: Der erste Brief an die Thessalonicher (EKK XIII),
Zürich/Einsiedeln/Köln 1986.

Jantsch, Erich: Die Selbstorganisation des Universums. Vom Urknall zum menschlichen Geist. Erweiterte Neuaufl.,
München/Wien 1992.

Jung, Carl Gustav: Die Bedeutung der Psychologie für die Gegenwart. In: Ders.: Zivilisation im Übergang. Gesammelte Werke, Bd. 10,
Olten/Freiburg 1974, 157-180.

Ders.: Traum und Traumdeutung. 3. Aufl.,
München 1991.

Kandinsky, Wassily: Über das Geistige in der Kunst. Mit einer Einführung von Max Bill, 6. Aufl.,
Bern-Bümpliz 1959.

Käsemann, Ernst: Exegetische Versuche und Besinnungen. Bd. 1, 6. Aufl.,
Göttingen 1970.

Keller, Catherine: Der Ich-Wahn. Abkehr von einem lebensfeindlichen Ideal,
Zürich 1989.

Kessler, Hans: Sucht den Lebenden nicht bei den Toten. Die Auferstehung Jesu Christi in biblischer, fundamentaltheologischer und systematischer Sicht.
2. Aufl.,
Düsseldorf 1987.

Kim, Yung-Han: Phänomenologie und Theologie. Studien zur Fruchtbarmachung des transzendental-phänomenologischen Denkens für das christlich-dogmatische Denken (EHS.T 265),
Frankfurt/Berlin/New York 1985.

Klages, Ludwig: Der Geist als Widersacher der Seele. 5. Aufl.,
Bonn 1972.

Klauck, Hans-Josef: 2. Korintherbrief (NEB 8),
Würzburg 1986.

Ders.: 1. Korintherbrief (NEB 7). 2. Aufl.,
Würzburg 1987.

Konijn, Suf: Aufstieg zur Lebenstiefe. Sakramente als Symbole menschlicher Grunderfahrungen,
Freiburg 1989.

Kremer, Jacob: Das älteste Zeugnis von der Auferstehung Christi. Eine bibeltheologische Studie zur Aussage und Bedeutung von 1 Kor 15, 1-11 (SBS 17),
Stuttgart 1966.

Kues, Nikolaus von: De non-aliud. Das Nicht-Andere. In: Ders.: Philosophisch-Theologische Schriften. Hrsg. von Leo Gabriel, übersetzt und kommentiert von Dietlind und Wilhelm Dupré, lateinisch-deutsche Sonderausgabe zum Jubiläum, Bd. 2., 2. Nachdruck der 1. Aufl.,
Wien 1989, 443-565.

Lamotte, Étienne: Der Buddha, seine Lehre und seine Gemeinde. In: Bechert, Heinz (Hrsg.) / Gombrich, Richard (Hrsg.): Die Welt des Buddhismus,
München 1984.

Lander, Hilda Maria / Zohner, Maria-Regina: Meditatives Tanzen,
Stuttgart 1987.

Lang, Friedrich: Die Briefe an die Korinther (NTD 7). 16. Aufl.,
Göttingen/Zürich 1986.

Laotse: Tao te king. Das Buch vom Sinn und Leben. Übersetzt und mit einem Kommentar von Richard Wilhelm,
München 1991.

Lehmann, Karl: Auferweckt am dritten Tag nach der Schrift. Früheste Christologie, Bekenntnisbildung und Schriftauslegung im Lichte von 1 Kor 15, 3-5 (QD 38),
Freiburg/Basel/Wien 1968.

Lengsfeld, Peter: Symbol und Wirklichkeit. Die Macht der Symbole nach Paul Tillich. In: Heinen, Wilhelm (Hrsg.): Bild - Wort - Symbol in der Theologie,
Würzburg 1969, 207-224.

Lotz, Johannes B.: Zur Theologie des Todes. In: Jansen, Hans Helmut (Hrsg.): Der Tod in Dichtung Philosophie und Kunst. 2., neu bearbeitete und erweiterte Aufl.,
Darmstadt 1989, 51-64.

Metzger, Arnold: Phänomenologie und Metaphysik. Das Problem des Relativismus und seiner Überwindung,
Pfullingen 1966.

Mieht, Dietmar (Hrsg.): Meister Eckhart. Hrsg., eingeleitet und zum Teil übersetzt von Dietmar Mieht,
Olten/Freiburg 1979.

Molcho, Samy: Körpersprache. Mit Fotographien von Thomas Kliner und Hans Albrecht Lusznat,
München 1983.

Moltmann, Jürgen: Theologie der Hoffnung. Untersuchungen zur Begründung und zu den Konsequenzen einer christlichen Eschatologie,
München 1964.

Nocke, Franz-Josef: Wort und Geste. Zum Verständnis der Sakramente,
München 1985.

Oberlinner, Lorenz (Hrsg.): Auferstehung Jesu - Auferstehung der Christen. Deutungen des Osterglaubens (QD 105),
Freiburg/Basel/Wien 1986.

Oelmüller, Willi / Dölle-Oelmüller, Ruth / Roth, Norbert: Diskurs: Kunst und Schönes. Philosophische Arbeitsbücher, Bd. 5,
Paderborn/München/Wien/Zürich 1982.

Panikkar, Raimon: Der neue religiöse Weg. Im Dialog der Religionen leben. Ins Deutsche übertragen von Georg Tepe,
München 1990.

Picht, Georg: Kunst und Mythos. Mit einer Einführung von Carl Friedrich von Weizsäcker,
Stuttgart 1986.

Rahner, Karl: Was ist eine dogmatische Aussage? In: Ders.: Schriften zur Theologie, Bd. V,
Einsiedeln/Zürich/Köln 1962, 54-81.

Ders.: Die Christologie innerhalb einer evolutiven Weltanschauung. In: Ders.: Schriften zur Theologie, Bd. V, 2. Aufl.,
Einsiedeln/Zürich/Köln 1964, 183-221.

Ders.: Der Mensch von heute und die Religion. In: Ders.: Schriften zur Theologie, Bd. VI,
Einsiedeln/Zürich/Köln 1965, 13-33.

Ders.: Philosophie und Philosophieren in der Theologie. In: Ders.: Schriften zur Theologie, Bd. VIII,
Einsiedeln/Zürich/Köln 1967, 66-87.

Ders.: Zum heutigen Verhältnis von Philosophie und Theologie. In: Ders.: Schriften zur Theologie, Bd. X,
Einsiedeln/Zürich/Köln 1972, 70-88.

Ders.: Selbsterfahrung und Gotteserfahrung. In: Ders.: Schriften zur Theologie, Bd. X,
Einsiedeln/Zürich/Köln 1972, 133-144.

Ders.: Erfahrung des Heiligen Geistes. In: Ders.: Schriften zur Theologie, Bd. XIII,
Einsiedeln/Zürich/Köln 1978, 226-251.

Ders.: Grundkurs des Glaubens. Einführung in den Begriff des Christentums. 5. Aufl. der Sonderausgabe,
Freiburg/Basel/Wien 1989.

Rech, Photina: Inbild des Kosmos. Eine Symbolik der Schöpfung, Bd. 1,
Salzburg/Freilassing 1966.

Riedel, Ingrid: Bilder. In Religion, Kunst und Psychotherapie. Wege zur Interpretation,
Stuttgart 1988.

Rombach, Heinrich: Phänomenologie heute. In: Phänomenologische Forschungen, Bd. 1,
Freiburg 1975, 11-33.

Ders., Leben des Geistes. Ein Buch der Bilder zur Fundamentalgeschichte der Menschheit,
Freiburg 1977.

Ders.: Das Phänomen Phänomen. In: Ders. u.a.: Neuere Entwicklungen des Phänomenbegriffs. Phänomenologische Forschungen, Bd. 9, Freiburg/München 1980, 7-32.

Ders.: Phänomenologie des gegenwärtigen Bewußtseins, Freiburg/München 1980.

Ders.: Welt und Gegenwelt. Umdenken über die Wirklichkeit: Die philosophische Hermetik, Basel 1983.

Ders.: Der Friede allen Friedens. Hölderlins Universaltheologie. In: Petuchowski/Rombach/Strolz: Gott alles in allem. Religiöse Perspektiven künftigen Menschseins, Freiburg 1985, 43-75.

Ders.: Philosophische Zeitkritik heute. Der gegenwärtige Umbruch im Licht der Fundamentalgeschichte. In: PhJ 92 (1985) 1. Halbband, 1-16.

Ders.: Die sechs Schritte vom Einen zum Nicht-andern. In: PhJ 94 (1987) 2. Halbband, 225-245.

Ders.: Strukturanthropologie. „Der menschliche Mensch", Freiburg/München 1987.

Ders.: Strukturontologie. Eine Phänomenologie der Freiheit. 2. Aufl., Freiburg/München 1988.

Ders.: Die Gegenwart der Philosophie. Die Grundprobleme der abendländischen Philosophie und der gegenwärtige Stand des philosophischen Fragens. 3., grundlegend neu bearbeitete Aufl., Freiburg/München 1988.

Ders.: Das Tao der Phänomenologie. In: PhJ 98 (1991) 1. Halbband, 1-17.

Ders.: Der kommende Gott. Hermetik - eine neue Weltsicht,
Freiburg 1991.

Ders.: Phänomenologie des sozialen Lebens. Grundzüge einer Phänomenologischen Soziologie,
Freiburg/München 1994.

Schillebeeckx, Edward: Christus und die Christen. Die Geschichte einer neuen Lebenspraxis,
Freiburg/Basel/Wien 1977.

Sellin, Gerhard: Der Streit um die Auferstehung der Toten. Eine religionsgeschichtliche und exegetische Untersuchung von 1 Korinther 15 (FRLANT 138),
Göttingen 1986.

Splett, Jörg: Liebe zum Wort. Gedanken vor Symbolen,
Frankfurt 1985.

Ströker, Elisabeth: Die Phänomenologie Edmund Husserls. Vorbedingungen, Ausarbeitung, Wirkungen. In: Dies. / Janssen, Paul: Phänomenologische Philosophie,
Freiburg/München 1989, 13-158.

Teilhard de Chardin, Pierre: Mein Universum. In: Ders.: Wissenschaft und Christus. Werke. Übersetzt von Karl Schmitz-Moormann,
Olten/Freiburg 1970, 64-122.

Ders.: Mein Glaube. In: Ders.: Mein Glaube. Werke. Übersetzt von Karl Schmitz-Moormann, 3. Aufl.,
Olten/Freiburg 1982 116-158.

Tillich, Paul: Die Frage nach dem Unbedingten. Schriften zur Religion. Gesammelte Werke, Bd. 5,
Stuttgart 1964.

Uslar, Detlev von: Der Traum als Welt. Zur Ontologie und Phänomenologie des Traumes. 2. Aufl.,
Pfullingen 1969.

Wengst, Klaus: Christologische Formeln und Lieder des Urchristentums (StNT 7),
Gütersloh 1972.

Ders.: Ostern - Ein wirkliches Gleichnis, eine wahre Geschichte. Zum neutestamentlichen Zeugnis von der Auferweckung Jesu,
München 1991.

Wilckens, Ulrich: Der Brief an die Römer (EKK VI/1). 2. Aufl.,
Zürich/Einsiedeln/Köln 1987.

Wolff, Christian: Der erste Brief des Paulus an die Korinther (ThHK VII/2),
Berlin 1982.

Wosien, Maria-Gabriele: Sakraler Tanz. Der Reigen im Jahreskreis,
München 1988.

Dies.: Tanz als Gebet. Feiert Gottes Namen beim Reigen,
Linz 1990.